高盛首席分析師教你看懂

進場的訊號

洞悉市場週期，贏在長期好買賣

彼得·C·奧本海默 Peter C. Oppenheimer 著　曹嬿恆 譯

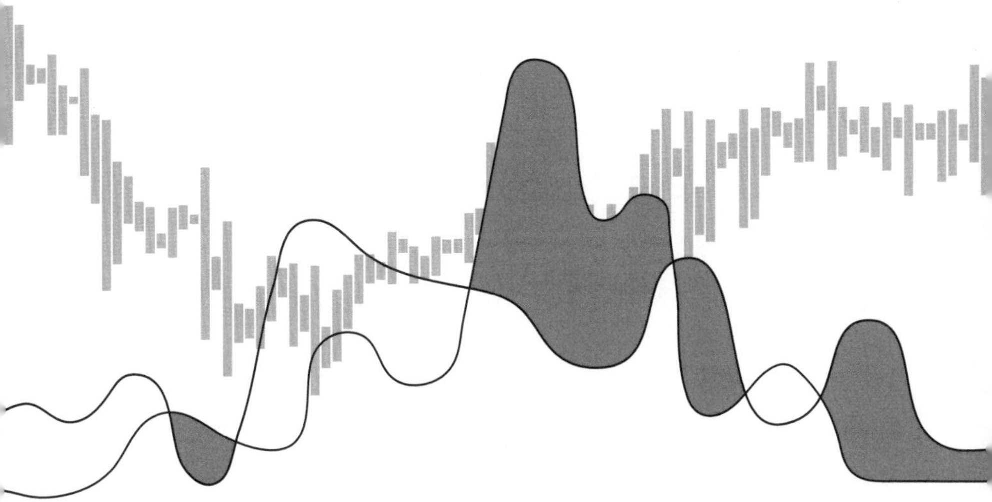

THE LONG GOOD BUY

ANALYSING CYCLES IN MARKETS

第一篇 以古鑑今：週期的模樣與驅動因素

經濟與金融市場一直有模式在重複發生，儘管短期報酬的預測既複雜又費解，仍有實用資訊可供投資人檢視，協助評估風險。只要我們能辨認出過度的前兆與重要反折點的跡象，就能創造更高的報酬。

第二篇

牛市與熊市的本質與起因：導火線與關注點

第三篇

未來的啟示：後金融危機時代的變化，以及對投資人的意義

第11章 科技對週期的影響 246

雖然創新的速度和這些新科技創造出來的衍生事業看似空前絕後，但歷史證明我們正在經歷與過去雷同的模式。驅動科技浪潮的主要公司仍會居於優勢地位很長一段時間，可是網絡效應會催生進一步的創新與新企業。贏家通常恐怕是時機、良好的管理與融資綜合發揮作用下所產生出來的。

〔摘要與結論〕 267

〔註釋〕 277

國際好評

本書雄辯地將作者豐富的經驗與行為金融學的見解融合在一起，記錄和理解金融繁榮與蕭條。本書應該是任何金融學系學生的基本讀物。

——艾利亞斯．帕帕約安努（Elias Papaioannou），倫敦商學院經濟學教授

這是一本出色的書，在作者多年來形成的結構化分析框架內，捕捉到了一位主要市場從業者的見解。它為市場如何運作以及市場的發展方向提供了一個生動而獨特的視角。

——輝．皮爾（Huw Pill），哈佛商學院資深講師

奧本海默於本書提供了高明的洞見、睿智的建言、趣味的軼事。若想理解金融市場是如何運作的——以及是如何失靈的——本書便是必讀之作。

——史帝芬．金恩（Stephen D. King），經濟學家＆《大退潮：全球化的終結與歷史的回歸》作者

奧本海默對市場週期及其驅動因子的深刻分析，真的能增添我們理解市場及長期投資報酬是如何變動。

——基思．斯凱奇（Keith Skeoch），標準人壽安本（Standard Life Aberdeen）前執行長

奧本海默一向擅於將金融市場表現解構為容易理解的論述，於本書中，他匯集了自身職涯裡豐富的思維與模式，對於想理解市場（尤其是股票市場）是如何被驅動的人非常有幫助。

——吉姆．歐尼爾勳爵（Lord Jim O'Neill），英國智庫皇家國際事務研究所（Chatham House）所長

本書是理解過去一百年金融市場週期、趨勢和危機的絕佳指南，其撰書目的在於協助投資人評估風險、判斷不同結果的可能性。本書筆鋒清楚易懂，以簡單的邏輯為根基，讀者無需數學專業即可閱覽，並收集了大量美妙的歷史數據和研究。對我來說，本書是現存關於本主題最棒與最容易理解的傑作。

——布萊恩．格林菲斯勳爵（Lord Brian Griffiths），高盛國際銀行前副總裁

推薦序 遵循市場週期，完成「長期好投資」

愛榭克Izaax／《Smart智富》專欄作家

「近期來看，我們相信，對應當前的股價水平，市場明顯低估肺炎疫情對企業盈利造成的衝擊，這意味市場修正的風險已經非常的高。」

——彼得．C．奧本海默，高盛首席全球經濟分析師，二〇二〇年二月二十一日

去年二月下旬，當資本市場選擇忽視肺炎風險，仍兀自屢創新高的同時，高盛的投資和研究團隊，不負其歷史盛名，以精準縝密研究，領先市場洞見正確的投資趨勢。而這卓越團隊，最為重要的關鍵人物之一，就是高盛首席全球分析師——彼得．C．奧本海默（Peter C. Oppenheimer）。

《高盛首席分析師教你看懂進場的訊號》原作出版於二〇二〇年四月，正是市場最為腥風血雨的時候。書中對於經濟以及金融市場周期的相關論述，甫上市就要面臨實戰考驗。究竟，作

者所強調的策略——根據總經和金融市場周期重複模式，進而評估投資週期演進下風險與潛在回報——能不能真讓投資人享受到「長期好投資」？還是只是「紙上談兵」？

真實環境的檢驗，相信對金融市場的任何分析師都是殘酷的考驗，但這對奧本海默並不適用！二〇二〇年三月十四日，當奧本海默在接受訪談時，從他的書本理論出發，清楚的告訴我們，接下來即將揭開的熊市究竟是何樣貌。根據其分析，熊市具有三種基本類型：分別為（經濟）週期性衰退、結構型衰退，以及事件驅動型衰退。當時，標普五百指數跌幅從高點滑落達一五％，而根據歷史數據回歸，事件型的回挫平均要達二九％才滿足。因此，在該次訪談中，他表示市場的修正應該還沒結束。不過，就在這樣悲觀的預測背景下，他也提醒大家，相較於週期性和結構型衰退，事件驅動型衰退所造成的下跌，不但相對跌幅稍小（結構型平均跌幅達五七％、週期型為三一％），回彈過高的時間點也會快上許多（事件驅動型平均只需要十五個月就能再創歷史新高，相較於週期型需五十個月、結構型更需要一百一十一個月才能回復前高）。

如今回顧，當時這些先見之明，都成為資本市場的真實情境。最終市場回跌幅度果然達到二九％以上（標普波段跌幅達三五％），不過股市也在市場大幅拋售後開始展開強彈，並隨著疫情逐步緩解以及人類適應和病毒共存後，逐步攻高，標普五百指數也順利於半年後就收復了歷史高點，並未墜入疫情剛爆發時，相當多悲觀人士所預期的L型長期衰退熊市。

換句話說，如果您第一時間就能跟上奧本海默對於經濟週期循環和熊市型態的正確認識，不但能在第一時間，熊市剛啟動的初跌段，就果斷採取行動持盈保泰（避免近兩成後續跌幅）；更重要的是，面對後來慘烈的肺炎熊市，您肯定不是個會在谷底恐慌拋售甚至作空的順勢者，而是會勇敢當個積極型的「危機入市」者，並跟上後續的大牛市榮景，獲利滿盈。作者在去年的危機考驗中，真正運用書中理論，實踐如何把握市場良機、達成「長期好投資」！

展望未來，在我們有生之年，熊市的週期性降臨，將是難以避免的投資挑戰。有了這本書，您將正確認知每次熊市的型態，據此擬定對策，順利掌握投資良機。不過，正確判讀熊市，僅是投資相當重要的一環。本書更精采的，是從歷史框架的角度，來告訴您牛市的週期型態，以及可能伴隨而來可辨識的環境要件（例如政府政策、利率、通膨、企業盈餘增長）。更重要的是，在認識牛市週期，並清楚投資策略之後，最終該如何正確洞悉「泡沫的本質」，以便在市場全面狂熱情況下全身而退？對此，本書也提供了很好的解答。藉由探究歷史上的每一次泡沫成型和崩解，協助投資人於未來不重蹈覆轍，順利保全於牛市週期循環下獲得的豐碩回報。

除了牛熊市外，本書也花費了相當篇幅闡釋在不同經濟週期下，您可以預期的股債資產的長期投資報酬。不只如此，針對各類股和產業類型常有的報酬表現，例如週期型、防禦型、價值型和成長型股票，如何根據其本質不同，搭配經濟週期循環來正確評斷其隱含的投資價值？閱讀此書，您都將了然於胸。

除了梳理歷史經驗的數值回歸外，本書同時還闡釋了更多的未來趨勢發展動向。在未來啟示篇章裡，作者進一步剖析了金融海嘯時代的總經根本性變動（通膨、成長預期、數據變動率等），並據此前瞻評估金融市場可能對應的衍生變動：例如超低債券殖利率造成的影響、成長股和價值股鴻溝（不但影響美國產業類股落差、更影響跨國股市對應表現）以及股票評價等。文中提供了良好的簡易模型，讓我們可以推導在不同情境下的未來報酬預期，最終還納入了新科技對於經濟和金融周期的未來根本性影響。

不囿於歷史回顧的馬後炮整理，作者於文末大膽清楚剖析未來投資世界的趨勢動向，讓讀者不但「溫故」且「知新」。難能可貴的是，全書雖於新冠肺炎為全球帶來衝擊之際出版，經過世界和資本市場劇變後，卻絲毫不減損其帶來的卓越參考價值，如此更可一窺作者真金不怕火煉的深厚內力。

長期下來，追蹤高盛總經和投資報告早已是我的例行公事。閱讀完《高盛首席分析師教你看懂進場的訊號》，站在巨人肩上的我們，終於清楚了解到——巨人究竟是如何成為巨人的！身為一個信仰總體經濟、景氣循環週期並據此決斷長期投資策略的信徒，今日能有機會能讀到此書，已感幸運，能為其作序更是萬分榮幸！筆墨實難以形容我享受閱讀本書的喜悅，因此，期待您能和我一起深度閱讀此書，遵循市場週期，把握每個進場訊號，完成「長期好投資」！

序

這本書談的是經濟與金融市場週期以及影響它們的因素。儘管經濟、社會與科技會隨時間發生極大變化，但行為與市場週期似乎存在重複的模式，我向來對此深深感到著迷，也是我撰寫本書的動機所在。

在我過去三十五年的職業生涯中，通膨預期已經崩跌，我們也進入了美國一百五十年來最長的一次經濟週期，全球約有四分之一的公債殖利率為負。與此同時，科技有長足的進展，政治情勢也出現變化。除此之外，（大多數經濟體）還發生了三次大衰退和數起金融危機。

儘管自一九八〇年代以來出現種種政治、經濟與社會變化，但經濟與金融市場一直有著重複發生的模式。由於金融市場週期會預先考量經濟週期並做出反應，所以這些模式可以追溯到百年以上的市場績效。不過，它們也會在某個程度上受情緒與心理變化所驅使。了解人類如何處理資訊、又怎麼面對風險與機會，對於解釋金融市場週期的存在會有幫助。

縱使我們很難即時知道自己處在週期的什麼位置，而短期報酬的預測又很複雜費解，但還是有實用的資訊可供投資人檢視，幫助他們評估風險，明白各種不同結果發生的可能性。

本書主旨不在於提出預測未來的模型，而是要去辨識經常存在於經濟週期和金融週期之間的訊號與關係。我試著發展出一些實用的工具與架構，來評估投資週期演進下的風險與潛在回報，並且凸顯些許指標和警訊，能夠指出某個反折點即將出現的可能性升高，不管這個反轉是指市場走勢向上還是往下。最後，我嘗試去識別經濟與金融變數間某些「典型」關係會隨著時間如何變化，尤其是金融危機發生以後。

認知並了解這些變遷的情勢及其對投資機會的影響，能幫助投資人提高他們的報酬，尤其是在股市，享受到一波「**長期好投資**」（long good buy）。

本書分成三篇：

一、**以古鑑今**：驅動週期的因素。
二、**牛市與熊市的本質與起因**：導火線是什麼，又要小心提防什麼。
三、**未來的啟示**：後金融危機時代的變化和帶給投資人的意義。

第一篇開宗明義談談一九八〇年代以來在經濟情勢、政治與科技上發生的一些重大變化。

第一章談的是撇開這些變化不談，熊市、金融危機與崩潰、牛市與泡沫，如何在迥然不同的環境下以熟悉的模式來來去去、一再自我重複。本章探討這些週期的成因，其中也包括人類情緒與心理作用的影響。

第二章記述不同資產類別在特定投資期限下的長期報酬，並且檢視承擔風險的回報。本章並描述股息在股票總報酬所發揮的力量，也討論到影響投資人報酬的重要因素。

第三章聚焦於將股票牛市與熊市區分為四階段的市場趨勢——絕望、希望、成長與樂觀——並說明各個階段如何受到不同因素的驅使而產生不同的報酬。

第四章檢視相互競爭的資產類別在一個典型投資週期下的報酬模式。

第五章則著重於股票投資風格或要素在週期間經常會怎麼樣演進。

第二篇深入探討股票熊市與牛市的本質、起因與意涵。

第六章描述不同種類的熊市——週期型、事件驅動型和結構型——並探討可用來識別熊市風險的因素。

第七章描述不同種類的牛市，尤其是長期上揚牛市與那些在本質上比較具有週期性的牛市之間的差別，以及造成差異的原因。

第八章特別聚焦在泡沫、泡沫的特徵，以及可識別一個正在發展中的投機泡沫的指標。

第三篇檢視自從二〇〇八／二〇〇九年金融危機以來，有多少週期的基本因素與特徵已經發生變化。

第九章聚焦於獲利能力的長期下滑趨勢，也包括通膨與利率。本章探討日本及其一九八〇年代泡沫經驗所能給我們的一些教訓和學習。

第十章描述零或甚至負的債券殖利率對報酬與週期的衝擊及後果。

第十一章是關於近年來科技上的重大變遷、歷史上的雷同案例，以及科技對股市與週期的影響。

前言

我的第一份工作是擔任見習研究分析師，開始於一九八五年的年末。從那以後，經濟和社會有很多環節已經變得讓人認不出來。這個世界彼此聯繫得更緊密；冷戰結束和蘇維埃帝國解體，宣告「全球化」時代來臨。當我開始職業生涯時，英國才剛解除外匯管制的限制不久，那是在一九七九年，也是九十年來頭一遭，而法國和義大利則維持管制到一九九〇年才廢止。[1]經濟狀況也都改頭換面，幾個重要的基本總體驅動力有了急遽變化：過去三十年來，通貨膨脹持續下滑，利率崩跌；美國十年期公債殖利率從超過一一%降到二%，聯邦基金利率（Fed funds rate）從八%跌到了一．五%，如今全世界有四分之一的公債殖利率是負的。通貨膨脹預期心理已經變得很穩定，經濟波動性也下降了。

同時間，科技創新也改變了我們的工作與溝通方式，運算力（computing power）徹底革新資料處理與分析能力。一九八五年最強大的超級電腦克雷二號（Cray 2）處理能力和一台iPhone 4相當。[2]自此之後，數位革命的規模和可用數據量將超過當時的想像，而且看來還在加速當中。微軟總裁布萊德・史密斯（Brad Smith）最近表示：「這一個十年結束時的數位資料，將會是開始時的幾近二十五倍之多。」[3]

在同樣這段期間，發生了三次大衰退（大部分經濟體）和數起金融危機，包括一九八六年美國儲貸危機（Savings & Loan crisis）、一九八七年黑色星期一股市大崩盤、一九八六年至一九九二年間日本資產泡沫與破滅、一九九四年墨西哥危機、一九九〇年年代的新興市場危機（一九九七年在亞洲，一九九八年在俄羅斯，一九九八年到二〇〇二年在阿根廷）、一九九二年歐洲匯率機制通貨危機、二〇〇〇年的科技股崩盤，當然，還有最近一次的全球金融危機，肇始於二〇〇七年的次級房貸及美國房市下跌，加上二〇一〇／二〇一一年的歐洲主權債務危機。

撇開過去這三十年的經濟情況和科技發生重大變化，金融市場裡向來存在一種相似模式，不斷重演傾向和週期浮現的趨勢，儘管形式略有不同。在一篇二〇一九年的論文裡，作者費拉爾多、隆巴迪和瑞與指出，過去一百二十年來，美國歷經了低通膨的黃金標準時期，和通貨膨脹既高且反覆多變的一九七〇年代，在這麼長的一段歷史期間，央行穩定物價的信譽已經有所改變，而財政與管制政策也出現相當大的變化，不過，「經歷這種種一切之後，金融週期動態仍然是經濟體的一個恆常特徵」。[4]

本書正是要探討這些週期及其背後的驅動因素，目的在於證明，儘管情勢與環境發生重大變化，經濟體和金融市場的績效表現與行為，看來仍會隨著時間而出現重複的模式。

不過，儘管承認有這些變化存在，也嘗試評估我們觀察到的變化有多大程度是週期性的，又有多少是屬於結構性的，但本書的主體旨在檢視金融市場有什麼地方具有可預測性，或至少是極有可能發生的。

世人對經濟週期及其對金融市場與物價的衝擊感興趣由來已久。以約瑟夫・基欽（Joseph Kitchin）所命名的基欽週期，是一個由商品及存貨所驅動的四十個月週期；朱格拉週期（克里門特・朱格拉[Clement Juglar]）用來預測資本投資，週期持續時間為七到十一年；預測所得的顧志耐週期（賽門・顧志耐[Simon Kuznets]）持續時間是十五到二十五年；而康德拉捷夫週期（尼古拉・康德拉捷夫[Nikolai Kondratiev]）則是由重大的科技創新所驅動，週期時間是五十到六十年。顯然這些週期各有問題，而有這麼多種對週期的描述，也代表有太多不同的驅動因子。其中有幾個週期，譬如很長的康德拉捷夫週期，由於觀察值太少的緣故，在統計上很難檢驗。

儘管傳統上探討週期的焦點主要放在跟經濟的關係上，本書則聚焦於金融週期、它們的驅動因子和不同階段——後者在第三章會有詳細討論。總體來看，金融市場尤其是股票市場存在著週期，這個概念已經跟著我們很長一段時間了。費雪（Irving Fisher）和凱因斯（John Keynes）雙雙檢視經濟大蕭條期間實體經濟與金融部門間的交互影響。伯恩斯（Arthur Burns）和米歇爾（Wesley Mitchell）在一九四六年發現景氣循環（business cycle）的證據，後來的學者則主張金融週期是景氣循環的一部分。而金融情勢（financial condition）和民間部門資產負債表的健全度，則都是景氣循環的重要觸發點，也是增強景氣循環的因素。其他研究已經證明，全球流動性的波動會與本國金融週期交互作用，從而在某些情況下，創造出過度的金融情勢。[5]

更近期的研究顯示，經濟體內的閒置產能（slack）指標（或產出缺口——成長率相對於潛在產出）有部分可用金融因素來解釋，後者在解釋經濟產出與潛在成長的波動，以及「判定哪些產出軌跡擁有持續性、哪些又沒有」時，[6]發揮很大的作用，從而暗指金融週期與經濟週期之間存在著緊密連結與反饋迴路。

不過，雖然大家對經濟週期與金融週期的興趣由來已久，但它們可否被預測，卻有廣泛的爭議。其中一組觀念認為我們沒有能力預料市場上未來價格的變動，這是源自於效率市場假說（efficient market hypothesis），主張某支股票的價格或某個市場的價值，反映出在特定時間下有關該股票或該市場的所有可得資訊；市場價格是有效率的，所以總是能正確的定價，除非或直到有變化發生。隨著這個觀念所導出來的主張，是投資人無法真正的預測市場或一家公司的表現會如何。這是因為不管任何時間，沒有一個人能擁有比已經反映在市場上更多的資訊了，因為市場自始至終都是有效率的，而價格會立即隨著基本面因素（譬如經濟事件）而改變。

不過，理論是一回事，實務又是一回事。比方說諾貝爾獎得主羅伯特．席勒（Robert Shiller）便證明，儘管股價在短期內極不穩定，但它們的估值（valuation），或說它們的本益比所透露的訊息，卻使得它們在長期下稍微具有可預測性，這意味著估值至少能對未來報酬發揮一點指引作用。其他人則認為，金融資產的預期報酬跟經濟情況是有關聯的，因此，即便無法做出特別可靠的精準預測，仍能估算出某種結果的或然率。

儘管主要因為通膨預期會影響債券，而成長會影響股票，使得金融週期與經濟週期之間有所關聯，但有些人類行為模式會反映出預期經濟狀況，有時還會去強化它。投資人如何去感知經濟與公司基本面（譬如預期成長、利潤、通膨、利率），才是至關重要的組合。有越來越多學術研究證明，風險承受度向來是支撐性政策（譬如低利率）能影響週期的一個重要管道。[7]承擔風險的意願和過度謹慎的時期（往往在報酬疲弱了一段時間之後），都是經濟基本面對金融市場的衝擊容易遭到強化的因素，導致週期與重複模式發生。

恐懼、貪婪、樂觀與絕望的情緒，還有群眾行為與共識的威力，能跨越特定時期或事件，成為一股支撐力，即便在截然不同的情勢和條件下，也能讓模式在金融市場上重複發生。如果有支撐條件和一套很強的敘事在那邊，會發展出過熱與過度的現象，投資人若無法注意到這種重要警訊，也會有重蹈錯誤的傾向。我會在第八章討論到這個主題，檢視投機過度與金融泡沫在發展時，情緒所扮演的角色。

當然，雖說市場會隨著時間出現重複的模式，但也會有專屬於每一個週期或每一種情勢的事件與經濟狀況。事實上，從來沒有兩段時期會完全一模一樣；即使面對相當類似的條件，也不太可能以同樣方式重複呈現出精準的要素排列組合。產業與經濟因素譬如通貨膨脹及資本成本的結構性改變，會使得變數間的關係與時俱變。舉例來說，在高通膨與高利率的時代裡，股市週期的行為與績效，就會跟通膨及利率很低時的週期相當不同，公司、投資人和政策制定者會根據過去的經驗做出調適，所以對某個特定衝擊的反應也會隨著時間而有所改變。

同樣重要的是，我們得承認從歷史上尋找因素與變數間的關係時，是在享受後見之明的好處。我們能從模式存在之後認出它們，但想在當下即時覺察就會困難許多，部分促使了共識與群眾行為在驅動資產價格波動時變得如此重要。比方說，當經濟統計資料預期會走低，而股價走弱時，我們不太可能在當下就明顯看出這是否代表一種「中期」緩滯與修正，抑或這是更嚴重的熊市與衰退的開始，唯有事後回顧才能確知。無疑的是，金融市場對未來經濟狀況的預期變化「定價過高」（overprice）並非罕見之事，這是市場週期和尤其是反折點會如此急劇的一個原因。不過，相較於經濟，金融市場容易擺盪得更大，並不會削弱兩者之間的關聯。儘管變數和我們在尋找的訊號之間的關係強度有所變化，但股票報酬和預期增長存在連結性這件事，至少能幫助我們了解典型的領先與落後關係。

明瞭週期的動態，以及什麼樣的變數可能改變，也許能幫助我們做出更明智的投資決定與更有效的風險管理。誠如橡樹資本管理公司（Oaktree Capital Management）的聯席董事長兼共同創辦人霍華・馬克思（Howard Marks）在他的書《掌握市場週期》（Mastering the Market Cycle）所提到：「在過去，經濟與市場從來不是一直線移動，未來也不會這樣。這表示有能力了解週期的投資人，將能發現獲利的契機。」[8]

長期來看，就算接受週期所引發的波動，投資也能得到極高的利潤。不同的資產往往在不同時間下有最好的績效表現，而收益高低將視投資人的風險承受度而定。不過，尤其是對股票投資人來說，歷史明鑑，只要他們能持股至少五年，還有加上能辨認出泡沫與週期反折點的徵象，他們就能受益於「長期好投資」。

｜第一篇｜

以古鑑今：週期的模樣與驅動因素

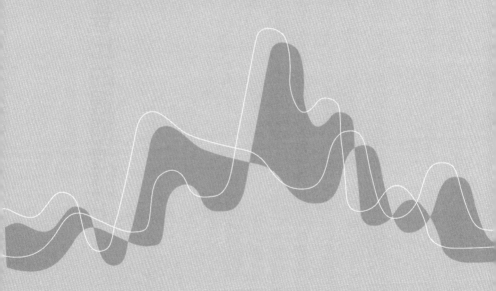

第1章

騎乘於今非昔比的週期浪頭上

一九八五年，我開始在倫敦市一家證券經紀公司格林威爾斯（Greenwells & Co）當畢業見習生時，曾經和其他新鮮人一起在倫敦證券交易所的交易大廳待上一小段時間。當時有很多做法跟幾十年前相差無幾，政府公債經紀人仍然戴著高頂大禮帽，彼時第一位女性被選為交易所的會員不過才十二年光景。我有一位同學因為穿著棕色皮鞋現身而遭到訕笑，被要求回家換鞋。所謂的藍鈕扣（blue button）——資淺的股票交易員或是職員——會在各個「股票經紀人」（股票造市者）的櫃位間走動，詢問股票的報價，把價格寫在紙上，然後拿去交易大廳後方的後台辦公室，以便謄寫在一塊大型看板上。當經紀事務所的業務員接到訂單，交易大廳的「藍鈕扣」就能夠給出一個相當即時的估算買價或賣價。

完成初步培訓後，我便加入格林威爾斯研究部門的經濟團隊。菜鳥有一項任務是蒐集最新發布的數據，包括親自到離我們辦公室幾條街外、位於針線街上的英格蘭銀行。一拿到銀行遞交出來的數據，分析師立刻就會衝到證券交易所（就在隔壁街）外的大型電話亭，打電話給經濟學家傳達其中細節，經濟學家們則判讀數據，並且寫出一份評論，然後影印發送給業務團隊。

這個相當麻煩的做法即將改變。我們的資深合夥人暨經濟學家決定投資一項省時新技術：一支行動電話（放在盒子裡一個蠻大的裝置）。資淺經濟學家一得到發布的數據，便能直接打電話回報辦公室，省下投幣致電的時間和力氣。即便在那個時候，時間上的微小改進仍是贏得生意的關鍵所在（新的千禧年之際，這速度將戲劇性加快，因為平均交易執行時間將從一秒鐘數次變成一秒鐘數百萬次）。[1]

然而，這只是在即將徹底革新金融市場的快速變遷與破壞的大環境下，其中一個小小創新罷了。倫敦市正瀕臨一九八六年解除管制的「金融大改革」（Big Bang）。臨櫃交易首度被電腦與電話取代，導致成交量爆增。老派的做生意方式面臨威脅。進入障礙被吹得四散而去，讓路給新一波的進入者，其中有許多來自海外。

科技正在更普遍地改變商業與社會的景觀。這個時候，個人化運算也出現重大創新。一九八五年，微軟公司推出即將稱霸個人電腦市場的第一版電腦作業系統Windows 1.0。第一個達康（dotcom）網域名稱「symbolics.com」也是由Symbolics公司在一九八五年註冊，使得當時由教育機構使用的主流「.edu」網域之外，又多了一個商業性網域。當然，這件事在當時沒有那麼眾所周知，大眾也不知曉由於網際網路的商業應用和一九九〇年代後期因網路公司而產生的投機泡沫，將帶來什麼意涵與深遠改變。

一九八六年，ＩＢＭ的第一台筆記型電腦上市，英特爾也推出３８６系列微處理器。網際網路訊息存取協定（Internet Message Access Protocol）也是在同一年被發展出來，成為第一個讓人們用來從郵件伺服器擷取電子郵件並管理信箱的標準通訊協定。

其他影響深遠的創新也正在展開，在當時可能看似不那麼要緊，卻是即將到來的重大變革的濫觴。比方說，在一九八六年，有一群英國科學家發現地球臭氧層有一個破洞。僅僅兩年以後，這個發現就導致蒙特婁議定書（Montreal Protocol）的誕生，這是第一個保護臭氧層的國際性協議和第一個獲得普遍批准的聯合國條約。這個發現喚醒世人對環境風險的意識，[2]氣候變遷首度成為重要的政治議題，自此之後佔有更大的主宰地位，也正在成為政策與政治的核心，尤其歐洲對除碳化（decarbonisation）作出法律承諾，某種程度上改變了未來幾年我們的經濟體的本質與結構。

這段期間的新科技浪潮，促成了一九八〇年代中期我初入職場時的許多社會變化。一九八五年七月，我正要開始第一份工作之前，「拯救生命」（Live Aid）演唱會在倫敦的溫布利球場（Wembley Stadium）及費城的約翰・甘迺迪體育場（John F. Kennedy Stadium）同時登場舉辦。新的通訊科技意味著這是第一次有一場演唱會能向全世界做即時實況轉播。這場直播演唱會靠著十三架衛星觸及到全球一百一十個國家超過十億名觀眾，是組織與科技的一次大勝利。[3]

當然，這場演唱會彰顯出很強的過去元素：本來巴布・狄倫（Bob Dylan）攜手滾石樂團成員基思・理查茲（Keith Richards）及羅尼・伍德（Ronnie Wood）演唱〈隨風而逝〉（Blowin' in the WInd），在十六年前的胡士托音樂節就可以做到。不過，這項努力的技術規模之大，帶出一種新世界的感覺；說不定，狄倫挑〈變革的時代〉（The Times They Are A Changin'）來唱還比較合適。

政治圈也感受到這股變化，即將改變未來幾年全球政治與經濟體制面貌的重大改革正在萌芽。英國首相柴契爾夫人和美國雷根總統的供給側改革（supply-side reform）方興未艾，而在英國，意見分歧的礦工大罷工，也隨著大部分國有煤礦場關閉而畫下尾聲。美國實施《一九八六年稅務改革法案》（Tax Reform Act of 1986），旨在簡化聯邦所得稅法，並且擴大稅基。值此同時，國際事件也不斷出現變化。前領導人契爾年科（Konstantin Chernenko）辭世之後，戈巴契夫（Mikhail Gorbachev）才剛剛（在一九八五年三月）成為蘇聯的新領導人。他在一九八五年五月於列寧格勒的一場演說中，承認蘇聯面臨經濟與生活水平低下的問題；他是第一個承認的蘇聯領導人。接著，戈巴契夫祭出一連串政策舉措，包括允許更多資訊自由的「開放」（Glasnost）政策和進行政治與經濟革新的「改革」（Perestroika）政策；這些政策事後證明極具開創性，也發揮出比當時可見更大的影響力。蘇聯的做法轉變，也為恢復與美國對話，並在一九八七年、一九九〇年及一九九一年簽署三項重要條約而鋪路，後者帶來了大幅削減軍事支出和最後共同裁減策略性核武的成果。

儘管這些改革的目的，在於翻轉已經大大約束了經濟進步的官僚制度，但如今它們更常被視為是蘇聯終於在一九八九年解體的重要觸媒，也因此終結冷戰，並且開啟了現代全球化時代。一九八九年夏天，就在柏林圍牆倒塌的幾個月前，正當東歐共產國家的壓力加劇時，一名美國國務院官員法蘭西斯・福山（Francis Fukuyama）寫了一篇論文，題為〈歷史的終結〉（The End of History），在文中主張：「我們所見證的不僅是冷戰的終結，或某一段特定戰後歷史時期的消逝，而是歷史的終結：也就是說，這是人類意識形態演變的終點，和西方自由民主制度作為人類政府最終形式的普世化。」[4]這篇論文看來掌握到時代精神。

於此同時，中國也大約在這個時候開始開放經濟，並且啟動改革。一九七八年，中國在農村啟動一項劃時代改革「家庭聯產承包責任制」（household responsibility system），首度給予某些農民生產所有權，接著又在一九八〇年於深圳成立第一個「經濟特區」，在這個概念下允許引進並實驗比較有彈性的市場政策。雖然改革的步調緩慢，而且並非沒有爭議，但到了一九八四年，中國便允許成立少於八人的個體戶，而到了一九九〇年，柏林圍牆倒塌一年後，第一個股市在深圳及上海開門營業。市場資本主義的觸角看來已延伸擴大無虞。

這個時代的種種變化，帶來許多投資機會和一個更加互連的世界，點燃一股樂觀主義氣氛，感染了股市。一九八五年，我開始工作的第一年，美國道瓊股票指數反彈到略超過二七%，是自從一九七五年（隨著石油危機和一九七三／一九七四年嚴重衰退的崩盤後，開始復甦那年）以來股價最強勁的一年。上揚的股價同時反映出基本面改善和不確定性與地緣政治風險下降。低通膨與低利率導致一股日益增長的信念，認為經過一段時期的強勁成長後，主要經濟體能夠做到「軟著陸」，避開經濟衰退，並能享有持續的經濟擴張。共產主義倒台和隨後帶來的「和平紅利」，加上自由資本主義的擴張，使得風險溢酬（**risk premia**）下跌。

這股樂觀情緒和市場強勁上揚持續了整個一九八六年，一九八七年的前十個月，道瓊指數不可置信地增值了四四％。然後，整個情勢相當突然地在十月十八號風雲變色。道瓊在一日之內暴跌二二．六％，那一天被稱為黑色星期一，參考點是一九二九年的黑色星期一、星期二與星期四，幾乎整整五十八年前，當時股市大跌一三％（隨後跟著更劇烈的跌幅）。撇開所有發生過的變化不談，加上時隔將近六十年，恐慌仍接踵而至，大家都有種似曾相識的感覺。突然之間，原來利率持續下跌和低通膨所營造出來的樂觀看法是沒憑沒據，這焦慮噬人心扉啊！

確實，關於它與一九二九年大崩盤的相似之處，政策制定者也了然於心。他們迅速果斷地做出反應，試圖避免重蹈過去的錯誤。美國聯準會馬上採取行動，注入流動性到金融體系，主席葛林斯潘第二天也發表一份聲明，明確表示「聯準會準備好提供流動性給經濟與金融體系」。隔天，聯準會在星期一大崩盤之前，將聯邦資金利率從超過七．五％降到大約七％。此舉奏效。雖然美國股市花了將近二十五年時間，才從一九二九年大崩盤的重挫中恢復過來，但這次一九八七年崩盤之後，只花不到兩年便復甦了。

另外一場危機沒多久便接踵而至。一九九二年，我轉往一家頂尖的英國證券公司詹金寶（James Capel & Co）任職，擔任經濟部門的歐洲策略師。那是黑色星期三發生的當年，彼時英鎊無力在歐洲貨幣體系所規定的較低匯率範圍內維持穩定，暴跌並退出歐洲匯率機制（European Exchange Rate Mechanism, ERM）。[5]隨著丹麥在一九九二年春天舉行公投否決馬斯垂克條約（Maastricht Treaty），[6]法國也宣布將舉辦公投，體系內弱勢貨幣（英國與義大利都有大額赤字）的壓力在上升當中。英鎊暴跌發生在法國公投以五一％驚險過關的僅僅三天之前，這場危機迫使英格蘭銀行為了保護英鎊幣值而不斷調高利率。九月十六日，它把利率從一〇％急遽拉高到一二％，隨著英鎊繼續貶值又提高到一五％。我就跟我的很多朋友一樣，才剛貸款買了人生第一棟房子，由於當時英國大部分房貸是浮動利率，我們都嚇壞了。隨著利率再度下砍，即時寬鬆政策解決了我們的難題。

自此之後，央行多次發威，尤其在當下週期，央行施加量化寬鬆政策並不時採取同樣有力的指引來灌注信心。最有名的例證或許是在二〇一二年歐洲主權債務危機發生期間，當時歐洲中央銀行總裁馬力歐・德拉吉（Mario Draghi）說：「歐洲央行已經準備不惜一切代價拯救歐元。相信我，力道會足夠的。」

所以，從一九八〇年代以來已經發生過多次衝擊與危機，頗常使經濟偏離軌道，並引發市場大幅修正。儘管如此，經濟與金融市場往往還是存在著週期的重複模式。

雖然週期存在於南轅北轍的經濟形勢裡，不過其中有許多是很難預測的。誠如知名投資家巴菲特於一九九二年致股東信所言：「我們老早就覺得，股市預測家的唯一價值，就是提升算命師的形象。就算是現在，查理（蒙格）和我仍然認為，市場短期預測是毒藥，應該鎖在安全的地方，遠離小孩和在市場上表現得像小孩的大人們。」

預測當然有難度，但這不表示試圖認識潛在風險並評估正在開展的契機無太大價值可言。儘管談到經濟與金融市場時，精準的時點預測或許無法做得非常正確，但辨識出金融市場上很有可能會發生某個重要轉折點的訊號，是較為簡單的，而且從諸多方面來看也更重要。我們將在後面章節談到，這些轉折點之所以重要，是因為掌握時機避開大幅修正，以及在復甦初期便及早進場，能使投資人創造出極為可觀的報酬。傳統的預測模型往往忽略投資人的行為與情緒變化，這有部分可以說明為什麼經濟與金融週期的轉折點很難料得準。

不是只有社會科學才有預測的困難，由於模型所仰賴的影響因子與變數會快速變化的關係，即便有物理科學當靠山的天氣預測，也有其難度。還沒引進最新的電腦運算模型之前，這件事的挑戰就更大了。諷刺的是，重大氣象事件預測失敗一個最顯著的例子，剛好是在我工作兩年後的一九八七年，與同樣無法預測的股市崩跌同時發生。股市崩盤前一天晚上，一個大風暴襲擊英格蘭，造成巨大的傷害。各方估計都說，這是自一七〇六年以來侵襲都會區最強烈的風暴，十月十七日有超過一千五百萬棵樹木傾倒，包括位於肯特郡七橡樹鎮上著名的七棵古老橡樹也倒了六棵；這個區域又是倫敦的通勤帶，當時很多資深股票經紀人都住在這裡。

交通中斷的情況四處可見，導致大部分能抵達倫敦市中心辦公室的人都是最資淺的員工，包括我在內，當時就住在附近比較便宜的地段（在城市紳士化浪潮和家庭搬回靠近市中心地點的趨勢興起之前）。由於那時沒有網際網路，並不是每張辦公桌上的終端機都裝有即時報價系統，資訊不如今日往來那麼快速，也比較不可靠。當紐約股市開盤而美股狂跌的報告傳來時，我們都大惑不解，一開始不敢確定消息真假，懷疑是風暴弄壞了我們在用的電子報價系統所造成的錯誤。

不過，大家的焦點都放在氣象預測不準確上。一九八七年十月十五日，ＢＢＣ的頭號氣象主播麥可・費許（Michael Fish）說：「據說今天稍早，有位女士打電話到ＢＢＣ表示，她聽說有個颶風要來了。各位電視機前的觀眾朋友別擔心，並沒有。」[7]可以說，預測的難度有部分視資料可取得性及當前技術水準而定。現代的電腦應該比過去更有效處理進入模型的多種輸入資料。

以天氣預測來說，看來是這樣沒錯，五天短期預測的準度就跟一九八〇年的兩天期預測相當。[8]颶風路徑的預測偏離從二十五年前的五六三公里（三五〇英哩）降到今天的平均一六一公里（一百英哩）。[9]可是經濟或市場預測似乎就不是這麼一回事。英格蘭銀行首席經濟學家安迪・霍爾丹（Andy Haldane）在倫敦政府研究所（Institute for Government）演說時，便把金融危機預測失敗比喻為經濟學家們的「麥可・費許時刻」。[10]

二〇〇八年的金融危機及預測失效等周邊事件，引發普遍的反省，檢討起模型預見和預測經濟與金融事件的能力。大家都知道，二〇〇八年十一月於倫敦政經學院的一場學術聚會上，英國女王質問為什麼人們不能看見危機將至。這是個好問題。國際貨幣基金組織（International Monetary Fund）一份研究便顯示，二〇〇八年和二〇〇九年全世界有超過六十次經濟衰退，沒有一次能被經濟學專家們有志一同地預測到；而且，在二〇〇八年到二〇一二年間發生的八十八次衰退，經濟學家只預測到其中十一次。來自皇室的提問，促使英國國家學術院（British Academy）召集一群頂尖學者、政治人物、新聞記者、公職人員及經濟領域從業人員，討論如何應對這個問題，並寫成書面回覆遞交女王。這封信的執筆人是倫敦政經學院教授暨英格蘭銀行貨幣政策委員會成員提姆．畢思禮（Tim Beasley）和政治歷史學家彼得．軒尼詩（Peter Hennessey），信中解釋：「……從眾的心理因素和金融與政策大師們的箴言，形成一帖危險的處方。認為個人風險很小也許是對的，可是整個系統的風險是龐大的。因此，總而言之，女王陛下，儘管有很多原因造成我們無法預見危機發生的時機、範圍與嚴重性，並且加以阻止，但主要還是因為國內外許多聰明人的集體想像，無法從整個系統的角度來認識風險。」[11]

往往在經濟存在廣泛風險以及金融市場估值過高時，無能去預測週期轉折點的狀況就會變得最明顯。但就算在比較正常的時期，模型也拙於辨識反折點的移動幅度。有一份研究檢視六十三個國家從一九九二年到二〇一四年的GDP預測準確性，發現：「儘管預測人員通常會注意到衰退的年分有別於其他年分，但是接近年底，他們才發現大大地錯估衰退的幅度。」[12] 誠如國際貨幣基金的研究員普拉卡什．洛嘉尼（Prakash Loungani）說的：「預測衰退的失敗紀錄是清楚明白、毫無懸念的。」

投資人的問題在於，預測市場和影響市場的經濟變數並非一門非常精確的科學，而由於過度仰賴模型，又對於更廣泛的系統性風險及人類心理如何影響行為缺乏足夠認識，導致很多傳統的方法與模型辜負了我們。

不過我應該強調一件事：還是有些人能看到風險並提出警告，尤其是與過度承擔風險及估值有關時。比起標準經濟模型，這些人更加著重於風險承擔與期望被增強所招致的系統性後果。[13]

經濟預測模型在認識或考慮人類情緒方面顯得貧弱無力，尤其是極端樂觀或極端悲觀之際，不過這不算什麼新發現。查爾斯．麥凱（Charles Mackay）在一八四一年出版的書《異常流行幻象與群眾瘋狂》（Extraordinary Popular Delusions and the Madness of Crowds）中，便說：「人們……會落入從眾思考；他們總是集體陷入瘋狂，再慢慢地、一個接著一個地恢復理智。」

就算脫離泡沫時期，或是深陷危機當中，個人的行事舉動也並非總如傳統經濟理論所說是「理性」、可預測的。好比一位傑出的經濟學暨心理學家喬治．洛溫斯坦（George Loewenstein）指出：「心理學家往往認為人類很容易犯錯，有時甚至有自毀傾向。然而，經濟學家眼中的人類，卻是有效率的追求自利極大化者（maximisers of self-interest），只有對他們採取行動的後果資訊不完全的時候，才會犯錯。」瞭解人類如何處理訊息及應付風險與機會，才有助於部分解釋金融市場上所存在的週期。[14]

事實上，個人是理性的，而且總能有效率的運用可得資訊，並非一直是經濟學的傳統見解。凱因斯便斷言，金融市場的不穩定是因為心理面趨力在不確定的時刻發揮主宰作用。根據凱因斯的說法，是一波又一波的樂觀主義與悲觀主義在影響市場，是我們的動物本能在驅動冒險的慾望。[15]其他經濟學家如明斯基（Hyman Minsky）也分析過這種效應。[16]

預測時的「人性」併發症也是金德伯格（Charles Kindleberger）研究週期的一項特色，[17]他認為市場有一種從眾傾向，投資人冒著最後可能發展成金融泡沫的風險（第八章會談到這個主題），動作一致的買進資產，這一般來說並非理性之舉。他和其他經濟學家進一步發展這個觀念，認為心理與社會行為既能觸發情緒感染與亢奮，在繁榮時期經由群眾散播出去，也能激起悲觀和極端厭惡風險的情緒，造成蕭條或使之惡化。[18]

在社會科學領域，對心理學的認識有一個重大影響來自兩位心理學家康納曼（Daniel Kahneman）與特維斯基（Amos Tversky），《紐約客雜誌》曾說：「從科學衝擊的角度來看，兩人締造出一種非凡無比的合作關係——他們是社會科學界的藍儂與麥卡尼。」[19]。他們的展望理論（prospect theory）（兩人最先發表於一九七九年，並在一九九二年加以發展），說明投資人在面對涉及或然性的選擇時，會有什麼樣的行為。兩人的主張是，個人在做決策時，根據的是他們當下處境的預期損失或預期收益。因此在面對機率均等的選擇時，大多數投資人會選擇保護現有財富，而非冒險一搏以增加財富。[20]可是在市場行情高漲的極端情況下，「深怕錯過」成為主宰行為的驅動力，前述的「保護現在擁有、不會為了未來收益去甘冒大風險」的傾向，似乎就會蕩然無存。

自從金融危機以來，人們對行為學派的解釋和市場心理學的興趣有增無減，而這項資訊有助於更易於理解金融週期是如何及為何形成，又何以經常能明顯誇大了驅動週期的經濟與金融變數的發展。諾貝爾得主喬治・艾克羅夫（George A. Akerlof）和羅伯・席勒（Robert J. Shiller）便曾寫道：「危機在過去沒能被預知到，而且仍然不能獲得充分認識……是因為往昔的經濟理論裡沒有關於動物本能的原理原則。」[21]人類行為所產生的影響和人們處理資訊的方式，使得預測市場比起預測諸如天氣等物理系統，來得更加錯綜複雜。

就這一層意義上來看，天氣預測這類物理科學的預測是不一樣的，因為輸入如何改變人們的行為，並不影響這些預測。比方說，一場風暴導致大家留在家裡，並不會改變這場風暴的路徑或嚴重程度。但在經濟與金融市場裡，則存在著明顯的反饋迴路，或索羅斯（George Soros）所形容的「反射性」（reflexivity），[22]這個概念源自社會科學，卻在金融市場上發揮強大效應。比方說，股市若陷入衰退的預期心理，這預期本身可能會導致商業信心崩潰、改變公司的投資決策，從而使衰退的風險變得更大。

另外一個複雜之處在於，即便面對類似情境，個人對於特定的輸入譬如匯率變化的反應，也會隨著時間而有所不同。馬爾門迪爾（Ulrike Malmendier）和內格爾（Stefan Nagel）認為，[23]投資人隨著時間而形成關於預期的判斷時，會過度看重個人經驗。舉例來說，對通膨的認知可能會依你曾經歷過的處境而有所不同，這也許會比依靠長期歷史關係所帶來的啟發，更能影響你對未來的決定。這或許能解釋何以不同年齡群的人，有著不同的通膨預期；投資人並未保持理性，以一致且穩定的態度回應某個特定政策或觸發點，反而可能視自身經驗與心理狀態，採取不同的作為。[24]

神經經濟學（neuroeconomics）是一門新的領域，為這些不同反應的類型提出進一步證據。這個方法檢視決策在大腦裡是怎麼形成的，並洞察個人如何面對有風險的選擇。學術界——譬如洛溫斯坦、史考特・瑞特（Scott Rick）及喬納森・柯恩（Jonathan D. Cohen）——認為人們回應風險的方式有兩種：淡定派與情緒派。這個方法主張，我們會過度回應事件可能性不高的新風險，但是對已知風險的反應不足，即便後者更有可能會發生。比方說，以這種方式，股市大跌可能會使人們對於進場非常小心謹慎，因為他們面對的是新的風險，儘管已經不太可能出現一個新的熊市。而同時，投資人又可能很樂意在接近市場高點的時候進場買股，無視估值過高的經常性警告，因為他們已經看到近期股價上漲，覺得比較有信心去冒險了。

這似乎跟最近一次金融危機發生之前和之後，以及歷史上無數次繁榮與蕭條時的投資人行為不謀而合。金融市場的報酬持續上揚，導致樂觀氣氛和信念風行，認為這個趨勢會繼續下去。必要的風險溢酬下降，而投資人受到引誘進場，相信風險不高，預期收益會繼續跟先前看到的一樣好。相較之下，逼近大額損失則會推升必要風險溢酬——也就是投資人冒險時所要求的預期未來報酬。尤其是相對於金融危機發生之前，在危機發生後那段期間，企業和市場對利率銳減的反應已經不同了。經歷過金融危機及隨後而來的衰退，比起以前，人們做反應時似乎集體抱持更大的警覺心。這些情緒與信心的擺盪，有部分來自近期歷史的影響，也會驅動金融市場上的週期。

政策圈也越來越關注反饋迴路和金融市場上的期望如何影響經濟週期——尤其是「金融情勢」（financial condition），被用來衡量貨幣政策對經濟的影響，比單純看央行政策利率的影響更廣泛——並試圖將投資人的期望與信心的衝擊納入考慮。這些一般來說包含了信用利差、股價與實質匯率。

有鑒於這些激烈的市場動向可能是、也可能不是正確地意指經濟活動基本面的變動，政策制定者很難知道要做出什麼反應。誠如前任聯準會副主席羅傑．弗格森（Roger Ferguson）曾撰文寫道：「看來偵測泡沫需要基於少量證據作出判斷，斷然宣稱知道有問題之資產的基本價值。不意外的是，眾多央行並不敢大膽地做出這種判斷。某家央行若宣稱察覺到泡沫存在，必會被要求說明，何以它願意信任自己的判斷，勝過那些說不定已經砸下好幾十億美元投資人的判斷。」[25]

當然，政策改變所帶來的效應，端視可用的信用額度及放寬程度而定。[26]可是，它似乎也要看金融市場參與者對這項舉措有多歡迎（進而影響了政策的成功與否），因此最後還是回到人類心理與群眾行為。好比一份近期研究所說的：「有越來越多證據顯示，心理學在經濟發展中發揮很大的作用。結果顯示，經濟受到人類心理狀態的高度驅使，這個結果和凱因斯、艾克羅夫與席勒的預測不謀而合。」[27]公共政策領域若欲瞭解有關決策的行為與反應時，也越來越重新聚焦於心理學。二〇〇八年，理查・塞勒（Richard Thaler）和凱斯・桑思坦（Cass Sunstein）出版了一本書《推出你的影響力》（Nudge: Improving Decisions About Health, Wealth, and Happiness），把重心放在行為經濟學上。這本書大賣，也對政策產生廣泛的影響。塞勒後來在二〇一七年以此一領域的工作成績贏得諾貝爾獎。

所以，儘管自一九八〇年代以來出現種種政治、經濟與社會變化，又有極端事件爆發，加上預測人類面對形勢的情緒與反應是如此困難，但經濟與金融市場一直有模式在重複發生。縱使我們很難即時知道自己處在週期的什麼位置，短期報酬的預測既複雜又費解，仍有實用資訊可供投資人檢視，協助他們評估風險，明白結果發生的可能性。只要我們能辨認出過度的前兆（不管是悲觀主義或樂觀主義）與重要反折點的跡象，就能創造更高的報酬。

第2章

長期報酬

從事任何有關週期的長期研究，第一件要問的就是：投資人期望從形形色色、相互競爭的資產類別中，得到什麼樣的報酬？這問題看似簡單，但之所以不好回答，有部分挑戰在於不一樣的投資人，有不一樣的投資期限。持有時間改變和按市值（mark-to market）認賠的意願（或甚至調節的能力），會因為投資人的類型不同而有大幅的變化。

大部分投資人都期望冒險可以得到更高的報酬，而長期歷史資料也證實了這一點。從自一八六〇年以來非常長期的資料序列來看，並以全球規模最大的美國股市為例，一年期到二十年期無論什麼投資期限，美股平均總報酬率約在一〇％，如表2.1所示。

美國十年期公債經常被看成是「零風險」資產（因為這種債券有政府當靠山，不會違約欠債不還），以同樣的持有期來看，它的報酬率平均落在五～六％之間。

傑諾米・席格爾（Jeremy J. Siegel）在他的名著《長線獲利之道：散戶投資正典》（Stocks for

the Long Run）中主張，在許多不同時期和不同經濟體制下，股票實質報酬率（名目報酬率計入通膨調整）的穩定度向來表現出色——「以所有重要的次期間來看：一八〇二年到一八七〇年間的實質報酬率是每年百分之七，一八七一年到一九二五年間是百分之六・六，而一九二六年以後則是每年百分之七・二。」

儘管股票持有者可以因此對長期報酬感到放心，但比起風險較小的資產，譬如公債（有保證名目報酬率），股票的風險和波動率（volatility）卻高出許多。以一年持有期間為例，股票的波動率（就是報酬率距離平均值的變異或分散程度）大約是公債的三倍。這表示如果你想要拿到有把握的報酬（尤其是在較短的投資期限內），債券會是比較吸引人的資產，因為你更能在事前確定可能的報酬率。

表2.1　不同持有期間的平均年化總報酬率（一八六〇年起）

	一年	五年	十年	二十年
標準普爾五百指數	11%	12%	10%	10%
美國十年期公債	5%	6%	5%	5%

資料來源：高盛集團全球投資研究部（Goldman Sachs Global Investment Research）。

表2.2　不同持有期間的年化總報酬率（一八六〇年起）平均一年標準差

	一年	五年	十年	二十年
標準普爾五百指數	10%	2%	1%	1%
美國十年期公債	3%	1%	0%	0%

資料來源：高盛集團全球投資研究部

不過，這個帶給人安全感的好處，會隨著持有期間較長而多少有些褪色。譬如檢視二十年持有期的數字，就會看到股票的波動率大幅下降（表2.2）。

簡單來說，投資人面對的單純是預期報酬率與波動率之間的取捨。長期來看，股票的報酬大約是公債的兩倍，不過風險與波動率也高出大約兩倍。投資人能持有一檔股票越久，這項投資就越有吸引力。如表2.3所列，持有期一年的股票有二八%的時間處於跌勢，相較於美國公債是一八%；不過，持有股票五年的話，這個比例就降到十一%，公債則是一%；以十年持有期間來看，股票出現負報酬的比例就大幅降至三%。所以，任何有能力承受按市值計算風險的投資人（不需要在虧損發生時就實現它），而且撐得住長期投資（至少五年）的話，投資股票儘管會面對典型的上下波動循環，卻往往能得到極佳的長期報酬。這種條件可說是投資人獲得「長期好投資」（long good buy）的最佳機會。

表2.3　不同持有期間的報酬率為負所占期間的比重（一八六〇年起）

	一年	五年	十年	二十年
標準普爾五百指數	28%	11%	3%	0%
美國十年期公債	18%	1%	0%	0%

資料來源：高盛集團全球投資研究部

不同持有期間的報酬

不過，檢視長期歷史資料的平均值，會讓人疏忽一件事情，那就是報酬率不僅會年復一年有變化，而且有週期性移動的傾向。

我們會在後面章節看到，在一個週期當中，股票投資人的報酬往往大部分依據經濟基本面的現況而定，譬如利率和預期成長率。不過也有的情況是投資人報酬會跨越週期而有不同，有的週期下的收益會比其他週期好太多。有幾項因素決定這些趨勢，一般來說若不是依據基本面的結構性變動而定，譬如銷售增長及公司利潤，不然就是估值的結果。了解這些因素及其對市場的影響，就能對報酬產生重大效應，至少能幫投資人避開風險最高的期間。還有一個重點要強調，那就是以美國作為長期投資報酬的準則，可能有誤導之虞，畢竟自一九八九／一九九〇年金融危機以來，日本股市的報酬率向來很低。這是有充分理由的：日本過去四分之一世紀以來名目GDP比較低，肯定是其中一個原因，估值的起點過高則是另外一個原因。我在第九章會討論，過去二十年來的日本和較近期的全球金融危機以來其他市場之間的某些相似之處。

若要看報酬的長期模式和這些模式如何隨時間變化，檢視特定持有期間的報酬，會是一個有用的指引。譬如圖2.4描繪的是隨著時間過去，美國在特定十年持有期下的股市收益（圖中的每一個長條，顯示的是從底下的日期開始接下來十年、經過通膨調整後的股票年化報酬率）。

按實際價值計算（納入通膨因素調整）的滾動式平均總報酬，隨著時間顯現出來的重大差異，會被只看長期加總報酬掩蓋掉。投資人可能以為，只要持有股票一段中等期間，她／他的收益就有可能跟時間一樣久的其他期間不相上下。實際上這不必然為真。舉例來說，在重大衝突（一次與二次大戰）開始時所購入的股票，會有好長一段時間的報酬率為負，這是因為它需要很久才能彌補初期虧損。在一九六〇年代牛市高峰、全球通膨和利率於債券年期間達到頂點的前夕所買入的股票，也會蒙受嚴重虧損。

從歷史脈絡來看，科技泡沫時期及其在一九九〇年代末的破滅尤其醒目。

圖2.4　標準普爾五百指數（十年滾動式年化實質報酬）

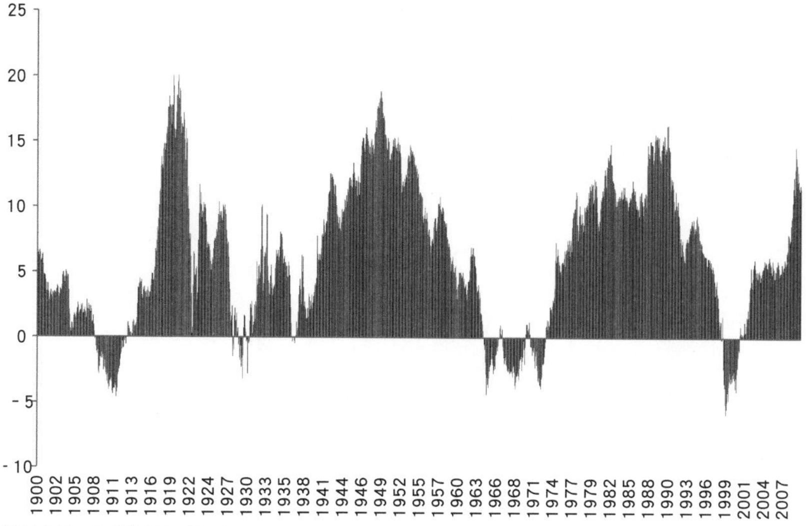

資料來源：高盛集團全球投資研究部

在二〇〇〇年科技泡沫頂點買進的股票（甚至直到二〇〇三年皆是如此），在接下來十年的實質報酬率，跟一九七〇年代一併創下美國股市超過一百年來的最低紀錄。在此之後期間所買進的股票，報酬率就好得太多，相當於長期平均值的水準。同時，在二〇〇七／二〇〇八年金融危機之後（圖2.4的最後一個數值）進場買股的投資人，就能享有很好的報酬。

十年持有期拿到最高報酬，一般來說會發生在經濟成長強勁的期間，一九二〇年代的景氣繁榮與一九五〇年代的戰後重建就是很好的例子。其他則是利率很低或處於下跌的時期，譬如一九八〇與一九九〇年代，還有緊接在

圖2.5　美國十年期債券（十年滾動式年化實質報酬）

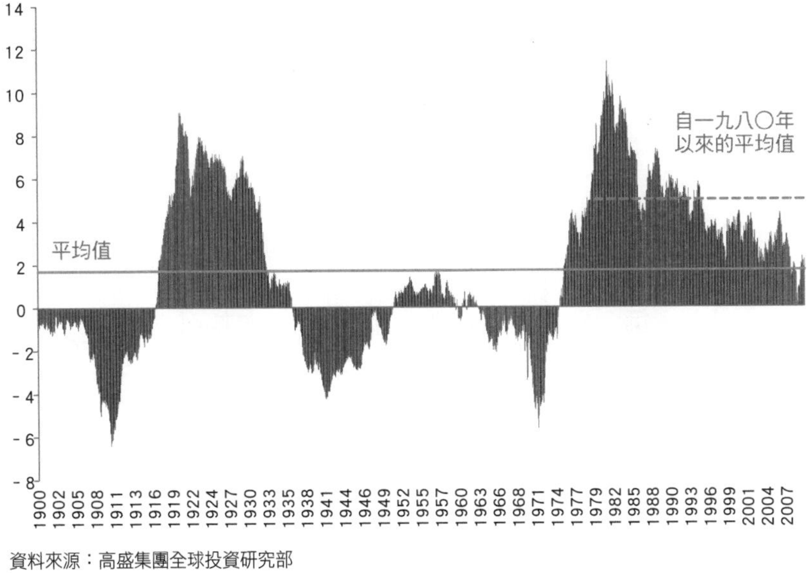

資料來源：高盛集團全球投資研究部

大型熊市之後、估值達到最低點的時期也是。

不過，儘管較長持有期的股票績效比較好，尤其在金融危機過後更是表現優良，然而自一九八〇年代以降，相較於歷史上大多數時期，債市的實質報酬反而交出亮麗成績單（圖2.5）。在一九八〇年代初期、通膨循環的高點買進的美國債券，十年期年化實質報酬率超過一〇%（二十年期則超過七%）。意思是如果有一個投資人在一九八〇年投資一千美元買美國政府債券，到撰寫本書的此時，此人的投資以實值計算（計入通膨調整）將價值六千美元。

即便是在一九九〇年代初期購入的債券，二十年期的年化實質報酬率也有五%——這是投資人以往在股票上希望拿到的實質報酬。這些優異的報酬，顯示投資人一開始並未將通膨及利率的可能下跌，充分反映在市場行情上，他們著重的是期望對最終達成的報酬率所發揮的關鍵作用。

由於債券殖利率現在低多了，再加上通膨預期心理，人們預期的未來長期報酬會變得更低。在當前環境下，全球有四分之一的公債殖利率是負的，數字異常驚人，顯示未來的報酬率就算不是負的，也會非常之低。奧地利最近發行了一個百年公債，殖利率只比一．一%高出一點。[1]這些不尋常的時機，顯示我們正處在一個極其罕見的資產揀選環境中，我們在第九章會探討到這個課題。

冒險的獎勵與股票風險溢酬

比較債券與股票的報酬，使我們得以回頭檢視承擔風險的回報（在未來報酬未知的股票和名目報酬固定的債券之間做投資比較）。

在投資範疇裡，股票位於比較有風險的那一邊，這是因為股票投資人是最後一個對公司利潤有主張權的人（排在債券持有者及其他債權人之後）。因此，股票的未來報酬是變化未定的。一家公司有可能賠錢、股價下跌，情況更糟則是破產倒閉。投資所得固定型資產（購進時已經知道以名目價格計算的所得）的投資人，風險只是政府或企業違約；借錢給政府比借錢給公司安全得多，這是因為比起政府，公司較有可能會賠錢或整個倒閉，導致違約（新興經濟體常常有欠債不還的紀錄，通常被認為風險比較高）。股票投資人面對的下跌風險，比其他投資高出許多，不過潛在報酬上漲的機會也相對高。

相較於債券，股票所獲得的收益經常被稱為是事後的股票風險溢酬（equity risk premium; ERP），也就是相對於安全的公債，投資人把錢投資在股票上，隨著時間可以拿到的實際獎酬。這跟必要的股票風險溢酬不一樣，後者更多是用來衡量可能的相對未來收益，也就是相較於安全性資產，投資人在任何時間點下，把她／他的邊際投資放在股票上而非債券上時，對風險性資產所要求的期望溢酬。當她／他對未來感到不確定時，這個必要的未來報酬會上升；相較之下，如果環境看來是正向而穩定的，那麼承擔風險所要求的額外報償就會降低。

有一大堆文獻聚焦於計算與解釋時間遞嬗下的股票風險溢酬。一九八五年，梅赫拉與普雷史考特（Mehra and Prescott）發表在《貨幣經濟學期刊》（Journal of Monetary Economics）上的一篇文章，[2]認為相較於標準經濟模型的計算，股票實際上得到的報酬太高了。特別是他們發現，在一八八九年到一九七八年間，股票的平均實質報酬率是每年七％（美國），而公債報酬率則不到一％。把股票報酬率扣掉債券報酬率後，剩下的就是所謂的股票風險溢酬，每年超過六％，只能解釋說人們的風險趨避程度很高。他們進一步主張，從經濟體裡面其他風險與獎勵的抵換來觀察，投資人並沒有要求像他們實際所得那麼高的風險溢酬，而且其他方面的金融行為所衡量到的風險趨避程度也低很多，大約是一％的股票風險溢酬水準或更低。他們把這個難題稱為「股權風險溢價之謎」（equity risk premium puzzle）。

自此之後的大部分研究，已發現股票風險溢酬會隨著時間而變化。舉例來說，伯恩斯坦（Peter Bernstein）便認為由於股票估值會隨著時間改變，故而可能扭曲了必要報酬。比方說，如果你要以本益比（P/E）大約十倍的一九二六年作為長期樣本期間的起點，並以本益比大約二十倍（譬如一九九〇年代）作為期間的終點，那麼股票的實際報酬率會比投資人一開始所期望或要求的還高，所以，歷史上的實際達成報酬率（事後風險溢酬）誇大了未來預期報酬（事前風險溢酬）。法瑪（Eugene Fama）和法蘭奇（Kenneth French）的研究強化這項發現，他們運用股利折現模型（discounted dividend model; DDM）來證明，自一九二六年以來，投資人的預期風險溢酬平均落在大約三%。

其他人則強調說，即期估值（spot valuation）也可能扭曲對報酬的預期。尤其是羅伯特・席勒（Robert Shiller）在他的書《非理性繁榮》（Irrational Exuberance）中主張，股市可能變得過度上漲，以至於報酬會高於正常值，接著在後續期間低於正常值。他採用一個評價指標，叫做計入週期因素的席勒本益比（cyclically adjusted price-earnings ratio; CAPE），分母放的是十年落後盈餘的資料，而不是像標準的本益比評價工具那樣，以未來一年的

圖2.6　標準普爾與美國十年期公債殖利率相比（十年滾動式年化計算）＝事後的股票風險溢酬

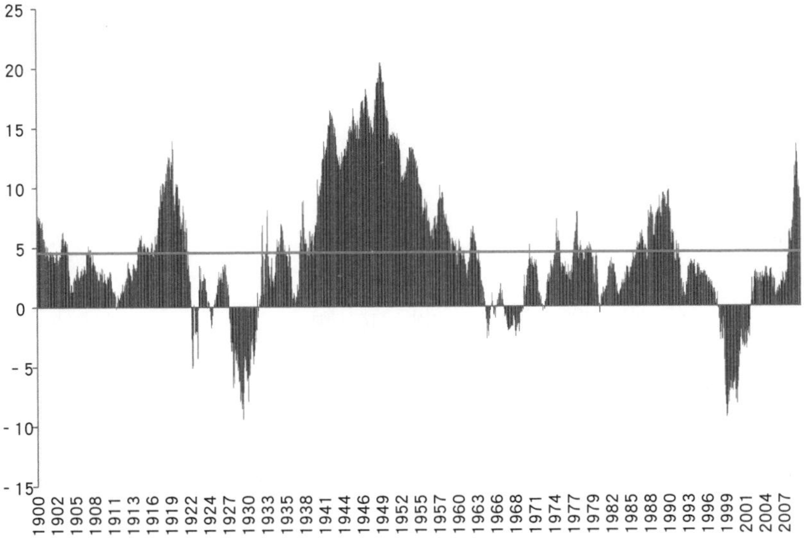

資料來源：高盛集團全球投資研究部

預估盈餘當作分母。他認為，這種調整能使收益預測做得更好。

不管風險溢酬是高是低，它看來真的會因為時期而有所不同，期間長短則主要視起點的估值而定。相較於公債，一九二〇年代末期股市泡沫破滅後的股票每年超額報酬低於零以下非常多，而一九五〇和一九六〇年代的戰後期，超額報酬卻高得驚人（因為戰後估值很低，而且受到強勁經濟成長的支持），如圖2.6所示。

一九九〇年代科技泡沫造成由估值所主導的股價崩盤，使得好幾年的事後（或實現的）股票風險溢酬為負。在金融危機前的股市高點買進的股票，接下來十年的已實現風險溢酬也非常低。相較之下，二〇〇八年股價崩跌，並在隨後的積極政策

圖2.7　別忘了股息的威力（一九七三年以後的標準普爾五百總報酬）

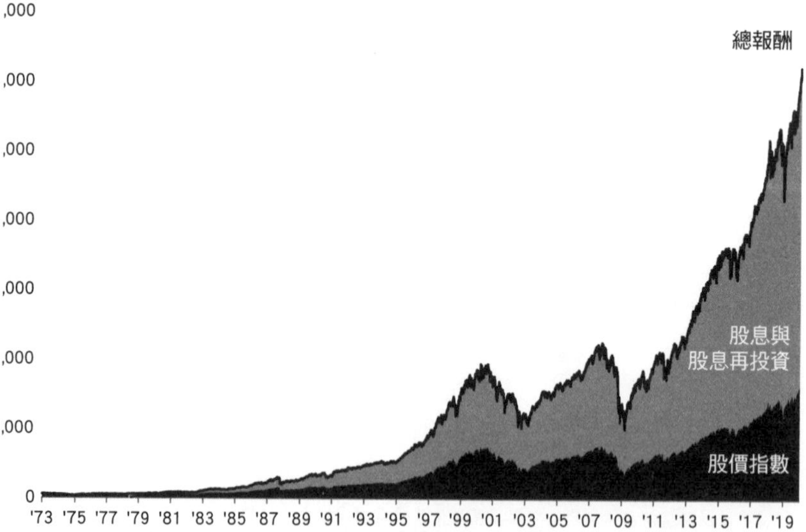

資料來源：高盛集團全球投資研究部

刺激下，為二〇〇九年三月谷底之後的十年帶來極高報酬。

這意味著雖然風險性資產的長期報酬往往會比較高，但隨著時間推移，當前總體條件也會對股票的絕對與相對報酬產生重大衝擊。

股息的威力

圖2.7可見股息隨著時間演進所發揮的威力，圖中將標準普爾五百的總報酬績效拆分成股價指數增長（大家通常看這個）和股息（與股息再投資）這兩部分。股息再投資是財富成長最為強大可靠的長期做法。自一九七〇年代初期以來，標準普爾五百指數的總報酬，約有七五%要歸功於再投資的股息與複利計算的威力。

從一八八〇年到一九八〇年，美國股市的股息發放率平均為盈餘的七八%，所產生的股息殖利率是平均四．八%。在美國，股票回購（buybacks）通常不是投資人現金收益的主要部分，而且必須遵循一九八二年通過的「規則10b-18」，由美國證交會（SEC）明文許可。這表示近年來，股份回購的快速成長是以犧牲普通股股息為代價。

自二〇〇〇年以來，股息殖利率為平均一．九%，庫藏股回購率（buyback yield）則為二．〇%。兩者相加之後，每年有四%的報酬率是來自股息（或回購），這意味著投資人甚至不用考

圖2.8　以股價表現來看，歐洲和日本不相上下（股市的價格報酬）

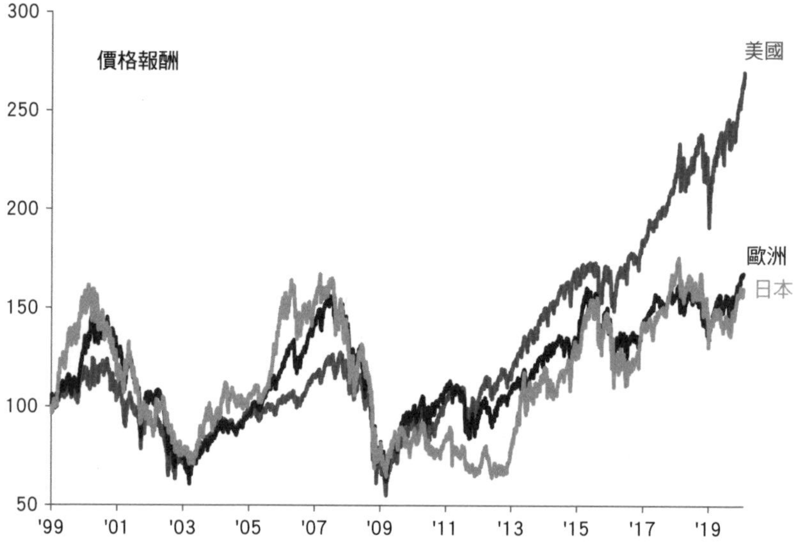

資料來源：高盛集團全球投資研究部

圖2.9　可是以總報酬來看，歐洲的表現勝過日本（股市的總報酬）

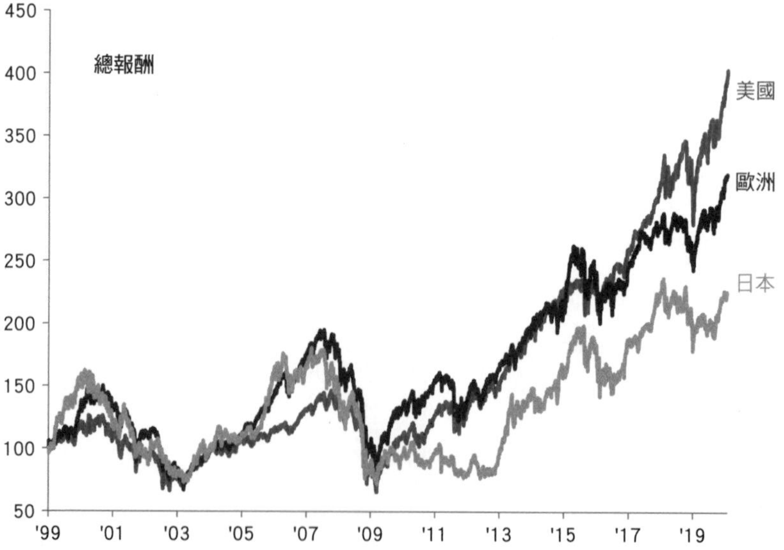

資料來源：高盛集團全球投資研究部

慮股價增長，就有可能在不到十八年內讓投資翻倍。

某些市場的產業比較成熟，為了追求未來成長而再投資的必要性沒那麼高，所以配息率會比較高，收益來自股息的比例也會更大。舉例來說，截至撰寫本文之時，歐洲股市（STOXX Europe 600指數）還沒有比它在二〇〇〇年、二〇〇七年或二〇一五年達到的水準高出多少。可是從包括股息在內的總報酬來看，投資人拿到的結果好得太多。這些市場的股票指數裡，有很高比例的公司是屬於非常成熟的產業，譬如石油、銀行、公用事業或電信業，以二十年滾動平均值來看，股票收益中來自股息的比例大約佔八成。

儘管金融危機以來這些年，美國股市的表現比歐洲和日本亮麗太多，但如果看總報酬的話（圖2.8和圖2.9），會發現歐洲與美國的差距開始拉近。以同樣基礎對比，日本才是真正遙遙落後。日本跟歐洲很像，近年來都苦於盈餘成長很低，可是跟歐洲不一樣的是它沒有付出那麼多股息。投資人在選擇市場時，留意這些差異是很重要的。

影響投資報酬的因素

一般而言，我們可以說當經濟情況已經疲弱、估值很低，但成長的二階導數有所進步——亦即變化率不再惡化下去——的時候，股市的績效表現會最好。

當估值很高，且／或成長的二階導數開始惡化，對成長的疑慮開始於週期尾聲反映在行情上，股市就會受挫。

總體變數的波動率低也會支撐報酬率（形勢比較容易預測，因此使感受到的風險降低了），而總體波動率高通常就會是一個阻礙。

不過，其他因素也會對投資人的報酬產生影響。

在資產市場上，報酬的歷史模式有賴兩項關鍵因素而定，兩者經常環環相扣：

- 投資的時機（買進時的情勢）。
- 投資時的估值。

交易時機（Market Timing）

講到投資，選擇最佳進場點的時機恐怕是其

表2.10 標準普爾五百總報酬最好與最差的年分

最佳年度績效		最差年度績效	
1862	67%	1931	-44%
1933	53%	2008	-37%
1954	52%	1937	-35%
1879	50%	1907	-30%
1863	48%	1974	-27%
1935	47%	1930	-25%
1908	45%	1917	-25%
1958	43%	2002	-22%
1928	43%	1920	-20%
1995	38%	1893	-16%

資料來源：高盛集團全球投資研究部

中最困難的因素，尤其是做短線時。不過投資人會得到非常不一樣的結果。譬如說，如果我們看從二〇〇九年初開始那段期間（金融危機後到達谷底的不久前），一般來說對投資人已經很有利了，在美國買進並持續持有一檔指數型基金的投資人，會看到基金的價格上漲大約二五〇%（每年超過一二%）。

儘管在真實世界裡，沒有投資人能敏銳或幸運到足以避開所有最糟糕的日子，但就算我們拉長擇時的期間，時機的選擇仍然非常重要。自一九〇〇年以來，避開每年最好月分的投資人，會在股市賺到平均大約二%的收益，而有辦法避開最差月分的投資人，則能創造每年接近一八%的報酬率，比起整個時間都停留在場上投資的人，高出將近八〇%。雖然這些結果呈現出避開大幅虧損的效果，但也證明若是錯過最好月分，的確是讓人非常揪心。

表2.11　美國十年期債券總報酬最好與最差的年分

最佳年度績效		最差年度績效	
1982	39%	1931	-13%
1985	30%	2009	-10%
1995	26%	2013	-9%
1986	21%	1999	-8%
1863	20%	1994	-7%
2008	20%	1907	-6%
1970	19%	1969	-6%
1921	19%	1920	-4%
1991	19%	1967	-3%
1989	18%	1956	-3%

資料來源：高盛集團全球投資研究部

選擇時機的課題延伸到所有金融市場。一檔基準的「多元資產」投資組合——譬如總是由六成股票和四成債券組成——會因為錯過最好月分而得到大約二%的年報酬率，避開最差月分的話，報酬率則可以超過一二%。

雖然凡此種種證明了選擇時機的重要性，它並不特別實際有用，這是因為大多數投資人無法盯著市場行情每天或甚至每個月的動向。也就是說，想要避開最差時期，並且在最好時期進場投資，以一年為期會比較合理可行。如表2.10所示，在最糟的年代，股市跌幅介於二〇%到四〇%之間，而最好的年代則上漲四〇%到六〇%之間。由於大部分最差的年分發生在接近經濟緊張的時期，譬如經濟衰退或利率大幅上揚時，而最好的年分則發生在經濟活動旺盛或復甦中、感知風險和利率較低，及／或估值較低的時期，我們開始可以看出來，為何市場上的週期如此重要。

債市的變化就沒有那麼突出，不過這只是因為最差的年分沒有那麼戲劇化的關係。然而，最好的年分所得到的報酬率，就算沒有比長期下的股票平均報酬率高，至少也是水準相當（如表2.11）。

估值和股票及債券的報酬率比較

可以理解，大多數分析師和投資人把注意力放在報酬的「基本面」驅動因子：對經濟成長、利潤成長、資本報酬率、獲利等等的展望。可是，要完全解釋特定時期下的股東報酬，經濟情勢和景氣循環的階段並非唯一的因素。

比方說，上一個世紀最後十年終了（科技泡沫破滅時），大多數區域正享有非常強勁的經濟與利潤成長。通貨膨脹普遍很低又穩定，而且在美國和歐洲，利潤的GDP佔比和股東權益報酬率（return on equity，ROE）上揚到史上新高。儘管如此，如果有個投資人在接近榮景的高點，投資人信心最強的時刻買進股票，他／她可能會在接下來十年拿到很差的報酬。相較之下，這些基本面在一九八〇年代的表現太糟糕了，可是股票報酬卻高出許多。我們要怎麼解釋這個明顯的矛盾？

大部分解釋會歸結到估值。不難明白，估值達到巔峰（一九二九年、一九六八年、一九九九年）之後，往往隨

圖2.12 計入週期因素的本益比與未來報酬率（十年期）之間相關性（自一九五〇年起的標準普爾五百指數）

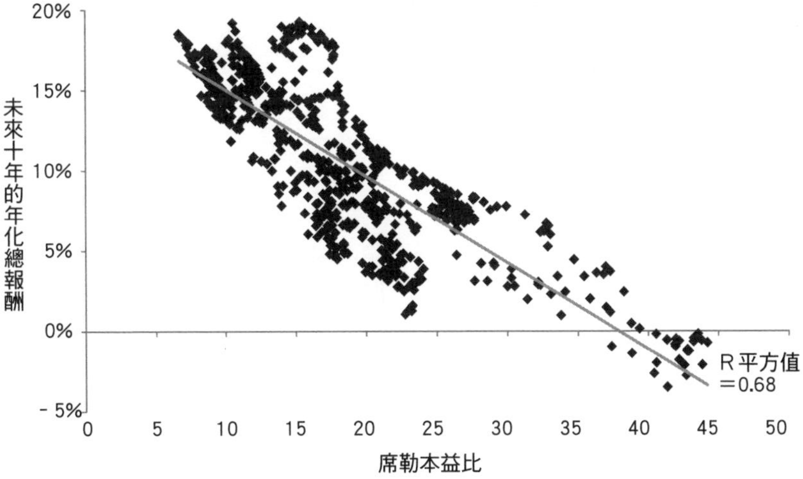

資料來源：高盛集團全球投資研究部

之而來的是在風險調整下的極差報酬率，而在報酬很低的市場谷底（一九三二年、一九七四年、二〇〇八年）之後，隨之而來的經常是強勁的報酬。

較高的估值意味著若不是出現修正／熊市的風險較大，不然就是低報酬在未來還會持續一段期間。以估值對未來報酬做交叉參照，會因為衡量指標的不同而有變化，而且相較於短期來說，對中期報酬的預測效果更好。比方說，再次以美國資料為依據，席勒本益比（實質股價除以十年平均實質盈餘）與十年期未來股票報酬之間的R平方值非常高（接近〇．七）。值此同時，兩年期報酬的R平方值是〇．二，五年期是〇．四，而二十年期是〇．六（參見圖2.12）。

當處在相對極端（非常低或非常高）的情況下，估值所呈現的訊息就更為清楚。不過由於其他因素也會影響報酬，所以這裡會是一種分布的樣態。

一旦在資產類別之間或某個資產類別之內做比較，以估值來對未來報酬做交叉參照的效果就會很明顯。做跨資產類別的比較時，有各種方式足以呈現可能的未來相對報酬。一個簡單的方法是以美國國內的實質殖利率差距（股息殖利率與實質債券殖利率的差異）做為代理變數。

把估值的發展與五年後的相對績效做比較時，就能看到其中的合理關係。一開始的股票估值較高，表示到了將來，從相對的基礎上看，股票的報酬就會比較低，反之亦然。這層關係崩解的主要時期發生在一九九〇年代中期。當時，相較於債券，股票看似並沒有特別便宜，可是接下來五年，它們的績效表現卻大幅超越債券，雖然這也反映出科技泡沫開始膨脹。儘管估值顯然不是驅動相對報酬的唯一因素，它仍然具有重要意義。

分散化對週期產生的作用

由於股票與債券會往不同的方向移動（雖然並非總是如此），或至少它們的風險與波動性的輪廓不同，所以在建立投資組合時結合這兩大主要資產類別，經常會被視為明智之舉。這麼做的話，就能藉由降低股市大幅修正的衝擊來減少波動性（即使股價下跌時，債券價格也會跌，但它們的跌幅可能較小），不過，一般來說累計報酬也會比較低。基於同樣原因，這也會減少投資組合的報酬上漲幅度。隨著時間拉長，並且經歷許多不同的週期後，股票與公債的組合（比如說分別佔六成與四成）會產生不同時間長度與強度的週期。圖2.13以美國股票及公債為依據，顯示每一個週期的時間長度與強度。

也就是說，組合兩種資產類別往往能得到很好的報酬，同時還能分散風險。以回溯至一九〇〇年的資料顯示，中級牛市大約持續三年，創造出五〇%或每年一五%的實質（計入通膨因素調整）總報酬。中級熊市持續了一年半，遭受二五%或每年二二%的實質虧損。最強的平衡組合時期是發生在一九二〇年代，九年下來實質總報酬超過三六〇%，每年接近二〇%。自金融危機以來的這段期間，實質上已經產生了最久的一次平衡型牛市，持續超過九年，而且實質報酬達到每年大約一〇%。當然，這兩個時期的表現都非常優秀。在美國，一個多元資產（60/40）指標指數的牛市，平均是以三年半的時間創造八一%的總報酬（每年二一%）。

圖2.13　我們正處在最久的60/40牛市，但沒有10%的總報酬虧損（60/40牛市與熊市〔超過10%的實質總報酬虧損〕）

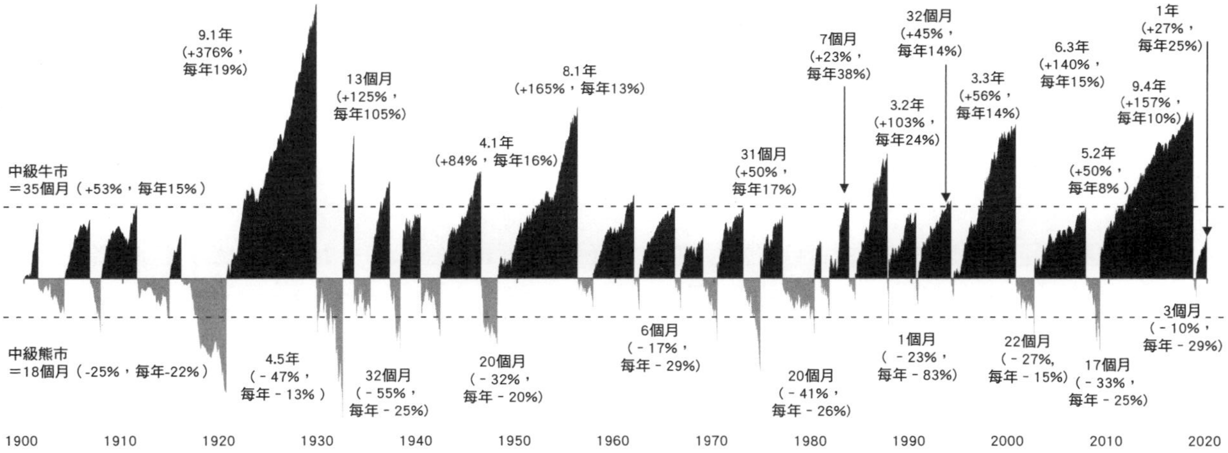

資料來源：高盛集團全球投資研究部

第3章

辨識股票週期的階段

雖然股票的報酬組合會依當前總體經濟形勢（尤其是成長與利率之間的取捨）而有長期性的變動，但大多數股票市場也會呈現出某個程度上與景氣循環有關的周而復始傾向。由於股市的動向乃出於對未來基本面的期待，所以對成長與通膨的預期往往會反映在今日的股價上。這些變化也會影響估值；舉例來說，如果投資人開始預期未來的利潤會從衰退走向復甦，股市的估值將會在這些改善真的出現之前便上揚。

一個完整的投資週期，典型包含了一個熊市（價格正在下跌的時期）與一個牛市（股價通常是上漲的，或價格面的回報是相對穩定的）。本書稍後會詳細討論其中的本質、樣態與差異，本章則更具體聚焦在整個投資週期——從市場低點到最後高點的全部期間——的輪廓、樣態與驅動因子。這些週期的持續時間長短不一，不過以美國股市來說，通常平均以八年為期。

當然，想在當下就知道你可能處在週期的哪個位置是困難得多，只有靠事後回顧才可能真正明白。不過，就算只承認這些模式存在於這段時間之中，也能幫助投資人警覺到報酬的可能變動和想要尋找的徵兆。

檢視自一九七〇年代初期以來的數據，會看到這些週期性模式似乎一再重演，儘管每一次都有些微不同。在大部分週期裡，報酬可以被區分成四個截然不同的階段，各自被不同的因素所驅動（譬如說，對未來成長率變化或估值變化的預期）。

股票週期的四個階段

圖3.1是將週期拆分成四個階段的精簡釋例。這個版本把現實世界的狀況極度簡化，不過它能反映出市場週期性移動的傾向，而指數價格表現被實際發生的利潤成長及／或

圖3.1　股票週期的四個階段

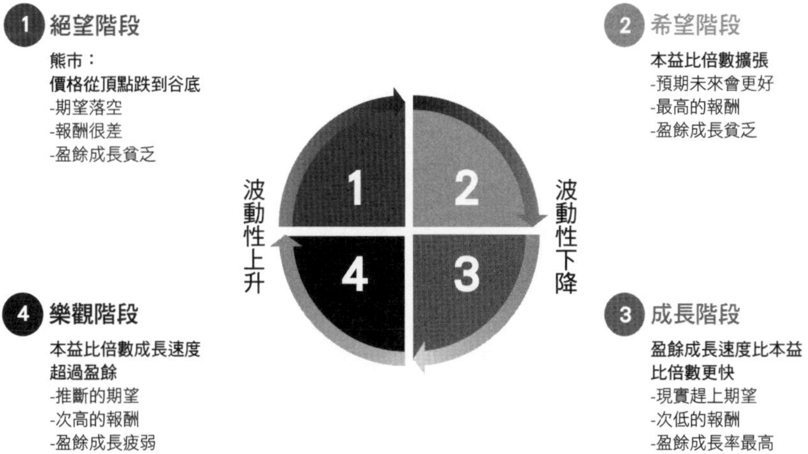

資料來源：高盛集團全球投資研究部

對未來利潤成長的預期所驅動的程度，也能透過這四個不同階段顯現出來。我們可以依本益比倍數的變化，來衡量這個價格表現（當投資人預估未來利潤成長有所改善時，估值會上揚，若認為成長放緩，估值則會下跌）。這四個階段簡單說明如下：

一、**絕望階段**：此一時期，市場從頂點跌到谷底，又名為熊市。這個修正主要是被估值下跌（譬如本益比倍數的縮減）所驅動出來的，是因為市場預料總體經濟環境惡化，意味著預期盈餘會比較低，而對此做出回應的關係。

二、**希望階段**：這段期間通常不長（美國平均為九個月），此時市場從估值的底部反彈回升或本益比倍數擴大了。這種情況發生在預見經濟週期即將到達谷底、未來利潤成長，並且導致落後本益比倍數（trailing P/E multiple）上揚的時候。一般而言，希望階段的結束和落後本益比倍數達到頂峰的時候大約相當（未來成長的正面情緒最高漲）。對投資人來說，本階段很重要，因為通常此時可以獲得在週期裡最高的報酬。不過，這個階段往往開始於實際總體數據及企業部門的利潤成果持續低迷的時候。至關重要的是，此處的主要驅動力來自期望：雖然希望階段往往與數據呈現疲軟的時間相同，但前者會發生在數據的二階導數（變化率）開始改善時。所以，進場買股的最佳時機，通常是經濟情況疲弱、股市已經下跌，可是經濟情況不再以更快的速度惡化的第一個跡象開始浮現時。

三、**成長階段**：這個階段通常最久（美國平均為四十九個月），此時盈餘出現成長並且驅動報酬。

四、**樂觀階段**：這是週期的最後一個階段，此時投資人變得越來越有信心，說不定甚至感到自滿，使得估值往往會再度上揚，成長速度勝過盈餘，從而為下一次的市場修正創造條件。

這個架構說明了盈餘成長與價格績效的關係，會在整個週期中出現系統性變化。儘管盈餘成長為極長期的股市績效表現注入養分，但大部分盈餘成長並不在它發生之時反映在股價上，而是在希望階段被投資人正確預料到的時候，

圖3.2　美國股市各階段的報酬解析（報酬率〔%〕，一九七三年以來的數據）

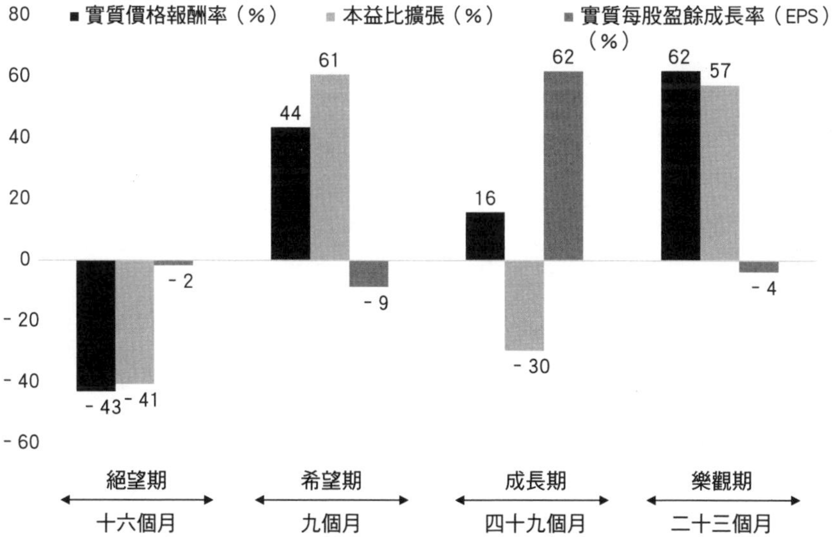

資料來源：高盛集團全球投資研究部

以及在樂觀階段，投資人對未來成長的潛能變得過度樂觀時。

圖3.2使用美國自一九七三年以來的數據做釋例。每一階段都會顯示該階段的平均時間長度、平均價格報酬、及其在倍數擴張與盈餘成長之間的分布。儘管大部分盈餘成長發生在成長階段，但價格報酬主要出現在希望階段與樂觀階段。

這些階段與經濟有明確的連結關係。這使得這些階段能有更清楚的詮釋，並且有助於鑑別何時我們正從某個階段走向下一個階段。

在絕望與希望階段，產出潛能沒有全力發揮，GDP或經濟活動往往會緊縮。谷底發生在希望階段的中期與末期。在成長階段，經濟活動有擴張的傾向，產出增長速度最後會快過潛在增長。

週期與估值之間也存在著某種關聯。運用像是本益比這種簡單的評價指標，往往就能看到在絕望階段估值會下降，到了希望階段則會大幅上揚。這是因為預料到復甦確實會實現，產生對未來利潤回升的預期，把股價給推高了。

以這個簡單架構來看，投資人在不同階段的前瞻性報酬要求，會如以下所述展開。

絕望階段

在絕望階段當中，投資人開始更擔心未來報酬的前景，對於持有股票會要求一個越來越高的未來期望收益。這段期間一般會出現這種反應，都是在波動性提高、備用產能增加（往往被說成是產出缺口）[1]，和典型來說衰退開始的背景下。這會導致股票估值（本益比倍數）變低和市場下跌。從一九七三年以來的數據觀察，美國這個階段曾持續了平均十六個月。此時盈餘仍在（緩步）增加當中，可是價格大幅跌落，跌幅平均超過四〇%，同時估值縮水的幅度也差不多。

希望階段

到了希望階段，由於從資料面所看到的惡化速度慢了下來（情況還是很糟，但沒有繼續變得更糟），而且這件事情掩蓋了潛在下跌風險，所以投資人開始預估衰退或危機將畫上休止符。面對極端風險變低，投資人的反應是越來越能接受較低的預期未來報酬（以及較高的估值）；由於「怕錯過的恐懼」（fear of missing out）經常能鼓動投資人情緒，所以股票風險溢酬會下降、估值會上升。儘管波動性還是很大，但隨著經濟活動數據開始趨穩起伏甚至也變小，波動性會隨著希望階段步入尾聲而有下跌的傾向。在此階段，投資人基本上是以股價預付了盈餘在成長階段的預期復甦。雖然希望階段一般來說歷時最短（平均大約九個月），但它往往是週期裡最強勁旺盛的階段，平均報酬可達四〇%，且因為盈餘在這個階段通常仍處於緊縮中，所以估值上揚得更多。

成長階段

成長階段開始之時，投資人已經在希望階段以股價支付了未來盈餘的預期成長，可是這個成長還有待實現。產出缺口通常會伴隨失業而在希望階段的某個時候達到高峰，但到了成長階段初始仍然很高。此時投資人往往會猶豫不決，帶著觀望的心態，強烈懷疑長期的成長預期。結果是隨著盈餘成長速度超過報酬，而且波動性下降，在成長階段會重建預期未來報酬的價值。在美國，週期的這個階段平均持續四十九個月，在盈餘成長達六〇％的支撐下，平均報酬率為一六％。職是之故，本益比倍數在這段期間會縮減大約三〇％。

通常會在債市看到的實質殖利率增加，是這個階段股市要求更高實質報酬的另一個可能驅動因素。

樂觀階段

最後，進入樂觀階段，逐步積累的價值大到足以吸引更多怕錯過行情的投資人；報酬增長得比盈餘快，預期未來報酬因此下跌。隨著本階段接近尾聲，由於市場在測試高報酬能持續多久，所以波動性增加了。這個階段平均持續二十三個月，不過再次經歷到強勁的股價上漲與倍數擴張

（都超過五〇％）和非常低的利潤成長率。

從這些模式，可得到如下的結論：

- **最高年化報酬率**（annualised return；指以每年計算複合報酬率的話，投資人在特定期間可以獲得的平均報酬）**發生在希望階段。以美國及歐洲為例，這個階段的報酬率平均在四〇％到五〇％之間（美國的話，以實質計的總價格上漲率每年超過六〇％）**。第二高是發生在樂觀階段（美國與歐洲的年化報酬率都超過三〇％），而成長階段的報酬表現乏善可陳。美國與歐洲在絕望階段的虧損，以年化計算大約是四五％。
- **令人意外的是，實際的利潤成長與報酬並沒有步調一致**。各區域幾乎整個盈餘成長都發生在成長階段；譬如以美國為例，此階段的實質盈餘成長（計入通膨因素調整）平均上升約六〇％（歐洲是四〇％），但是在希望階段，儘管大部分報酬於此時獲得了實現，這兩個市場的利潤卻呈現下跌。這件事突顯出一個重點，那就是投資人往往會在估值處於低檔之時，為了未來的預期成長而提前買單。
- **希望階段和樂觀階段的估值擴張得最厲害**（表3.3與表3.4）。

當然，這個討論是關於過去幾十年的平均值，儘管有助於建立架構，不過現實裡的各個週期都略有不同：不同時期的通貨膨脹可能會有不同的動態變化，或者也會有經濟成長比過去更強勁的時候。此外，隨著時間演進，每個週期似乎都會被一、兩個特定因素所支配。

自一九七〇年初期以來，我們看到的主要週期有：

● **一九七〇年代**：一九七〇年代以製造一些壞時尚而聞名，不過那時候也有壞到不行的金融資產。美國道瓊指數在一九七二年攀上高峰後，直到一九八二年十一月才被超越。當然了，原來這是一個結構性熊市（第六章會談到更多細節）。上揚中的通膨抬高利率和債券殖利率，壓制盈餘成長也拉低了估值，是報酬率很差的背後一個特別重要的因素。在週期當中，本益比倍數明顯縮減，從英國的四二％到美國的五二％不等。市場績效表現差反映出油價變高的重大供給面衝擊，與工資上漲問題緊密結合，並且導致通膨預期失控，一發不可收拾。

一般來說，週期裡起初的下挫若是結構性問題造成，那麼其成長階段往往會比其他週期來得長，這是因為投資人需要較久的時間才能重拾信心，願意為盈餘多付一點錢，並因此推動市場走向樂觀階段。這個情況在美國尤其明顯，一九七〇年代的成長階段是史上最長的一次，週期的末尾還涵蓋了美國八〇年代初雙底衰退（double-dip recession）的第一個部分。

表3.3　估值在希望和樂觀階段擴張得最厲害

標準普爾五百				
	絕望期	希望期	成長期	樂觀期
歷時（月）	16	9	49	23
累計				
實質價格報酬率（%）	-43	44	16	62
實質EPS成長率（%）	-2	-9	62	-4
本益比擴張（百分點）	-9	6	-5	7
報酬的比例	-	36%	13%	51%
年化				
實質價格報酬率（%）	-45	64	-1	31
實質EPS成長率（%）	4	-5	19	-4

資料來源：高盛集團全球投資研究部

表3.4　美國以外地區的估值擴張模式相同

STOXX歐洲600				
	絕望期	希望期	成長期	樂觀期
歷時（月）	13	13	27	14
累計				
實質價格報酬率（%）	-39	43	13	32
實質EPS成長率（%）	-2	-8	40	0
本益比擴張（百分點）	-7	6	-3	5
報酬的比例	-	49%	15%	37%
年化				
實質價格報酬率（%）	-49	74	2	42
實質EPS成長率（%）	-4	-6	18	4

資料來源：高盛集團全球投資研究部

- **一九八〇年代初期：**八〇年代初期的強勁週期（如先前所解釋的）是由通膨預期和利率雙雙下跌，加上股票風險溢酬有意義地減少，導致本益比倍數大幅擴張所造成的。隨著通膨開始下降，債券殖利率和央行利率的明顯下滑趨勢既促使估值上升，也是後者的特徵表現。
- **一九九〇年代：**這個週期非常強大有力。此時經濟穩健成長，但通膨和利率不高，經常被形容為「大溫和時期」（Great Moderation）。有部分隨著蘇聯崩解和中國開放後出現的全球化現象，也帶來重大的綜合效應。一九九五年十一月，中國正式提出加入世界貿易組織（WTO）的要求（雖然直到二〇〇一年十二月十一日才成為正式會員）。央行走向獨立性也是經濟週期有感穩定的重要貢獻因素之一。
- **二〇〇〇至二〇〇七年：**就盈餘成長而言，這段時期是所有大型股市最好的一個週期，可是也帶給投資人一些最低的報酬。問題出在這個週期裡很多強勁的利潤成長，一定程度上是金融部門增加槓桿導致超高盈餘所帶動出來的，在美國次級房貸危機之後就化為泡影了。
- **二〇〇八年迄今：**這是繼金融危機之後、也是截至目前最長的一個週期（第九章會有詳細討論），不過基於好幾個原因，它跟其他週期相當不同。首先，由於全球金融危機具有滾動性，加上美國在二〇〇七／二〇〇八年房市出問題的餘波盪漾，這個週期的階段性遭到嚴重扭曲，尤其是美國以外地區。特別在美國帶頭發生危機以後，歐洲的主權債務危機成為二〇一〇／二〇一一年金融市場危機的主要焦點，而正當瀰漫歐洲的恐懼開始平息之時，新興市場與商品價格下跌又導致二〇一五／二〇一六年的重挫。

其次，這個週期有別於其他的特點在於它的非傳統性寬鬆政策（量化寬鬆的肇始），加上通貨膨脹與債券殖利率達到歷史低點。

利潤成長相對贏弱，卻伴隨著估值上升，亦是這個週期的另外一個特徵。這也是一個相對贏家與輸家非常分散的週期，此一現象反映在美國股市的大盤表現大幅超前歐洲與新興市場，也反映在科技股的利潤與報酬比起其他類股高出許多之上（這也能部分說明了股市報酬的地區性差異）。

投資週期裡的迷你週期與高頻週期

事實上，我們可以找到歷史上的週期有不同樣態的證據。如先前所提，過去的投資週期持續時間往往各有不同，尤其是遇到最長的成長階段時。這有部分反映出一個事實，那就是這些大型週期也會被經濟活動接近趨緩或擴張時出現的短週期給打斷。這些短週期經常反映出投資週期與政策的變化，也會在一個較長投資週期裡重複出現數次。因此，除了測量從一個熊市橫跨到下一個熊市的完整期間之外，在一整個投資週期裡看到一個以上、或有時是好幾個經濟活動減緩或加速的迷你週期，也是常有的事。這些期間尤其經常出現在成長階段，就好比最近這一個週期，已經在長期穩定低利率的支撐下被拉長期間了。通常這些迷你週期不會牽涉到衰退，只能算是在一種比較久的經濟擴張裡的停頓或減速。

使用發布頻率不高的資料點，譬如一季公布一次、之後又經常修正的GDP數字，有時很難分辨出這些迷你週期。所以市場參與者往往會把很多重心擺在頻率較高的資料點上，其中很多靠的不是「硬」資料，而是對企業信心或企業訂單的調查。常用的衡量指標在歐洲及中國是所謂的採購經理人指數（Purchasing Managers' Index, PMI），在美國則是備受注意的美國供應管理協會（Institute for Supply Management, ISM）指數，通常被稱為ISM指數。這些指數之所以廣受投資人關

圖3.5　製造業週期：在最後的成長階段有好幾個迷你週期

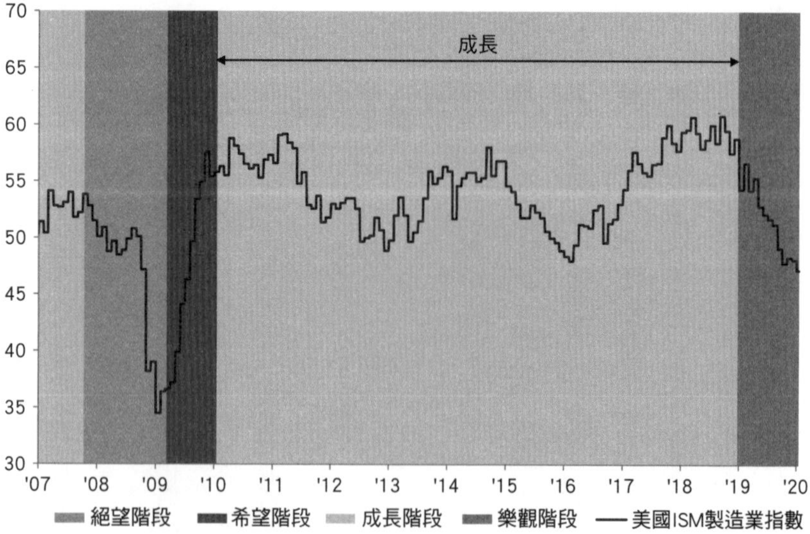

資料來源：高盛集團全球投資研究部

注，是因為和ＧＤＰ的關聯密切，又有每個月發布的好處，比起每季一次的ＧＤＰ報告更頻繁。

舉例來說，如果檢視美國的ＩＳＭ指數，會發現除了完整的投資週期外，還有更多這種比較短的週期存在。若以二〇〇九年開始的當前這個投資週期為例，根據受訪企業的調查（圖3.5），已經出現過三次迷你的產業週期，期間經濟趨緩下來之後，接著又加快速度。不過上面談到的這些週期，都沒有演變成更廣泛的經濟衰退。

一如我們在範圍較廣、通常期間也較長的投資週期裡所看到的，股市及其他資產類別的績效表現和這些迷你週期之間存在著一種關係。

如圖3.6所呈現的美國標準普爾五百指數（自一九五〇年代以來的平均值），股市最好的時候往往就是ＩＳＭ為負值（讀數低於五〇）——一般跟衰退或經濟活動疲弱的時間一致——可是達到正向反折點之時，也就是圖3.6當中的復甦期。此處的重點是，最好的報酬通常不在數據最強勁的時候，而會出現在數據走到最弱的那一點，並且開始反轉的時刻。這個二階導數，亦即經濟活動疲弱但在進步中的這段時期，往往就是動物本能開始見效，而投資人進場買股、參與未來復甦的時間點。好比我們在主要投資週期的希望階段所看到的，報酬往往就是在週期的這個時候最為強勁。同樣的，市場情況最糟的階段就是ＩＳＭ低於五〇且正在收縮期之際。這個傾向很清楚明白：狀況很糟且越來越糟，與投資循環的絕望階段不謀而合。

成長率有所改善的加速期，通常就是次佳時期，與投資週期的成長階段密切看齊。收縮期之後的次弱時期就是所謂的「緩滯」期，此時ＩＳＭ為正值可是在惡化當中，它不像收縮期那麼糟，但大抵上還是跟股市報酬死氣沈沈或維持平盤有關。

週期與債券殖利率的交互作用

這個模式的另外一個特徵，是股市與債市的報酬有賴成長預期與殖利率之間的交互作用而定。股市的平均表現會在週期間有所變化，端看債券殖利率是上升還是下跌。這是因為債市會反映出央行對貨幣政策與利率的立場，以及未來通貨膨脹的預期心理。當我們把債券殖利率加進來看，會找到更複雜的排列組合，有助於解釋報酬的成因。圖3.6有

圖3.6　橫跨週期的股市報酬率（標準普爾五百一個月平均價格報酬）

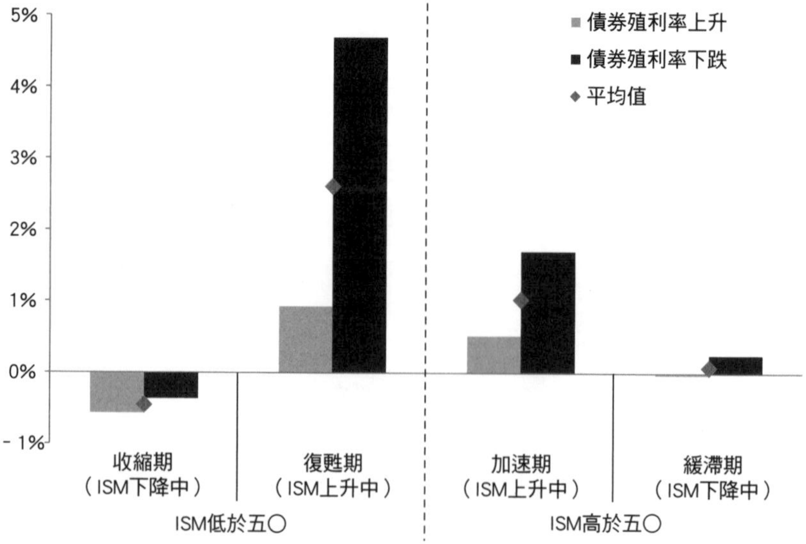

資料來源：高盛集團全球投資研究部

這些組合的圖示，其中菱形代表平均報酬率，而長條顯示的則是各階段在債券殖利率下降時或上升時的平均報酬率。

儘管復甦期的平均報酬率最高（此時ＩＳＭ低於五〇且在增加中），但報酬率之間有相當大的差異，就看同時間的債券殖利率是在上升還是下降。一般來說，如果債券殖利率下降，報酬率會比較高。產業週期的所有階段都是一樣的情況。

不過，一如我們將在下一章看到的，股市與債券殖利率之間的關係錯綜複雜。一般來說，長期之下，相對於債券殖利率和通貨膨脹處在結構性上揚的時候，下跌的債券殖利率確實對報酬來說是比較正面的；以一九八〇年代為例，投資人得到的報酬，就比一九七〇年代通膨繼續上漲且債券殖利率增加的時候還高。不過短期下，債券殖利率的走向——實際上就是殖利率曲線的一般形狀（債券殖利率高於或低於短期利率）——便事關重大。端看通膨預期正在發生什麼變化而定，成長的前景看好加上利率上揚，跟股市報酬最為強勁是可能有關聯的。在利率起始水準很低的時候——好比最近這個週期——尤其如此，因為債券殖利率上升搭配成長預期，可能反映出市場更有信心認為政策正在奏效，而景氣衰退的風險在消退當中。基於同樣原因，陡峭的殖利率曲線（長期債券殖利率上升，超過短期利率水準）通常意味著央行祭出支持性的貨幣政策，而反轉（inverted）的殖利率曲線，也就是債券殖利率低於政策驅動的短期利率時，往往反映出的是一個緊縮的貨幣立場。

第4章

週期間的資產報酬

第三章檢視了股市如何在週期的不同階段交出不同的報酬。相較於其他資產類別，股票的相對報酬模式在整個週期間的變化，還有不同的資產類別各以不同的方式對成長與通膨做出回應，這些傾向也都有可能被描繪出來。這些特徵有助於使資產分散化成為一種很有用的手段，以降低某個投資組合隨著時間過去而會產生的風險。

橫跨經濟週期的資產

比方說，若要隨著經濟週期趨向成熟而去審酌資產的相對績效表現，一個簡單的方法是去看他們在經濟擴張與緊縮時的早期階段與後期階段的平均月實質報酬率（美國的數據呈現在圖4.1，以總實質價值計，計入通膨因素調整）。在衰退的後期，經濟活動最是蕭條不振，防禦性很高的

圖4.1　股票對債券的相對績效與景氣循環密切相關；在經濟衰退時，商品往往會落後反應（月平均，實質總報酬率，一九五〇年以來）

ISM上升且CPI上升		ISM上升且CPI下降		ISM下降且CPI上升		ISM下降且CPI下降	
耗時	5.3年	耗時	8.3年	耗時	7.1年	耗時	7.1年
石油	3.2%	MSCI EM	2.2%	石油	1.6%	美國三十年期	1.5%
MSCI EM	2.1%	STOXX 600	1.4%	美國三十年期	1.2%	美國十年期	1.0%
GSCI	1.6%	S&P 500	1.4%	GSCI	0.9%	德國十年期	0.8%
S&P 500	1.5%	美國高收益	1.3%	美國十年期	0.8%	公司債	0.8%
TPOIX	1.4%	石油	1.1%	黃金	0.7%	美國投資級債	0.7%
STOXX 600	1.2%	TOPIX	0.7%	公司債	0.6%	S&P 500	0.6%
黃金	1.0%	美國投資級債	0.6%	德國十年期	0.5%	日本十年期	0.6%
美國高收益(US HY)	1.0%	公司債	0.6%	美國投資級債	0.4%	STOXX 600	0.5%
美國投資級債(US IG)	0.4%	德國十年期	0.5%	國庫券	0.3%	美國高收益	0.4%
公司債	0.3%	日本十年期	0.5%	MSCI EM	0.2%	國庫券	0.3%
德國十年期	0.1%	GSCI	0.4%	日本十年期	0.1%	黃金	0.2%
國庫券	0.1%	國庫券	0.2%	美國高收益	0.1%	TOPIX	-0.6%
日本十年期	0.0%	美國十年期	0.2%	S&P 500	0.0%	MSCI EM	-1.0%
美國三十年期	0.0%	美國三十年期	0.0%	STOXX 60	-0.4%	GSCI	-1.6%
美國十年期	0.0%	黃金	-0.2%	TOPIX	-0.9%	石油	-2.6%

資料來源：高盛集團全球投資研究部

註：我們使用的是美國國家經濟研究局（NBER）的經濟衰退。我們以成長率是正或負來進一步區分為擴張與衰退。通常有正成長的後期擴張是週期裡時間最長的階段。一九七三年以前的油價受德州鐵路委員會（Texas Railroad Commission）管制，而金價則因布列敦森林體系而被釘死到一九六八年。

資產，包括黃金和長期債券殖利率（受益於較低的政策利率和通常下跌中的通膨預期）在內，往往會有出色的表現。隨著週期邁入復甦的初期階段，成長率仍然為負，但二階導數在改善中（惡化的速度慢下來），股票往往會大幅反彈，黃金和債券的績效表現則最差。價格已經反映過未來期望的金融資產，可想而知會表現得比「實質」資產好，後者的績效更多是反映當前的供需平衡，績效往往最差。

在擴張的後期階段，績效最好的資產仍是股票，不過主流是擁有較高貝塔值（beta coefficient）的股票，或是使潛在基本面的走勢被更加強化的股票，譬如新興市場股票。商品在這個階段往往表現得比較中立，而由於投資人對於風險和多數情況下會出現的較高通膨，有更大的容忍度，所以固定所得資產的表現往往會低於大盤。在衰退初期，防禦性資產開始超越大盤表現，不過因為成長率還是正的（儘管減緩），石油還是會繼續有好表現。在這階段，風險性資產及週期性最強、貝塔值最高的股票，往往落後於大盤表現最多。公司債向來是固定所得資產與股票資產的混合版，在衰退階段的後期，隨著債券殖利率下跌而未來成長風險開始緩和之際，通常表現得最好。

不同資產對通膨的反應，就不如它們和經濟成長的關係那麼直截了當，這是因為資產的績效表現極度仰賴通貨膨脹的水準與變化而定。上升中的高通膨，對股票或債券都不好。拜貨幣政策緊縮及期限溢酬（term premia；投資人投資於年期較長的資產所要求的溢酬）增長之賜，上升中的通膨（及通膨波動性）往往會對債券殖利率形成上漲壓力。上升中的通膨若處於高位，也會增加股票的負擔，尤其是成長若不夠強勁到足以彌補通膨的增加和可能隨之而來的利率上升。如果上升中的通膨使利潤率承受壓力（或因物料投入或勞動成本較高），也會是個問題。儘管如此，從低位開始上升的通膨，往往是衰退告終的信號，因此對股票是好的。自一九九〇年代以來，通膨大部分時間處在穩定的低位，因此向來不是那麼重要的驅動力，對股市與債市的支撐性也不相上下。在一九七〇和一九八〇年代，通膨普遍很高（大於三％），通膨的變動驅使股票與債券往實質資產大幅地輪動。

在週期的後期，伴隨著通貨膨脹上升，債券通常不是那麼好的風險性資產分散工具，而油價上揚的同時，債券／股票的相關性也會增加。這種情況的一個極端例子發生在一九七〇年代的停滯性通膨時，當時股票與債券雙雙下跌。這種情況下，商品就變得很重要，因為從整體通膨（headline inflation）及核心通膨（core inflation）來看，它們都是最好的分散工具，尤其是通膨波動性上揚的時期。

橫跨投資週期的資產

我們可以擴大這項分析，檢視在一個典型投資週期的各個階段，不同資產類別會有什麼樣的

表4.2 資產類別在每個階段的績效表現，年化實質總報酬

標準普爾五百

	絕望階段	希望階段	成長階段	樂觀階段
1973 - 1980	-35	69	-3	63
1980 - 1987	-19	86	-13	31
1987 - 1990	-77	96	1	20
1990 - 2000	-61	31	9	27
2000 - 2007	-24	48	10	-
2007 - 2019	-44	86	9	102
平均值	44	69	2	48
中位數	-40	77	5	31

美國十年期公債

	絕望階段	希望階段	成長階段	樂觀階段
1973 - 1980	-7	1	-6	3
1980 - 1987	2	30	-6	15
1987 - 1990	-1	21	-4	7
1990 - 2000	-10	15	4	5
2000 - 2007	11	7	-1	-
2007 - 2019	12	-6	1	13
平均值	1	11	-2	9
中位數	0	11	-2	7

GSCI商品指數

	絕望階段	希望階段	成長階段	樂觀階段
1973 - 1980	53	-27	2	34
1980 - 1987	-19	6	1	7
1987 - 1990	10	-1	26	20
1990 - 2000	362	-18	3	-2
2000 - 2007	2	18	10	-
2007 - 2019	-38	36	-10	80
平均值	62	2	5	28
中位數	6	2	2	20

資料來源：高盛集團全球投資研究部

表現。表4.2呈現的是從一九七三年到二〇一九年的六個週期裡，美國股票、債券及標準普爾高盛商品指數（S&P GSCI Commodity Index®）在各個階段的年化實質總報酬率。

不意外的是，在絕望階段，股票的表現最差，畢竟投資人就是在週期的這個時間點預期利潤下跌。比較讓人驚訝的是，在此時做資產分散化有相當大的潛能可以打敗大盤。正是這個差別，加強了我們隨著週期成熟而採取分散化或積極型資產配置策略的理由，如此一來，投資人才能同時增加或減少不同資產的曝險程度，以使可能風險和波動率極大化。

在希望階段，資產類別的排名比較清楚，股票往往能給出截至目前為止最好的報酬。在全部六個週期中，股票的績效表現皆勝過債券，債券則在其中的四個週期優於商品。由於投資人開始預期公司利潤未來會反彈，並將此一因素反映在股價上，所以股票會享有強勁的價格上漲，也是最能適應這種經濟與利潤潛力的變動並伺機而動的資產類別。

在成長階段，商品的相對績效往往居於領先位置。這個階段的商品績效表現，六個週期中有四個週期勝過債券與股票，而後兩者在本階段的表現往往很差，相對排名也有點不穩定。這個樣態是合理的。債券和股票是比較前瞻性的資產，大部分報酬在希望階段就看到了，當盈餘成長獲得實現，實質成長（非預測的成長）也反映在更強勁的需求上，商品（由供需平衡而非預期所驅動）會最先繳出好成績。

在樂觀階段，股票再度領先群倫。此一階段，股票的表現在大部分週期都勝過商品與債券。

債券與商品的相對績效表現則各有千秋。

債券殖利率的變化對股票的衝擊

實際上，許多投資人無法用商品來分散投資，往往更著重於平衡型的投資組合，隨著時間演進買入不同比例的股票與公債。理想上來看，一個投資組合裡股票與債券的權重，應該視兩者的績效一起反應，在整個週期中做調整。

經濟活動和金融市場之間存在錯綜複雜但清楚明白的關係。股票主張的是未來名目成長的索價權，所以被看成是一種「實質」資產（real asset），而且隨著時間過去，利潤應該跟著通膨及經濟活動而提高。股票在當下的價值，應該是未來盈餘或股息折現後的現值。這就是股市會受折現率（零風險的利率）和未來預期成長的影響這麼深的原因。

這層關係可以用簡單的一階段股利折現模型（DDM）或高登成長模型（Gordon growth model）來概括表現：

股息殖利率＋成長率＝零風險利率＋股票風險溢酬（ERP）

如果債券殖利率下降，其他不變，股息殖利率應該會下跌（股價則上升）。較低的債券殖利率搭配上長期成長預期改變的話，殖利率變低對眼前的估值應該不會有正面的影響。確實，對未來現金流的不確定，可能會使股票風險溢酬增加，迫使股息殖利率上升（或股價下跌）。

相較之下，固定所得資產提供一個確定期限後的固定名目報酬。這個未來報酬以名目計的話事先就能知道，若以實質計就不知道了（因為投資人也不能免除於未來通膨的意外變化）。最終報酬將視當前利率水準與用來彌補違約風險所要求的風險溢酬（一種額外的報酬）而定。

債券與股票之間不同變化的關係，皆會受到週期及長期通膨預期的影響，我們可以透過這兩種資產市場的相關性來檢視。理論上，當債券價格上升（而它們的殖利率或利率水準則會下降），股價往往也會上升（經常是在較高估值的支撐下）。相較之下，債券的利率或殖利率上揚（債券價格下跌）則容易為股票帶來負面影響，因為未來現金流的折現率將會提高（因而減損了股票現金流的淨現值）。因此，股價與債券價格之間通常是正相關（或債券殖利率與股價之間是負相關）。

歷史上大部分時候，債券價格與股票價格有正相關性向來是常態。不過，一九九〇年代末期科技泡沫破滅之後，情況逆轉了。成長預期崩潰和比較寬鬆的貨幣政策壓低了債券殖利率，可是股票的估值起點是如此之高，以至於不顧債券殖利率較低而大幅下修評價（derating），價格的相關性就此反轉為負。

大約在二〇〇二年間，隨著信心恢復，成長預期有所改善，情況也開始正常化。但這只是曇花一現。不久之後，美國房地產泡沫（有部分係科技泡沫終結後的低利率推波助瀾之故）破滅，預示了全球金融危機的降臨。在新一波對成長感到憂心的氣氛中，繼危機之後而來的寬鬆貨幣政策，導致債券殖利率與通膨變得更低。由於較低的債券殖利率被視為低結構性成長與潛在通貨緊縮（如日本的狀況）的反映，債券價格與股價呈負相關的走勢，已證明比以往持續得更久。

通貨膨脹是固定所得證券的投資人最大的風險，雖然公債提供某個特定期限下的固定名目報酬，卻無法防範通膨帶來的意外。而股票的現金流會連結通貨膨脹，所以萬一物價上揚，可以帶來些許保護作用。當然，在通貨緊縮的時期，情況就會反過來。在這種情況下，固定名目報酬就非常的珍貴，而股票——現金流和股息將配合通膨水準而下跌——就會有較高的曝險度，並且會為了補償風險而要求更高的預期報酬（較低的估值或較高的股票風險溢酬）。這是為什麼比較容易通貨緊縮的經濟體，如日本與（更近期的）歐洲，利率與殖利率上揚往往會被認為對股票投資人有利。這是相較於過去，許多市場當前的股票風險溢酬（ERP）看起來如此之高的主要原因之一。另外一個看待這件事的角度是，對債券投資人來說，未來報酬是比較確定的（較不會感受到通貨膨脹將侵蝕固定名目報酬的風險），所以股票需要有較高的相對殖利率，才能持續吸引投資人買進。

總而言之，債券殖利率和成長預期之間是永不止歇的拉鋸戰，影響債券與股票報酬的關係。一如圖4.3所呈現的長期關係（以美國為例），相關性轉為負的主要時期，就是出現在成長衝擊與深度衰退的時候，或是發生戰爭之類的重大政治事件推升不確定性，因此提高股票必要風險溢酬

圖4.3　由於量化寬鬆（QE）的關係，近年來股票與債券的負相關性沒有那麼大（股票價格與債券報酬）

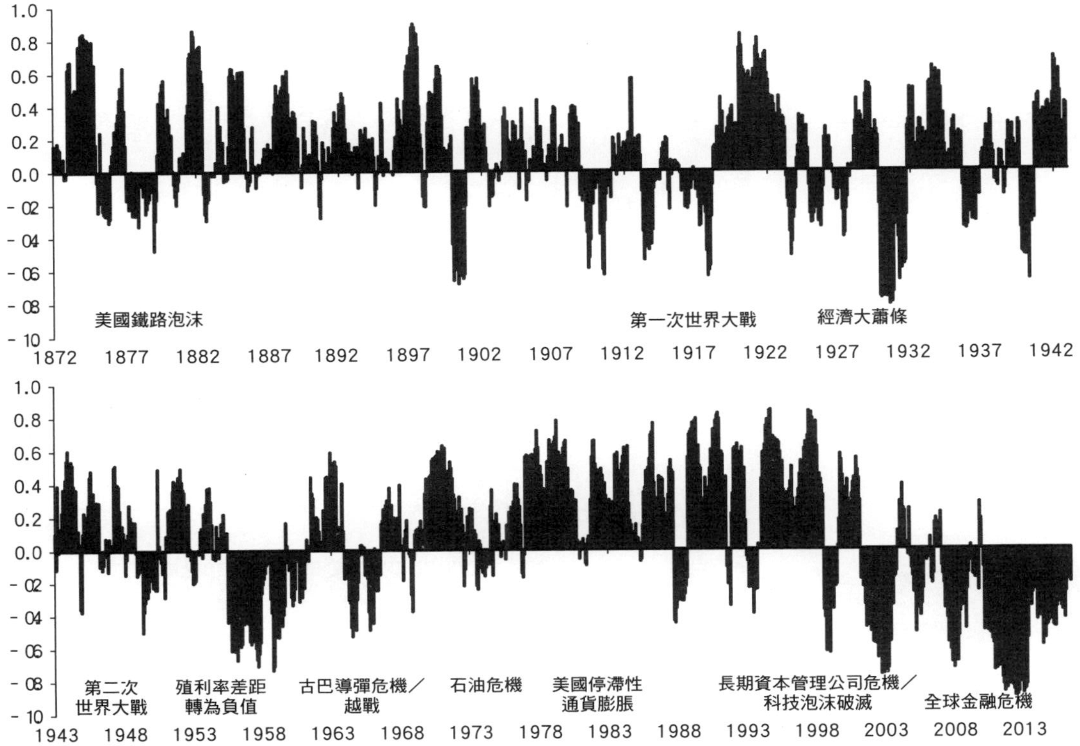

資料來源：高盛集團全球投資研究部

的時候。

此外，上揚的債券殖利率（或債券價格下跌）並非總是對股市不利。債券殖利率上升對股票的衝擊會有明顯的不同，端視幾個因素而定：

- **週期的時機點**：往往在週期更早一點的時候，股票比較能免疫。
- **調整的速度**：對股票來說是越慢越好。
- **當時的殖利率水準**：從歷史上來看，美國十年期公債殖利率為五％或更高，對股票來說肯定是「壞事」一樁，不過交叉

表4.4　美國十年期債券殖利率上升期間的美股績效表現

美國十年期公債殖利率						標準普爾五百指數		
日期		水準		變化	時間長度	變化率		
低谷	高峰	起點	終點	（基點）	（月）	價格	未來12個月本益比 (NTM EPS)	未來12個月每股盈餘 (NTM PE)
91年12月	92年3月	7	8	98	2	-3%	-3%	1%
93年10月	94年11月	5	8	288	13	-1%	-14%	12%
96年1月	96年7月	6	7	153	6	7%	4%	3%
96年11月	97年4月	6	7	93	4	-2%	-5%	3%
98年10月	00年1月	4	7	262	16	46%	29%	17%
01年11月	02年4月	4	5	124	5	3%	-1%	4%
03年6月	03年9月	3	5	149	3	3%	0%	4%
04年3月	04年6月	4	5	119	3	1%	-6%	7%
05年6月	06年6月	4	5	136	13	4%	-10%	14%
06年12月	07年6月	4	5	86	6	6%	2%	4%
08年12月	09年6月	2	4	188	5	5%	22%	-16%
09年10月	10年4月	3	4	81	6	15%	-3%	19%
10年10月	11年2月	2	4	135	4	14%	7%	7%
12年7月	13年9月	1	3	161	13	24%	15%	8%
16年7月	17年3月	1	3	124	8	11%	6%	6%
17年9月	18年11月	2	3	117	14	14%	-8%	22%
平均值		4	5	145	8	9%	2%	7%

資料來源：高盛集團全球投資研究部

點有可能會在週期中更早的時候。

- **股票的估值**：這與週期有關，而且顯然股價便宜時比較不容易受創。
- **驅動殖利率上升的因素**：不管實質或是名目，對股票來說，通膨引發的上漲通常比較容易消化。

表4.4呈現的是在美國債券殖利率上升期間，標準普爾五百的績效表現。主要觀察發現兩者的關係並不明確，也沒有隨著時間而呈現一致性。股市偶爾會表現得很好，譬如在一九九八到二〇〇〇年間，儘管美國十年期公債殖利率從四．二％提高到六．八％，但美國股市大盤上漲四六％，本益比增加二九％（歐洲股市上漲七二％）。可是在其他時間（最明顯的是一九九四年），儘管當時的盈餘成長相當好，但股價還是隨著債券殖利率增加而應聲下跌。在分析這種重要的關係時，有如下幾項因素要考慮。

週期的時機點：越早越好

預知較高的債券殖利率對股票的影響，是一件很棘手的事，原因在於高殖利率會出現在股票週期的不同時間點，背後各有不同理由。經常看到債券殖利率最急遽的攀升，是來自經濟週期的谷底時，這是看好股票投資的典型時機，而且通常此時股價的起點也不高。債券殖利率上升的時期，有些是發生在週期的前期：一九九一、二〇〇一至二〇〇三、二〇〇八及二〇一二年。其他則出現在週期的後期。

一般來說，債券殖利率在週期的前期上揚，會伴隨估值的大幅增長，而企業部門的盈餘成長並非驅動報酬的主要因素——本來，在這個階段利潤常常還在下跌中。這跟債券殖利率在週期的中期與後期的上漲很不一樣，這時可能會瀰漫更多對通貨膨脹的憂慮，殖利率的起點變高，股票估值也已經被撐大。

圖4.5 債券殖利率的急劇移動與股票報酬為負同時發生（依美國十年期公債殖利率絕對移動〔每周變化〕的SXXE平均報酬）

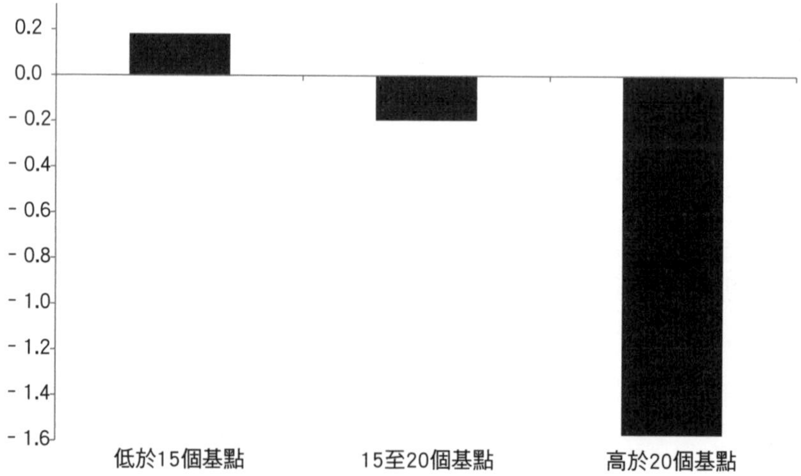

資料來源：高盛集團全球投資研究部

調整的速度：越慢越好

債券殖利率的上漲速度也是另外一個重要因素，可用來解釋股票與債券在整個週期間的關係。舉例來說，自全球金融危機之際，美國十年期殖利率在三個月內上漲超過兩個標準差開始，股市就已跟著債券一起出現拋售的情況。[1]當利率上漲的速度太快，會為成長預期及風險性資產的估值帶來負擔，而利率的波動效果也會外溢到股票波動性上（見圖4.5）

殖利率的水準：越低越好

過去十五年來，大部分時間股價和債券價格呈現負相關；債券價格下跌（債券殖利率上升）與股市績效表現強勁同時發生。這對平衡型、多元資產的投資人來說幫助特別大，他們不但可以因為時間久了，在股票與債券上都收到很好的收益，兩者的負相關性也能降低平衡資產組合的整體風險與波動性。

對大多數股市來說，股票與債券殖利率的相關性大致上視殖利率的水準而定。如果殖利率很低（好比近年來就是這樣），那麼股票與債券價格多半呈現負相關。當債券殖利率從很低的水準往上升，股票就會表現得很好。同樣的，當債券殖利率下降，股票的績效表現就不好。舉例來說，二〇一六年初投資人在煩惱持續性通貨緊縮的風險時，就不是進場買股的好時機。反之，等債券殖利率在二〇一六年中開始上漲時，股票就發揮精采的表現。相關數據也呈現在表4.4。

利率水準對股票與債券之間的關係有何影響，有一個觀察方法是去看兩者之間的相關性如何變化。圖4.6的散布圖顯示，當殖利率高於四％至五％時，股票與債券價格的每月相關性經常是正的。這表示若利率處在相當「正常」的水準（也許是在長期債券殖利率與長期預期名目GDP趨勢成長率接近時），債券價格上漲（債券殖利率下跌）對股票是好的；當殖利率上升時，股票的表現則不佳，因為這是會發生通貨膨脹問題的信號，所以它抬高了股

圖4.6　在較高的殖利率下，股票／債券的相關性會轉正（一九八一年以來，美國股票與十年期債券十二個月滾動相關性，每週）

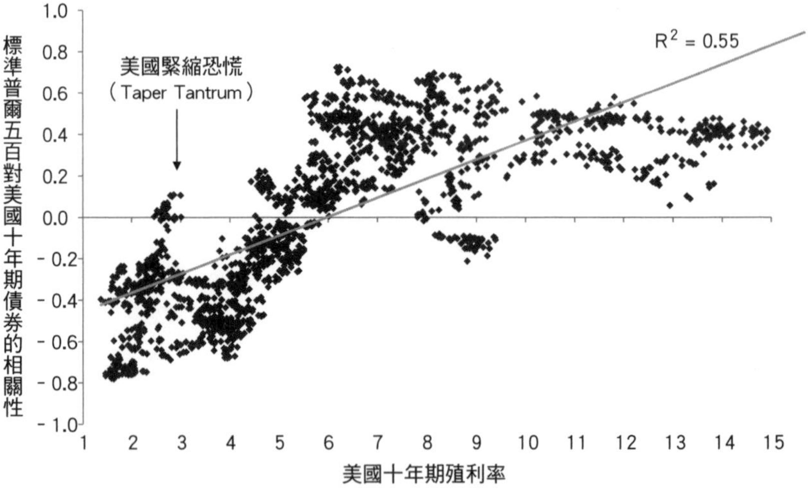

資料來源：高盛集團全球投資研究部

票的折現率。可是當債券殖利率低於四％至五％時，這層關係通常就會出現逆轉；在這種較低的水準下，債券價格上揚（利率下跌）其實是會伴隨著股票報酬變差，因為債券殖利率比正常值低太多，反映出景氣衰退或甚至通貨緊縮的風險日益升高，打擊到企業的現金流及盈餘。以這種方式來看，一如我們這幾年所見，利率水準已經很低的國家，往往會看到它們在債券殖利率上升（債券價格下跌）的時候，股價漲得最凶。這被認為是反映了成長與通膨的信心增加，有助於降低股市所感知到的風險。

因此，儘管股票和股票估值有週期，而且部分反映出成長預期與債券殖利率（零風險利率）的交互作用，但結構性因素如當前通貨膨脹環境和利率水準，可能會隨著時間而影響債券殖利率（債券價格）與股票之間的變化關係，從而使週期複雜化了。

股票與債券價值的結構性變動

雖然本章的焦點主要是決定債券績效與股票績效關係的週期性驅動因素，但自從二十世紀末期以來，尤其是金融危機之後，相關性已經有所轉移，顯示這層關係出現某些長期性或結構性變化。在長時間下，股票往往被視為風險資產，比起風險更低的資產譬如公債，會要求高出許多的殖利率（股息殖利率）。畢竟，殖利率或估值是一種表述方式，說明相較於零風險資產，投資人把錢投入稍具風險的資產所期望或要求的報酬（或風險溢酬）。

有關這層關係及其對投資人與資產配置的涵義，其中一次知名討論，就發生在英國帝國菸草退休基金總經理喬治．羅斯．古貝（George Ross Goobey）於一九五六年對退休養老基金協會（Association of Superannuation and Pension Funds）發表的一場爭議性演說後。[2]他主張，投資於股票為退休基金製造通膨連動型成長是有好處的。他最為人所知的舉措，就是把整個退休基金的投資配置都放在股票上，這也往往被認為是與跟股市熱潮的開端有關。

在此之前，股票向來被認為是不穩定、具風險的資產，可獲得的報酬計入風險因素調整後，會比公債還低，故而要求更高的殖利率（也因此有較低的估值）。隨著越來越多機構為了抗通膨而熱衷於從基金轉向股票的想法，股票的殖利率下跌，並出現所謂的反向收益率差距（reverse yield gap），指的是股息殖利率下跌到低於公債殖利率。此種樣態在大多數開發中國家持續存在，直到一九九〇年代後期科技泡沫破滅為止。

羅斯．古貝在對退休養老基金協會的演說中展示長期歷史證據，指出以實質計的事後股票風險溢酬（對比於債券，投資人在股票上拿到的報酬）是正的，而忽視此事的投資人就會給自己帶來損失。經過通膨調整後的股票長期績效，比債券好得太多。一如羅斯．古貝所說：「我知道大家會說『同樣的事不會一直發生』。可是……它已經一再發生了。我告訴你，就算不會像過去那樣急劇上升，但我的看法是它還是會再發生。」

羅斯・古貝的演說至今已經超過五十年了，他的預測非常成功。以美國股市做代表，其一九五六年到二〇〇〇年間的年化實質總報酬率是七％。

隨著科技泡沫走向末日、股市崩盤之後的這個世紀肇始，情勢和對將來的預期都開始改變了。在這個後泡沫的世界裡，股票估值從高到不切實際的水準跌落神壇。信貸緊縮的開始，以及隨之而來許多已開發國家資產負債表的去槓桿化，戳破了一度瀰漫股市的信心，一九六〇年代以前對股票報酬的懷疑態度捲土重來。股息殖利率曾一度上揚超過債券殖利率，歷史的和預期的未來報酬則已雙雙下挫。

圖4.7可見美國債券相比於股票估值

圖4.7　儘管債券殖利率下跌，近年來股票的價值還是很富吸引力（美國十年期公債殖利率與現金殖利率〔股息殖利率與回購收益率〕）

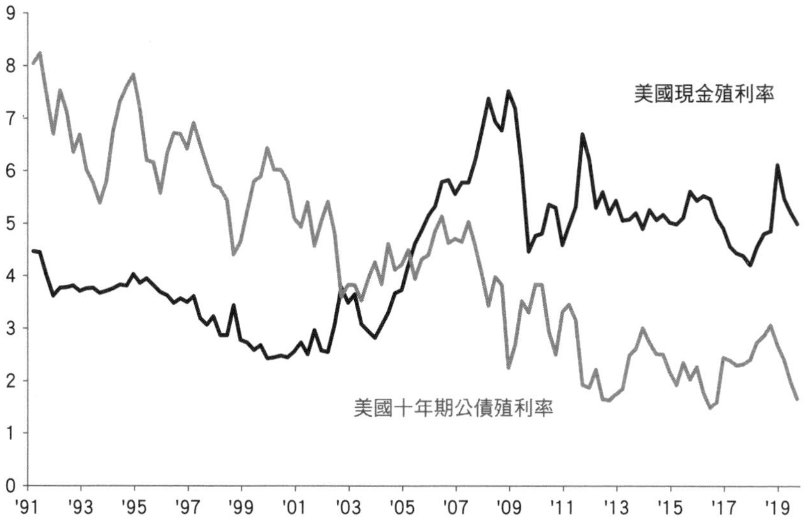

資料來源：高盛集團全球投資研究部

的長期變動圖示，比較的是十年期公債殖利率和股票市場的股東估計現金收益率（此處是取股息殖利率加上庫藏股回購率）。回到一九九〇年代初期，投資人在股市拿到的現金報酬大約是四．五％，那時如果借錢給美國政府十年的話，拿到的殖利率是八％。金融危機過去十年之後，投資人現在拿到的股票總現金報酬率是五％，相較之下公債不到二％。當然，這個變化反映出許多事情，不過一般來說，它意味著由於對未來成長有更大的不確定性和更低的預期，所以股票的相對評價大幅下修。與此不謀而合的是，通貨膨脹下跌到更低的水準，已經減少投資人投入公債（提供固定名目報酬）的風險，但也同樣降低持有實質資產如股票的吸引力，而後者或多或少可以抵抗長時間下的較高通貨膨脹（因為營收與利潤會跟著通膨一起移動）。

在預期長期經濟成長也很疲弱的低通膨國家，債券殖利率與股票現金收益率的差距就更大了。譬如德國的股價指標裡，成熟產業（如銀行及汽車業）所占比重高得不成比例，截至撰寫本文之時，其股息殖利率加上庫藏股回購率就超過四％；相較之下，十年期債券殖利率則低於〇％。

第5章

跨週期的投資風格

檢視跨越過往週期的投資風格時，會發現在這個層次上尋求通則化，往往會誤入歧途。你越從微觀的層次檢視股市（亦即你越去看單一公司或一群公司，而不是看廣泛的股市指標），就越有可能看到報酬被獨特性問題所影響，譬如一家公司或產業的特性、管制環境、跟競爭有關的課題（如併購）等等。在一個或多個週期裡也許很明顯的模式——例如大型與小型公司的績效比較——在其他週期裡就不見得顯眼或有一貫性。這使得在預測報酬時很難過度概括，而且這麼做有時很冒險。

檢視市場上各類股的績效或跨產業的績效模式時，這種一致性的問題就更顯突出。儘管股市裡有些類股或行業組通常會被它們和經濟或利率週期的關聯所影響，但也會被一整個其他因素影響到。同樣地，它們對經濟狀況的敏感度也會與時俱變。舉例來說，傳統上化工業向來被認為有週期性，營收受到經濟週期的高度影響。這是因為化學公司的生產項目通常是類似大宗商品的散裝化學品。當經濟與需求強勁時，這些公司的獲利上揚；一旦經濟與需求走低，可想而知他們的利潤往往也會下降。分析師經常稱這種公司是「營運槓桿型」（operationally levered）的企業，也就是說，他們的固定生產成本很高。這表示當需求疲弱時，他們的盈利會大跌，而且可能蒙受大幅損失（更難支應固定成本）；不過同理可證，一旦需求強勁，他們的利潤率大漲，獲利也會強勢上升。

換一家公司，譬如食品業，這個例子就會變得不一樣。通常這類公司面對的是比較穩定且可預測的終端市場，不用顧慮整體經濟是強是弱——不管時機好壞，大部分顧客的食量還是一樣。

不過上面的例子並非總是顛撲不破。比方說，近年來化工業有大部分改變了他們的業務組合，生產價值較高的產品，如塗料、黏著劑、清潔用材料和農用化學品（肥料和農藥），因為這些產品的最終需求可能比較穩定；也有些公司的經營模式，轉換成生產歸類為食品或個人護理用品的香料與香精。類似的變化過去也發生在科技業，兼容了週期性很強的商品型產品（如半導體），和普遍來說不那麼週期性的軟體販售。久而久之，相對於更穩定或具防禦性區塊的規模來看，這個產業裡週期性成分的市值或權重已經下降。

同樣的，銷售品牌商品的食品製造商或許發現到，隨著時間過去，其終端需求變得更具週期性，因為來自超市自有品牌商品的競爭，意味著願意花錢買品牌商品的頂級顧客，或許比過去變得更具週期性。

講這些例子的重點，並非意指長期下來沒有可辨識的模式，只是投資人應該要能體認到，產業內和橫跨產業的驅動因子跟競爭發展會改變，股票市場的局部和總體因素之間的關係也可能會有變化。

類股與週期

儘管困難重重，但與經濟週期有關的類股報酬是能夠找到更籠統的通則。我們往往會用經濟變數的敏感度或貝塔值這層濾鏡來檢視類股，譬如它們的估值及績效如何受到經濟成長、通貨膨脹及債券殖利率的變化所影響。我發現，將股市的產業或類股

圖5.1　產業與類股可以根據敏感度與估值區分成四個群組

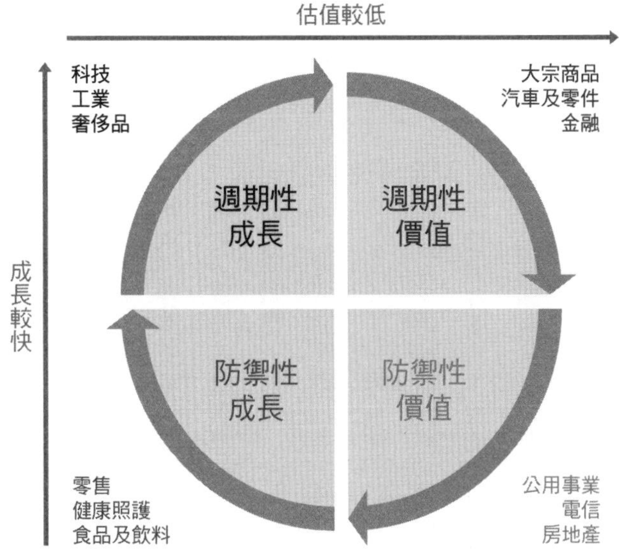

資料來源：高盛集團全球投資研究部

以敏感度及估值區分成四個群組，會相當有幫助。

如圖5.1所示，對經濟較敏感的產業，或是週期性較強的產業，大致可區分成有週期性但成長快速者，譬如科技類股，和那些有週期性但成熟的產業（而且典型來說估值不高），譬如汽車類股。同樣的，比較有防禦性、對經濟不那麼敏感的產業，可被歸類為成長快速者，譬如健康照護類股，和具防禦性但成熟、而且較便宜的類型，譬如電信公司。接著，以此作為廣泛的指引，裡面有些類股就能以它們在不同經濟狀況下的相對表現，被放進相關的象限裡。

對週期性價值型類股而言，最好的環境就是在經濟成長加速伴隨著通膨與利率上升時。一般來說，強勢成長對週期性產業是加分，不過成熟型產業的固定成本（工資與資產）佔營收比例，往往比年輕而快速成長的類股來得高，通貨膨脹的槓桿效應比較大。這種情況經常被形容成是高「營運槓桿」。當通貨膨脹與利率上升時，它們的營收成長往往也會增加、盈利有所改善，導致盈餘增長超過平均水準。與此同時，光譜的另一端是防禦性成長型產業，在經濟成長比較疲弱且不足的時候，表現會比較好。較低的通膨與利率往往能嘉惠這類公司，因為它們擁有極長期的預期現金流，而低利率表示這些現金流的折現率也較低，股票會有更高的估值。

當然，不管任何時間，特定產業或許也會受特定股市問題影響（尤其該產業若是由一到兩家大型公司主宰），管制以及可能的合併或出現新進者等競爭態勢的變化，加上一大堆其他因素，都會造成影響。

由於有這種種錯綜複雜的因素存在，投資人往往會把公司或產業分門別類。以通則化所能發揮用處的程度來看，有些跨越投資風格及類股或產業敏感度的關係，特別具有相關性：

- 週期性企業與防禦性企業之間的關係。
- 價值型企業與成長型企業之間的關係。

這是對投資人有幫助的兩大分類，它們與投資週期及經濟週期之間的清楚關係，往往會隨時間而顯現出來。

週期性企業與防禦性企業

儘管前面提到公司會隨著時間改變其組成或業務組合，但是當它們對經濟週期的敏感度或貝塔值很高時，還是有可能說它們是週期性的企業。同樣的，形容那些敏感度低的企業相對之下具有防禦性，也是合情合理的說法。圖5.2以產業別顯示，全球股市的預期（對未來十二個月的共識）盈餘成長對GDP的敏感度或貝塔值。

結果相當直覺。汽車、資源和科技類股對經濟週期最為敏感，公用事業、電信和食品暨飲料類股的敏感度則最低。

有鑑於這些投資風格與經濟週期之間的關係，我們可以找到一種與第三章所提「典型的週期」階段不謀而合的績效模式。表5.3顯示美國股市（標準普爾五百）週期性對防禦性企業的相對年化績效表現。這裡看到的模式相當清楚。截至目前為止，相較於防禦性企業，週期性企業最黑暗的日子是在絕望階段。這很符合直覺：投資人在這個階段預期會有衰退，一般來說並不看好股市前景，尤其是裡面對週期最為敏感的那些產業。相較之下，防禦性公司至少能在這個階段提供一點遮風避雨的地方，而且以平均值來看，過去同樣這些階段裡，其相對績效已經以接近三〇%的幅度優於週期性企業。

希望階段一如所料，是週期性企業的

圖5.2　未來EPS成長對全世界GDP成長的貝塔值

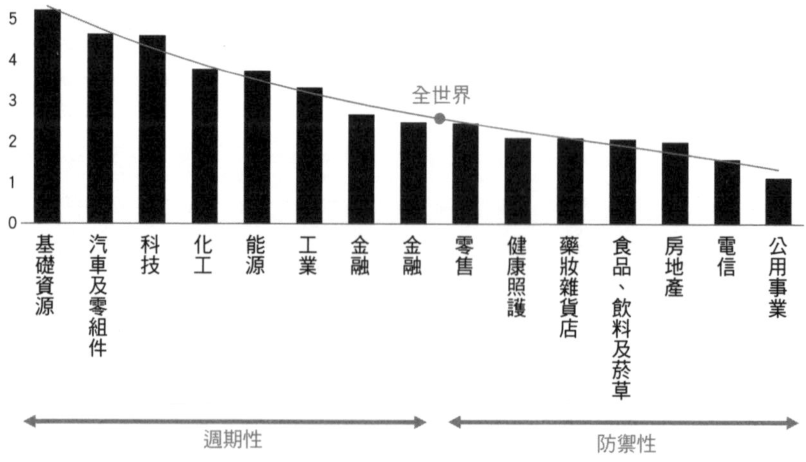

資料來源：高盛集團全球投資研究部

好年冬，績效表現的中位數超過防禦性企業二五%。成長階段是歷時最長的，結果也最分歧。部分原因出在這個階段可能會出現幾次迷你週期，而此時期調查頻率較高的採購經理人指數（PMI）或美國供應管理協會指數（ISM）有所改善之故（詳見第三章的討論）。在樂觀階段，通常也是比較具有週期性的企業表現勝出，而且往往對市場估值上升的容忍度也提高了。

當我們比較週期性企業與防禦性企業在一整個標準產業週期的相對績效表現時，這些模式也會很明顯。一個簡單方法是去看調查資料裡的週期，譬如所謂的PMI指數，或是在美國廣泛受到關注的ISM指數。這些都是投資人會廣泛注意的指標，因為它們跟GDP的關係密切，又有每個月調查的好處，所以發布頻率比GDP的季報告更頻繁。

PMI與ISM指數是經過校準以顯示擴張與緊縮的指數。一般來說，水準低於五〇相當於緊縮，高於五

表5.3　美國週期性／防禦性企業年化績效表現；對週期性企業而言，絕望階段是截至目前為止最糟的時期，希望階段則是最好的時期。

	絕望階段	希望階段	成長階段	樂觀階段
1973-1980	-6%	1%	9%	10%
1980-1987	-31%	34%	-18%	-7%
1987-1990	-14%	6%	-4%	-12%
1990-2000	-17%	7%	17%	70%
2000-2007	-47%	16%	9%	-
2007-2019	-37%	30%	0%	9%
平均值	-25%	16%	2%	14%
中位數	-24%	12%	4%	9%

資料來源：高盛集團全球投資研究部

○則是擴張。

我們根據對GDP的敏感度，將產業拆分成週期性與防禦性，可以看到這兩大族群的相對績效表現和這些指標水準之間，隨著時間呈現出密切的關係。一般來說，如果這些調查指標上揚，有可能也是更具有週期性的產業績效勝出的時候，而在週期數據下降或減緩的時期，比較防禦性的產業往往表現得更好（見圖5.4）。

週期性企業對防禦性企業績效表現的相對報酬，有另一個驅動因子是債券殖利率。如圖5.5所示，較低的債券殖利率通常會跟疲弱的成長前景同步，故而經常導致週期性企業的表現不佳；相較之下，債券殖利率上升則能對週期性企業發揮支撐效果。這有兩個合乎邏輯的原因。首先，債券殖利率上升往往發生在成長強

圖5.4　全球週期性與防禦性產業的跨產業週期比較

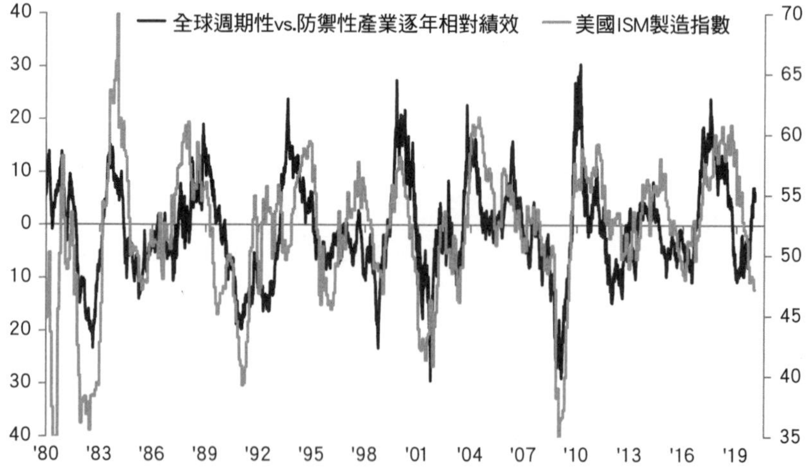

資料來源：高盛集團全球投資研究部

勁的時候，比起現金流穩定的公司，對經濟敏感的企業更能因此提振營收。其次，週期性企業通常擁有較高比例的固定成本，譬如勞動成本或物料成本，加上生產成本與資本折舊（廠房及設備）；在這種情況下，通貨膨脹（以及因此連動的高債券殖利率）是有幫助的，因為它使企業的固定成本相較於銷售額（也將隨著通貨膨脹而提高）而言是減少的。反之亦然。不過通常來說，如果你擁有一項折舊資產，那麼通貨膨脹（在一定程度上）其實是相當有利的，這可能是為什麼在一九七三到一九八〇年間通貨膨脹很高的時候，週期性企業會出乎尋常地表現很好的緣故。

不過，**投資人不只對這些指標的水準敏感，也在意其變化率**。指數是否低於五〇但正在向上反轉，顯示所謂的二階導數在改善中？

圖5.5　較低的債券殖利率往往會導致週期性企業表現不佳

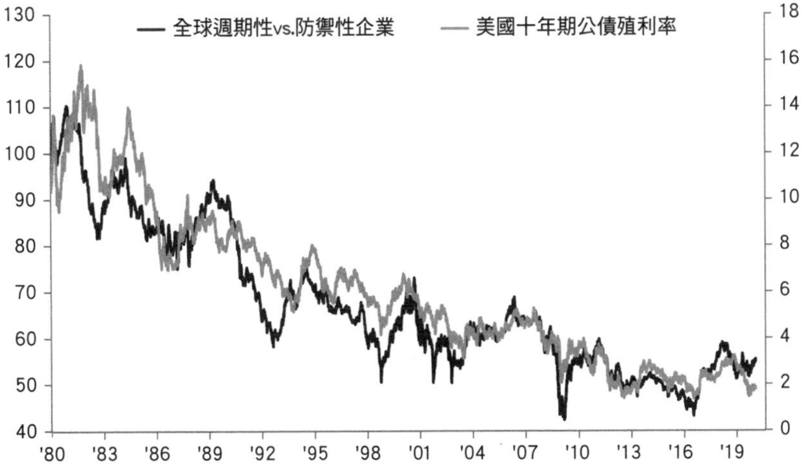

資料來源：高盛集團全球投資研究部

還是高於五〇，可是正在減緩中？

週期內的變化率與債券殖利率的交互作用使情況更加複雜，變得尤其重要。具體說來，當經濟正在成長（ＰＭＩ指數高於五〇）可是步調趨緩，伴隨著債券殖利率的上升或下降，通常會導致領先的類股及／或投資風格有所不同。

因此，實際上按成長率高低所測量的週期及其發展方向（是在改善中還是惡化中？）之間，以及債券殖利率是上揚還是下跌之間，存在著一種錯綜複雜的交互作用。其中有很多排列組合。若是從週期性類股相對於防禦性類股的績效表現來看，最不受歡迎的組合是在經濟緊縮——ＰＭＩ指數低於五〇（緊縮中）且變得更糟，債券殖利率又正下跌中（一般來說，和通貨膨脹及成長將進一步惡化的預期一致）的時候。

一如第三章從整體市場來看的一樣，最佳組合是在復甦期間——此時經濟還處於衰退，可是成長率已經反轉向上，或開始看起來沒那麼疲弱。這時動物本能就會冒出來，投資人開始預期好日子要來了。如果這個情況伴隨著債券殖利率上升（一種對未來成長有信心的表現），那麼對經濟比較敏感的公司，或是那些週期性最強的公司，就會表現得比防禦性強的公司好，因為後者的週期槓桿作用比較小。

這些排列組合的一個簡單總結，呈現於圖5.6的美國市場週期。該圖描繪出先前提到的組合裡一個極端現象：在這個狀況下，ＰＭＩ指數高於五〇（符合成長中的經濟），而且正當債券殖利率下跌時，ＰＭＩ開始從高點往下降。從圖中可以相當清楚看到，市場上具有防禦性的產業，其平均報酬比較高，而表現最差的是那些在經濟衰退時風險最大的產業，譬如銀行、營建、媒體和科技業——所有這些類股的需求都是可自由裁量的，很容易就延遲下單。

在另一邊的極端狀況下，ＰＭＩ指數低於五〇（經濟恐怕還在衰退期），可是正當債券殖利率上漲之時，ＰＭＩ也從谷底開始上揚，那麼市場的領先模式就會逆轉。

價值型企業與成長型企業

雖然週期性對防禦性產業的相對績效頗容易理解，但所謂價值型與成長型的關係就

圖5.6　美國週期性對防禦性企業的每月績效（自一九七三年起）

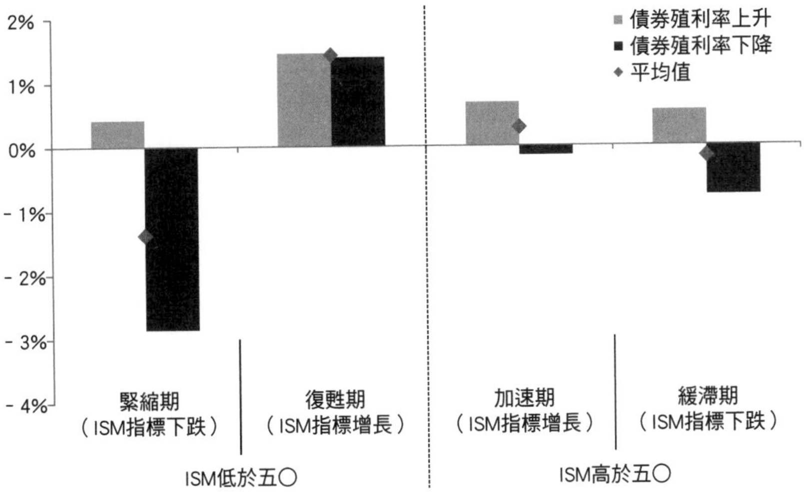

資料來源：高盛集團全球投資研究部

沒有那麼直接好懂，因為這些定義往往會橫跨不同產業的公司而適用。一般而言，成長型指的是營收隨著時間有較穩定或較高成長的公司，而且交易價格往往比較高；價值型則通常被界定為比一般企業更便宜的估值在市場上交易的公司，譬如較低的本益比。

舉例來說，根據成長與價值所編製的ＭＳＣＩ指數包含了以下定義：[1]

一、ＭＳＣＩ成長型區塊乃根據五項變數：

●長期預估每股盈餘成長率。

●短期預估每股盈餘成長率。

●當前的內部成長率。

●長期歷史性每股盈餘成長趨勢。

●長期歷史性每股營業額成長趨勢。

二、ＭＳＣＩ價值型指數區塊則根據三項變數：

●股價淨值比（book value to price）。

●十二個月預估本益比。

●股息殖利率。

這些因素和週期性對比防禦性的軸線之間，往往會有些交錯之處。一般來說，價值型公司更具有週期性，而防禦性企業則會跟成長型有某種程度的重疊。

價值型對成長型的相對績效和工業生產指數（industrial production；一種實體經濟成長的量測值）之間的簡單相關性，呈現正向但並不很強的關係。更強勁的經濟成長通常與價值型（便宜）股票的績效表現較好有關聯，因為就敏感度而論，它們的週期性往往也比較強。不過它比週期性／防禦性主軸更複雜一點，因為價值型與成長型之間的關係，已經隨著時間過去而有所改變，尤其是發生二〇〇八年全球金融危機之後。

當我們拿價值型對成長型的相對績效與週期各階段的平均值做比較時（表5.7），所浮現的模式就不如週期性對防禦性的比較那麼清晰。唯一清楚的圖像——至少從平均上來看——是價值型企業在樂觀階段的績效表現落後。在這個投資週期的最後階段，投資人往往最為信心滿滿，即

表5.7　美國價值型與成長型公司之間的關係比較不那麼直截了當

	絕望階段	希望階段	成長階段	樂觀階段
1973-1980	-	-	46%	-5%
1980-1987	16%	1%	5%	-2%
1987-1990	3%	3%	5%	-17%
1990-2000	2%	-14%	14%	-37%
2000-2007	39%	12%	18%	-
2007-2019	-17%	4%	-18%	-11%
平均值	9%	1%	12%	-15%
中位數	3%	3%	10%	-11%

資料來源：高盛集團全球投資研究部

便利潤成長趨緩，他們也容許股市的估值上漲。典型來說，成長型股票在這樣的環境下會創造出最強勢的相對報酬。

價值股、成長股與存續期

儘管表5.7呈現出不同階段的平均報酬，但是當我們檢視時間演進下的相對績效表現時，會看到一個更清楚的模式，顯示價值型企業的績效表現勝出是一種相當持久的長期趨勢。從最早由葛拉漢（Benjamin Graham）與陶德（David Dodd）所界定的「價值溢酬」（value premium）來看，[2]擁有高淨值市價比（book-to-market Ratio）或低本益比的股票（一般被稱為價值股），平均而言會得到比低淨值市價比的股票（成長股）更高的報酬。這已經得到學術文獻的廣泛證實，其中最有名的或許就是法瑪（Eugene Fama）和法蘭奇（Kenneth French），[3]證明在一九七五到一九九五年間，分別由高估值與低估值（使用股價淨值比）股票所建構的全球投資組合，其平均報酬的差距是每年七．六八％，而且在他們所檢視的十三個市場中，有十二個市場的價值股表現超越成長股。

價值股與成長股之間的相對績效表現，有一個更重要的驅動因子是它們分別與利率及債券殖利率的關係，我們通常會以「存續期」（duration）來描述這件事情。股票存續期的定義是緊跟著債券存續期的定義（由弗雷德里克．麥考利[Frederick Macaulay]所確立）而定。[4]跟債券存續期類似，股票存續期指的是投資人投資一家公司的股份所預期收到未來現金流的期間長度；從這個意義上來講，存續期是一家公司的現金流到期日及因此對利率敏感性的衡量手段。如果一家公司預計在遙遠的未來將支付一大筆現金流，那麼它會被認為是長存續期的股票。一個好例子是科技公司或整個科技股，其中的企業為了未來成長而正在快速進行投資，這樣就不太可能會支付股息。相較之下，高股利率（dividend-price ratio）的成熟企業（譬如公用事業）就屬於短存續期的股票。只要利率下降，就會看到長存續期股票的淨現值比短存續期股票上升得更多，反之亦然。

債券殖利率和成長股與價值股的相對績效之間的關係，已經隨著時間而出現顯著的變化。如圖5.8所示，從一九八〇到二〇〇七年，兩者普遍存在負向的關係。在一九八〇年代和一九九〇年代，下降的債券殖利率大體上與強勢成長及風險較低有關聯，這是一個對價值型公司有益的環境。接著，在一九九〇年代科技泡沫的前期，低利率被認為對存續期長的成長型企業有幫助，情勢於是急轉直下，變得有利於成長股。此外，科技公司（以及當時的電信股與媒體股）是社會眼中的「新經濟」企業，比起需求已經成熟的傳統產業（在當時經常被稱為是「舊經濟」），更能受惠於更高的未來成長。

隨著科技泡沫破滅，許多這類成長股（尤其是科技股）的估值經歷最大的跌幅。更確切地說，當時成長股和價值股的估值差距已經打破最高紀錄，隨著這類股票長期成長機會的信心和歸屬給它們的價值開始消退，使得它們遭到逆轉而敗陣下來。

在二〇〇〇年到二〇〇七年金融危機開始前的這段期間，是價值溢酬再度自我確立的時期。投資人普遍重新評估「舊經濟」的價值，而這些成熟產業裡的很多公司也重振旗鼓，改進自己的競爭力和成長的憑藉。值此同時，成長股的股價崩跌，投資人因為估值過高而蒙受巨大損失，使得成長股掀起的風潮遭到嚴厲打擊。

自從二〇〇七年全球金融危機以來，較低的債券殖利率連帶價值股相對成長股的績效表現疲弱，關係似乎再一次逆轉。價值股對成長股的績效表現落後，是自從二〇〇七年／二〇〇八年金融危機以來，股市關係中最值得注意的變動之一。這個課題將在第九

圖5.8　債券殖利率和成長股與價值股的相對績效之間的關係，已經隨著時間而出現顯著的變化。

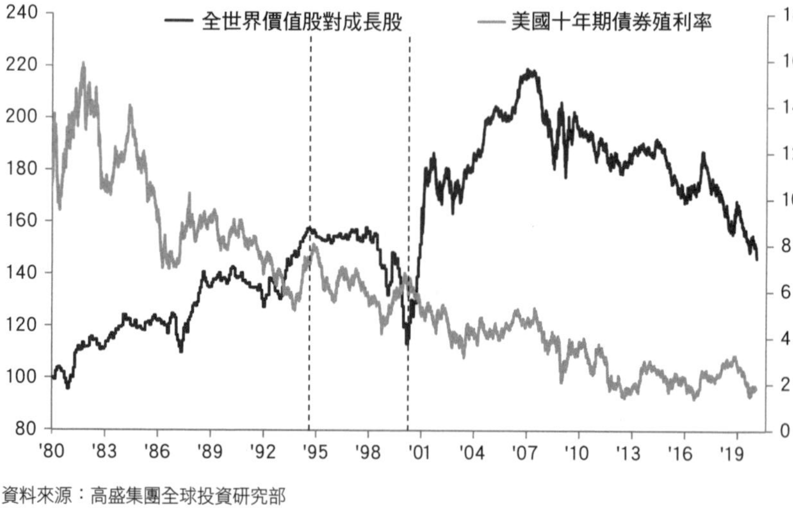

資料來源：高盛集團全球投資研究部

章做詳細討論。

總的來說，在最近這一個投資週期裡，有四個驅動投資風格關係的因素：

- 科技公司的盈餘成長普遍比股市其他類股高出許多，這向來有益於成長型投資風格（往往會投資更多科技公司）。同時，金融危機發生後，銀行股的報酬很差，這有部分是經濟活動普遍較為低迷所致，有部分則歸咎於利率極低的環境，阻礙了銀行靠貸款產生利潤的能力。
- 就算我們基於行業中立（sector-neutral）的原則而將類股偏誤移除掉，只看同一產業內成長股對價值股的衡量指標，仍會看到成長股的績效表現勝出。這裡面有些反映出成長股與日俱增的稀少性。由於銷售增長是名目成長與一般物價水準作用下的結果，隨著通貨膨脹緩和下來，與其他週期相比，在這個週期裡有能力享有強勢銷售增長的公司較少了。
- 自從金融危機以來，我們已經看到債券殖利率的下跌趨勢未曾稍歇，而債券殖利率又是折現率的部分組成。債券殖利率的水準越低，對存續期較長的企業就越有利，尤其是被視為成熟產業「破壞者」的那些公司。
- 折現率的其他組成來自風險溢酬。在後金融危機的週期裡，有鑑於經濟成長、通貨緊縮、地緣政治議題和科技創新對競爭環境所造成的衝擊，市場感知的風險較大，風險溢酬普遍來說變高了。

在較高的風險溢酬下，投資人也已經越來越重視一家公司的報酬長久下來的穩定性與可預測性。這也是合理的。如果低風險資產譬如公債或公司債的報酬非常低（因為債券殖利率已經跌到如此低的水準），只要預期報酬是可預測也相對安全的，那麼投資人就會願意多花點錢買進報酬較高的其他資產（也許是高股息或高自由現金流收益率[free cash flow yield]）。這是為什麼在後金融危機週期裡，「類債券」的股票譬如從事基礎設施的企業和有政府支持的特許行業（舉例來說，某些取得固定條件合約或擁有抗通膨的資本報酬率的收費道路或公用事業），績效表現也很強勁。

總而言之，我們看到投資週期和股票週期之間有一些關係存在，或許其中最為一致之處就在於週期性企業對防禦性企業的相對績效。

在投資風格關係裡，譬如價值股對成長股，也可看到週期的一些跡象。不過這些投資風格是比較複雜的，因為除了經濟週期之外，它們也是各種不同因素作用下的結果，尤其存續期對企業的影響，再加上涉及產業變遷與競爭的其他長期趨勢。

其他市場上的投資風格或因素，譬如大型股與小型股的比較，或特定股票的績效表現，往往隨著時間過去或跨越週期而變得沒那麼一貫，以至於更難提出強力可靠的通則。

｜第二篇｜

牛市與熊市的本質與起因：導火線與關注點

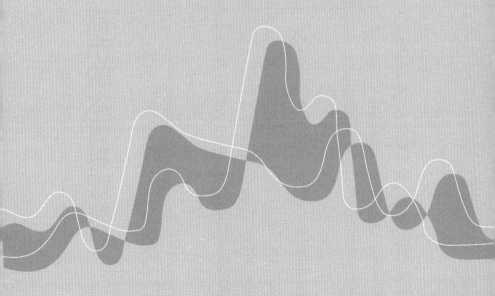

第6章

熊市之因：熊市的本質與樣態

熊市是投資週期裡一個正常或甚至不可避免的部分，不過它們的持續期間和嚴重程度有天壤之別，端視熊市發生前的導火線與情勢而定，其中也包含估值在內。以最糟的情況來看，熊市可以來得非常兇猛，而且就算不是好幾年，也要花好幾個月才能從蒙受的損失中恢復過來。這表示若能對於什麼狀況導致熊市有些認識，對投資人來說是很有價值的，尤其是在遇到具有持久性與結構性的因素時。

儘管避開熊市是一個合情合理的目標，但時機極其重要。推估熊市將至而太早出場，會跟保持全額投資直到熊市開始，所付出的代價一樣高。舉例來說，平均而言，股票投資人在熊市開始後的前三個月損失的金額，跟他們在牛市最後幾個月可以賺到的一樣多。換句話說，太早賣掉股票跟你在熊市開始後才賣掉股票，下場沒有兩樣。

熊市樣態百百種

在大多數投資人眼中，熊市與牛市是景氣循環下的自然結果。經濟活動往往會製造出成長週期，而經過多年的強勁成長後，產能限制導致通貨膨脹壓力；接著，更緊縮的貨幣政策拉高資本成本與折現率，同時又減損了未來成長的前景；於是，股價順應未來成長預期下跌而向下調整。正如利率上升往往會觸發熊市，通常利率需要調降一段時間，才能逆轉這個過程，提升未來現金流的價值。從這個方面來看，大多數的熊市與牛市常常至少有部分是一種貨幣現象。

可是投資人有過度概括化熊市的傾向，提到熊市時，彷彿它們的同質性很高，帶給人的經驗也大致雷同。實際上，各種熊市的導火線、時間點與復甦的輪廓有明顯的不同，而熊市的樣態與規模也有百百種。儘管如此，撇開熊市會隨著時間有所差異不談，大體上就跟週期一樣，熊市也有一些會重複出現的特徵。

大多數熊市的持續時間並不久，約莫兩年左右。不過，其他熊市就拖得很久，從高峰到低谷的時間可能會明顯拉長，跌幅也更深。這差別往往跟該經濟週期的性質，以及此一週期與其他因素的交互作用有關。儘管大部分熊市是利率上揚和經濟開始衰退的結果，但並非全部如此，所以在時間長度與深度上才會有所變化。有些熊市是意料之外的衝擊與事件觸發出來的，但其他熊市則是經濟不景氣，加上因為資產價格崩跌及／或經濟失衡大幅消解的衝擊使得熊市惡化，故而拖得更久。

定義熊市的另外一個挑戰，是想要即時評估熊市何時已經真正結束，相當不容易；並非所有的熊市都會以股價強勁持續的反彈來斷然終結。熊市在往終點邁進時，市場的波動性變大，一次急劇回升不久後又反轉下跌，都是常有的事。尤有甚者，熊市終於抵達決定性的低點以前，這種情況可能會發生好幾次。

深度熊市有著既緩慢又波動性大的復甦期，回顧過往歷史，我們可以看到很多這樣的例子。譬如在英國，股市於一八二五年攀上高點，但接下來兩年大幅下跌七〇%。儘管復甦及別的熊市接踵而至，但有超過百年的時間，一八二五年的高點不曾被超越。這是一次很長的熊市嗎？或是在一段長期結構性下滑的期間，出現了一連串的牛市與熊市？

同樣地，標準普爾綜合物價指數（S&P composite price index）在一九二九年九月至一九三二年六月之間下跌八六%，並在一九三二年六月到一九三三年七月間猛然上揚一三五%。不過，直到一九五四年，該指數才超越它在一九二九年九月的水準。即便站在總報酬的基礎來看，它也是直到一九四五年才回到一九二九年以前的水準。

日本在一九九〇年代的熊市，是另一個於一九九二年七月抵達最後低點以後還持續波動的例子。起初，當經濟復甦的跡象終於浮現時，日經股票指數享有接近四〇%的急速反彈，可是，這並非標誌著平緩而穩定的復甦開始。自此之後，已經出現過五次幅度達四〇%或更高的急劇回升，可是市場仍持續萎靡不振，大約只有一九八九年高點的一半水準，因此以這個例子來說，也能主張一九八九年開始的熊市還在進行中。

其他熊市則很難指出精確的日期，因為高通膨（或甚至通貨緊縮）意味著以名目價值計和以實質價值（計入通膨因素調整）計的報酬會有顯著的不同。一九七三／一九七四年的熊市就是一個好例子。大跌後一次強勁的初始回彈，對買在接近高點的投資人來說，沒有太大安慰效果。

表6.1呈現美國過去五十年來的熊市一些重要的導火線。這段期間的九個熊市當中，有六個後面跟著經濟衰退，其他則更多是政治事件或其他導火線所引起的。這些熊市裡面，有兩個特別持久頑強，難以逃脫：一九七三／一九七四的熊市和二〇〇七年／二〇〇八年的熊市。這兩個熊市都跟經濟衰退有關聯，但是兩者的股價跌幅俱高於平均值，而且下挫得更持久。嚴重失衡的消解也對這兩個熊市有放大效果（以一九七〇年代的例子是跟通膨有關，二〇〇七年的狀況則跟美國房市崩盤後，民間部門去槓桿化有關）。

延伸這項分析可以看到，以標準的定義而言（跌幅達二〇%或更多），自從一八三五年以來，標準普爾五百指數已經出現過二十七次熊市，戰後就有十次。在這段期間顯然已經有過多次的修正與回檔（drawdowns），但若非跌幅不到二〇%，否則就是很短暫，所以可以忽略。

長久看來，大多數的熊市都是以下三種導火線的其中之一（有時則是組合之下）發生作用的結果：

表6.1 每一次都是不同的因素觸發熊市

熊市	因素	衰退？	
1961-1962	「甘迺迪大跌」（Kennedy Slide）：利率從一九五九年冷戰緊張局勢時開始上揚。	否	-
1966	詹森總統大社會計畫（Great Society programme）後的通貨膨脹；聯準會在一年內升息將近一．五%。	否	-
1968-1970	越戰與通貨膨脹；兩年前聯準會將利率從四%提高到九%；一九六八年初到一九六八年中，利率上升三%。	是	1969.12-1970.11
1973-1974	布列敦森林體系在前兩年失敗後，股市崩盤，連帶「尼克森衝擊」（Nixon Shock）和《史密森協定》（Smithsonian Agreement）下美元貶值；一九七三年石油危機：油價從每桶三美元上漲到將近十二美元。	是	1973.11-1975.3
1980-1982	「伏克爾崩盤」（Volcker crash）；一九七九年第二次石油危機後出現嚴重通貨膨脹；聯準會在六個月內將利率從九%提高到一九%。	是	1980.1-1980.7 1981.7-1982.11
1987	黑色星期一：閃電崩盤：電腦化「程式交易」策略席捲市場；美國與德國間有關貨幣估值的緊張關係。	是	-
1990	波灣戰爭：伊朗入侵科威特；油價翻倍。	是	1990.7-1991.3
2000-2002	網際網路泡沫；科技公司破產；安隆醜聞案；九一一攻擊。	是	2001.3-2001.11
2007-2009	房市泡沫；次級房貸與信用違約交換（CDS）崩盤；美國房市崩盤。	是	2007.12-2009.6

資料來源：高盛集團全球投資研究部

- 上揚中的利率及／或通膨預期，加上對衰退的恐懼。
- 無預警的外來衝擊，提高不確定性並下壓股價。
- 一次重大的資產價格泡沫破滅，及／或結構性失衡解除導致去槓桿化，而且經常造成銀行業危機。

在表6.2，我以這些導火線為起點，為每一個熊市分門別類。雖然這裡各個項目所屬的類別多少有些主觀，但無非是想要根據時間序列歷史下的類似特徵，試著將熊市分成不同的類型。我的分類描述如下：

- **週期型熊市**：一般來說是上升中的利率、即將來臨的衰退，和預期利潤下降造成的。這些熊市是典型經濟週期發揮作用的結果，也是最常見的熊市類型。
- **事件驅動型熊市**：導火線是一次性的衝擊事件（譬如戰爭、油價衝擊、新興市場危機或科技市場錯置），不必然會導致國內經濟衰退，可是會引發短暫的不確定性上揚，並拉高股票風險溢酬（必要的報酬率）。
- **結構型熊市**：通常是被結構性失衡的緩解及金融泡沫所觸發，往往會有價格衝擊隨之而來，譬如通貨緊縮。這種類型經常是最深最久的熊市。

	回復到之前水準的時間		波動性	
跌幅（%）	名目水準（月）	實質水準（月）	高峰到低谷	低谷到復甦
-56	259	-	13	17
-23	42	-	8	9
-65	67	-	19	25
-23	11	-	21	15
-32	15	-	31	17
-26	48	-	14	8
-47	32	11	11	11
-36	191	17	9	11
-31	65	49	10	12
-29	17	22	9	10
-38	21	250	15	11
-29	121	159	9	12
-33	85	116	12	12
-32	39	14	15	10
-85	266	284	30	20
-59	49	151	20	10
-28	27	73	14	12
-22	11	13	9	9
-28	14	18	15	9
-22	7	24	10	8
-36	21	270	9	10
-48	69	154	15	11
-27	3	8	12	20
-34	20	49	45	13
-20	4	6	17	14
-49	56	148	19	11
-57	49	55	32	16
-38	60	90	16	13
-32	39	49	14	11
-57	111	134	20	14
-31	50	73	14	13
-29	15	71	19	10

表6.2　美國自從十九世紀以來的熊市

	標準普爾五百的熊市		
類型	起始時間	結束時間	期間（月）
S	1835年5月	1842年3月	82
C	1847年8月	1848年11月	15
C	1852年12月	1857年10月	58
C	1858年3月	1859年7月	16
C	1860年10月	1861年7月	9
C	1864年4月	1865年4月	12
S	1873年2月	1877年6月	52
C	1881年6月	1885年1月	43
C	1887年5月	1893年8月	75
C	1902年9月	1903年10月	13
E	1906年9月	1907年11月	14
C	1909年12月	1914年12月	60
C	1916年11月	1917年12月	13
C	1919年7月	1921年8月	25
S	1929年9月	1932年6月	33
S	1937年3月	1942年4月	62
C	1946年5月	1948年3月	21
E	1956年8月	1957年10月	15
E	1961年12月	1962年6月	6
E	1966年2月	1966年10月	8
C	1968年11月	1970年5月	18
S	1973年1月	1974年10月	21
C	1980年11月	1982年8月	20
E	1987年8月	1987年12月	3.3
C	1990年7月	1990年10月	3
S	2000年3月	2002年10月	30
S	2007年10月	2009年3月	17
平均值			28
中位數			18
結構型平均值			42
週期型平均值			27
事件驅動型平均值			9

附註：S：結構型熊市；E：事件驅動型熊市；C：週期型熊市
資料來源：高盛集團全球投資研究部

週期型熊市

實行一段時間的緊縮貨幣政策，引發一波標準經濟不景氣，與之有關的熊市會被形容為週期型熊市。它們的終結，至少有部分原因出在利率下跌所致。定義已經過去的熊市屬於週期性，要比當場將它們找出來容易得多。有鑑於許多結構型熊市也跟利率上揚及經濟緩滯有關，我們可以假設任何熊市都有結構性因素在作祟的風險。不過，這裡的其中一個主要區別在於，正常的週期型熊市期間，股價（和債券價格）往往會對下跌的利率和領先指標有所反應。雖然利率下跌最終有助於結構性熊市的復甦，但一般來說需要有更積極的政策改變，而且也要花上更長的時間才有效果。因此，整體來說，我們可以概括形容週期性熊市是一種貨幣現象，通常股價會在第一次降息後三到六個月內到達谷底。

大部分熊市會在經濟衰退結束前就恢復，其中一個原因是由於利率正在下跌中，所以資產價格開始預期復甦。儘管沒有充分的利率數據證明整個歷史上所有的週期型熊市皆是如此，但在大多數情況下，利率下跌一段時間後，股市便會出現復甦的趨勢。雖然利率一開始的跌幅還不足以產生即將到來的預期復甦，有時需花上一段時間，不過寬鬆的貨幣政策通常是再度帶動成長與拉抬股價的過程中一個重要環節。

週期型熊市有各種各樣的常見要素。把歷史上這類熊市放在一起檢視，我們會看到普通的週期型熊市會經歷大約三〇%的跌幅，歷時大約二十七個月。以名目價值計的話，市場行情下挫四年多以後才會回到之前的水準，以實質價值計的話則要六年（不過以實質價值計的平均值變動性很大）。熊市期間的市場波動性相對較低（見表6.2）。以週期型熊市而言，從高峰到谷底的每月報酬平均波動率是一四%。結構型熊市的話，這個數字就高出許多，達二〇%。

週期型熊市發生之前：

- 強勁經濟成長。
- 上升中的利率。

週期型熊市發生之後：

- 以快速的反應降息。
- 利潤很快恢復。
- 股市對利率下跌有反應。

以獲利能力來看，歷史顯示大多數週期型熊市會經歷相對短暫的獲利率下降。平均而言，利潤會在熊市結束約十個月後開始恢復。

同樣的，這有部分是出自利率下跌使企業開始享受到利息費用較低的好處，但這也是產量增長開始恢復時，營運槓桿起作用的結果。有鑑於週期性熊市對與經濟週期的相關性，它們在本質上往往是全球性的（但不必然如此）。經濟狀況與利率並非總是同步一致，因此也會發生股市脫鉤，在一個國家出現熊市，同時間另一個國家卻是牛市的情況——一九九一年美國股市跟歐洲股市的脫鉤，便是一個例子。

事件驅動型熊市

有幾個例子可以統稱為事件驅動型熊市。跟一般的週期型熊市不同，這類熊市並非經濟週期的發展，使得利率上升、增添未來成長的疑慮，才被觸發出來的。反之，它們一般是出乎意料的外來事件造成的結果，譬如某個政治議題或是一個意外衝擊（例如油價驟漲），即使普遍認為股價開始的時候並不高，但事件本身會把必要的風險溢酬推高到致使股價必須下修。多半時候，這種事件驅動出來的市場行情下跌是短暫性的，與經濟情勢或公司狀況的基本面變動沒有關聯。

這並不是一個理想的定義，因為儘管一開始是某個意外事件引發了熊市，但偶有時候，該事件也要為這個熊市後來變得更加兇險而至少負起部分責任。一九七三年的石油危機就是一例。通貨膨脹和隨後的利率急遽上升，雖然並非完全都是石油危機本身造成的，卻相當大程度導致後面幾年股市實質報酬崩跌。

就這方面來看，我們並不容易判斷某個特定的事件驅動型危機將止於何處，因為這場衝擊往往會有餘波盪漾，使得不確定性增加、投資下降，也可能帶來經濟不景氣。在許多情況下，這類事件（尤其是創傷性事件）會引發強力的應對政策，因而啟動復甦或是造成其他問題。舉例來說，當已開發國家的國內需求旺盛之時，一九九七／一九九八年的俄羅斯債務違約與亞洲危機，導致全球祭出寬鬆的貨幣政策，資本成本進一步下跌。進口成本急劇下降，更加提振已經很高的企業盈利；估值擴大，伴隨著極低的利率和強勁的企業利潤，使得榮景將長此以往的預期升高。凡此種種，鋪排出科技泡沫興起並終於在二〇〇〇年破滅的背景。

儘管事件驅動型熊市的定義有瑕疵，但至少可能藉此回頭看到，股市有些急劇的下挫，是某個事件引發必要風險溢酬一次性上漲的結果。由於這些事件很多時候並不會造成經濟週期或經濟與利潤成長的基本趨勢改變，一般來說是相對短暫的效應。

檢視過往的例子，事件驅動型熊市和週期型相較之下有幾個重要差異。事件驅動型熊市的平均跌幅是二九％，和週期型熊市的三一％接近。不過，雖然週期型熊市平均持續時間為兩年，恢復時間是四年，但事件驅動型熊市的持續時間平均只有九個月，而且一年多一點就可以回到原來的高點。

事件驅動型熊市的出現通常會帶著相當溫和的通貨膨脹。如果發生的是通貨緊縮，也是溫和的那一種。在某種程度上，這種比較穩定的貨幣環境，能避免該事件引發市場壓力而演變成更持久的熊市。

結構型熊市

大多數結構型熊市都是跟在金融泡沫（也許是利率上升或信用條件緊縮的關係而導致泡沫破滅）與股價嚴重高估之後，且往往會伴隨著嚴重的經濟失衡，譬如民間部門債務大幅增加，使得家庭（及／或企業）難以禁受任何衝擊。復甦是依失衡的緩解情況而定，並非單靠貨幣寬鬆手段。結構型熊市比週期型熊市來得更深更劇烈，通常需要大約十年光景才能恢復，波動性高則是熊市復甦階段的一個顯著特徵。

結構型熊市往往會比週期型或事件驅動型熊市更嚴峻。平均而言，它們的跌幅超過五〇％，歷時四年之久。最讓人煩惱的是，結構型熊市要花八到十年時間，才能彌補以名目計和以實質計的損失。在復甦階段，這類熊市的股價年化成長率和週期型熊市沒有太大不同，只是需花上更長久的時間來恢復，波動性更大。

結構型熊市通常是某種資源誤置（misallocation of resources）的結果，我們往往能在一波新的技術週期和資本成本下跌的兩因素結合下，發現其根源。這類熊市一般也會伴隨著儲蓄與投資失衡，導致發生經濟衝擊的傾向提高。舉例來說，結構性熊市往往會和龐大的經常帳或預算赤字共存，再加上高額的企業債務及／或消費債務。

譬如二〇〇八年金融危機之前就是一例。如圖6.3所示，金融危機前的大約十年間，美國（其實其他區域也是）民間部門債務急劇攀升。當時，公部門債務占GDP的比重處於穩定水準，央行的資產負債表也是如此。過去十年來，這個模式大大地逆轉過來。債務並未消失，只是大部分從民間部門移到了公部門，而後者比較禁得住打擊。第九章會更詳細的討論，政策和其他因素如何使得當前這個週期有別於過去的週期，使風險性資產能更快復甦。

一般來說，經濟失衡通常需要花一段

圖6.3　美國的失衡已經從民間部門移轉到公部門及央行

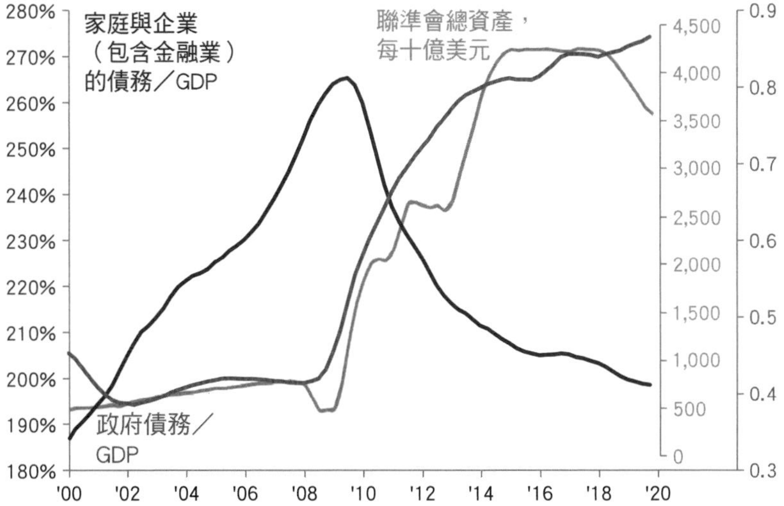

資料來源：高盛集團全球投資研究部。

很長的時間才能緩解。由於現金流會被用來重建資產負債表，儲蓄率就必須有所提升。這是結構性熊市往往比週期性熊市持續更久的另一個原因。加速這個過程的唯一方法，常常是透過某種劇烈的經濟調控，藉此比平常更快速地逆轉失衡。譬如英國在一九九〇年代初的結構性熊市，就含有很多這類成分，當時的經濟出現嚴重失衡、深度衰退，房地產價格與股價大幅滑落。在這個情況下，當英鎊退出歐洲匯率機制時，[1]透過匯率暴跌加速了復甦的過程。就相對小型開放的經濟體而言，譬如英國（或瑞典，當時也有類似情況），這較有可能是一個選項；但大型又相對封閉的經濟體（如美國）就比較難了，因為貶值的效益比較模糊。

綜合言之，結構型熊市會呈現以下特徵：

- 從強度與持續時間來看，它們比較凶猛。
- 復甦需要花上較長的時間。
- 它們是持續的結構性經濟問題所引起的，跟週期性因素沒有關聯。

有鑑於這種熊市的嚴重性，察覺到任何它們在開始前會出現的共通特徵，會很有幫助。

調降利率對結構型熊市的影響較小

跟週期型熊市的情況不同，利率上升通常不是結構型熊市股價下跌的導火線。過去許多結構型熊市發生之前，利率和通貨膨脹是很低的，這可是起初對投資繁榮和股價強勁有幫助的一個因素。在二〇〇〇年股市高峰的前期和二〇〇八年之前那段時間，就是這樣的狀況。既然利率上升一般並非結構型熊市的起因，調降利率當然就不會是解方。考慮到結構型熊市在發展時，貨幣的價格往往相當低，其復甦就更多有賴於貨幣的可獲性與需求，而非貨幣的價格，儘管典型情況下利率確實降到低位。

於是，結構型熊市並非一貫地等到未來資本報酬率上升至足以提振投資才結束。而無可否認的，不是所有例子都一模一樣。在一九七〇年代初期，通貨膨脹大幅上升就腐蝕了預期未來資本報酬。以我辨識出來的其他許多結構型熊市而言，首先必須解決產能過剩的問題，這需要的時間會比利率下降來得更久，故而可以用來解釋何以週期型熊市似乎恢復得比結構型熊市快。

表6.4呈現美國結構型熊市前後的利率下跌情況。平均而言，在結構型危機期間，利率會比週期型危機期間下跌得更加急劇，尤其是美國。在週期型熊市，利率的平均跌幅大約為三分之一，然而在結構型熊市，利率平均下跌七〇%。此外，以後者而言，利率往往還會持續下跌得更久。很多結構型熊市在股市掉到谷底以後，利率還繼續降了兩年之久。

儘管貨幣當局窮盡努力創造金融市場的復甦和因之而來的成長，但首次降息一年後，股價表現常常還是負值。這是週期型與結構型熊市有重要差別的特徵之一。

金融危機之後的最近這一次週期，貨幣寬鬆的程度特別不尋常。政策利率暴跌至零以及引進量化寬鬆政策，使得危機發生後經濟活動及資產價格崩潰所造成的通貨緊縮後果大部分被移轉掉，也成為這場危機的一個特點（我會在第九章做詳細討論）。

價格衝擊：通貨緊縮是常見特徵

另一個在結構型熊市期間似乎很普遍的重要因素是價格衝擊，不管這衝擊是通貨膨脹還是通貨緊縮，但多半是通貨緊縮。尤其在企業部門，

表6.4　美國結構型熊市對降息的反應

日期		降息		第一次降息後各個時間點的股市年化報酬率			利率降幅（占初始水準的比例）
高峰	低谷	第一次	最後一次	三個月	六個月	一年	
1835年5月	1842年3月	-	-	-	-	-	-
1873年2月	1877年6月	-	-	-	-	-	-
1929年9月	1932年6月	1929年11月	1931年5月	-8%	-7%	-19%	-67%
1937年3月	1942年4月	1933年4月	1942年10月	124%	34%	58%	-83%
1973年1月	1974年10月	1974年12月	1976年11月	-14%	3%	32%	-32%
2000年3月	2002年10月	2001年1月	2003年6月	-19%	-18%	-15%	-82%
2007年10月	2009年3月	2007年9月	2008年12月	4%	-6%	-19%	-97%
平均值				18%	1%	8%	-72%
中位數				-8%	-6%	-15%	-82%
標準差				60%	20%	36%	25%

資料來源：高盛集團全球投資研究部

這股通貨緊縮的力量，通常是資本成本下跌和過度投資的副作用。同樣的，易受價格衝擊的影響是另一個因素，造成復甦過程緩慢，並且拉長預期資本報酬率上升到足以創造復甦的時間。

對新時代／新估值的信念

很多大型的結構型熊市發生之前，都會出現金融泡沫和「新時代」的信念。誠如葛林斯潘於一九九七年二月二十六日在美國國會聽證會上所言：「遺憾的是，歷史上遍是這種『新時代』的願景，到頭來證明不過是海市蜃樓。」這些情緒狂潮及其如何與金融泡沫和「狂熱」扯上關係，將在第八章有更詳細的陳述。

債務水準高

投資熱潮是造成債務水準高漲的主要原因。不過企業債務加上民間與政府債務上升，則往往跟結構性熊市有關聯。國際清算銀行（Bank for International Settlements）有一份研究，對過去四十年來三十四個國家的經驗進行系統性檢視，發現債務成長快速是發生金融危機的單一最好領先指標。[2]

股市的領導群變得狹窄

一九六〇年代末期的「漂亮五〇」（Nifty Fifty）熱潮顯露出結構型熊市的另一個特徵。在當時，有大約五十家企業的表現一馬當先，剩下的美股則都賺不到錢。不過，當一九七〇年代初期熊市來襲時，這些股票暴跌得比整個大盤還猛烈。整個一九七〇年代剩下的時間，「漂亮五〇」的表現皆持續落後於大盤。

同樣情況發生在一九八〇年代末期的日本，當時雄霸股市的是銀行股和營建類股。這也是一九九〇年代末期的一個特徵。舉例來說，儘管標準普爾指數在一九九四到一九九九年間，以每年平均二五%的速度上升，但其組成股票有超過一半在一九九九年是下跌的。一九九四到一九九六年間，三分之二的股票價格上漲一〇%，符合二次世界大戰結束以來的平均年增長率。不過，指數在一九九七年開始改變了。到一九九九年，市值增加最多的五家企業，就佔了市場總增長的四二%。前一百家企業則是市值總增長的一三九%，相較之下，這個數字從一九六七年以來的平均值是八七%。

歐洲也發生同一種集中化現象。到一九九九年底為止，前二十大企業的市值占了市場總和的大約三〇%。

波動性高

不只泡沫期間及隨後的崩盤往往會集中在幾支股票上，整個市場經常也會波動得很厲害。結構型熊市的一個主要特徵，就是在股價下跌期間和復甦期間的波動性很高。股價實際年化增長率與週期型熊市復甦期間沒有顯著差別，但經常會有更多次的反彈或虛假反彈。

熊市與公司利潤的關係

表6.5呈現一九六〇年代以來的熊市，以及在靠近或處於熊市期間，每股盈餘（EPS）或公司利潤的變化。平均而言，自一九六〇年以來，每股盈餘在熊市期間其實增加了五％。不過，這受到兩個因素的扭曲：

- 在事件驅動型熊市，每股盈餘一般來說並不會下跌（或跌得很少）。這類市場之所以出現，全都是為了降低風險，因此導致估值下降，並非直接由週期所驅動。
- 每股盈餘下跌的實際期間，並未與熊市的股價下跌日期完全一致，就算股市投資人會去試著推測週期，但也不在人們預期的時間之內。此外，往往在市場達到谷底後，（市場所預期的）盈

表6.5 熊市的EPS：EPS的跌幅和週期型及結構型熊市的價格跌幅相當，可是時間點不一樣

熊市						EPS下跌期間				
類型	起始時間	結束時間	期間（月）	績效表現	EPS變動率%	起始時間	結束時間	EPS跌幅	期間（月）	比熊市開始的時間落後多久（月）
E	1961年12月	1962年6月	6	-28%	9%	-	-	-	-	-
E	1966年2月	1966年10月	8	-22%	5%	1966年12月	1967年9月	-4%	9	10
C	1968年11月	1970年5月	18	-36%	-2%	1969年9月	1970年12月	-11%	15	9
S	1973年1月	1974年10月	21	-48%	51%	1974年9月	1975年12月	-11%	15	21
C	1980年11月	1982年8月	20	-27%	-4%	1981年9月	1983年3月	-14%	18	10
E	1987年8月	1987年12月	3	-34%	6%	1987年3月	1987年9月	-8%	6	-5
C	1990年7月	1990年10月	3	-20%	5%	1989年6月	1992年3月	-26%	33	-13
S	2000年3月	2002年10月	30	-49%	-3%	2001年1月	2001年12月	-15%	11	10
S	2007年10月	2009年3月	17	-34%	5%	2007年9月	2010年1月	-34%	28	0
中位數			14	-36%	5%			-13%	15	10
平均值			18	-40%	4%			-15%	17	5
平均值（事件驅動型除外）			6	-28%	7%			-19%	20	6
平均值（僅計算事件驅動型）								-6%	8	2

附註：S：結構型熊市；E：事件驅動型熊市；C：週期型熊市

資料來源：高盛集團全球投資研究部

餘還會繼續下跌。

排除事件驅動型熊市後，檢視熊市的整體跌幅（考慮到每個週期的每股盈餘下跌時間不同），結果會看到每股盈餘平均下降一九％。這個跌幅相當於一九六〇年代以來的熊市（排除掉事件驅動型）平均股價下跌四〇％。

這意味著（排除掉事件驅動型的）股市熊市主要跟利潤或每股盈餘下跌有關，雖然在熊市的時候，估值一般會下降。這是因為隨著投資人開始預料到事件發生，通常在獲利率還沒真正下跌以前，估值就會開始下來。在牛市則完全是相反的經驗，希望階段的特徵就是強勁的估值擴張，因為在實際利潤仍低迷的時候，市場便對未來利潤成長有所期待，使得股價開始上漲。

平均而言（不計入事件驅動型回落），每股盈餘下跌落後於熊市開始五個月後。換句話說，**股價會在每股盈餘下跌前五個月就開始掉下來。不過，這個範圍很寬**。這種即便公司利潤可能已經達到高峰，但市場在週期後段才反彈的傾向，反映出來的是後週期的樂觀階段，此時跟盈餘已經走到高點的跡象相反，市場還在持續反彈。

總結熊市的特徵

藉由將熊市分門別類，我發現以下幾個適用於熊市的特徵：

- 週期型和事件驅動型熊市，通常會看到大約三〇%的股價跌幅；結構型熊市的跌幅更深，大約五〇%。
- 事件驅動型熊市往往最短，歷時平均七個月；週期型熊市平均持續二十七個月；結構型熊市的平均持續期間則為四年。
- 事件驅動型與週期型熊市，往往能在大約一年後就回到先前的行情高點；但結構型熊市平均要花上十年時間，才能重回原來的高點。

值得注意的是，這些數據都是以名目價值計，然而事實上，有鑑於一九七〇年代的通膨非常的高，所以那時的熊市會更加明顯（見表6.6）。

金融危機的特點：與眾不同的結構型熊市

二〇〇七年金融危機及熊市可說是一個典型的結構型熊市，只是政策的反應很獨特（也許是政策制定者有意避免重蹈覆轍）。從很多方面來看，它擁有結構型熊市的徵象，失衡在擴大當中，這是它前面那個週期的一個重要特色。不過，比起我們看到的其他熊市開始前那段期間，二〇〇七年這次比較少看到股市投機泡沫或「新時代」信念，至少在證券市場是這樣。比起股價，這個週期的泡沫現象在美國及部分南歐地區的房市看得比較明顯。

真正使二〇〇七年至二〇〇九年的熊市有別於其他結構型熊市之處，在於政策反

表6.6　熊市的特徵

熊市發生前	週期型	事件型	結構型
利率上升	✓	可能	✓
外來的衝擊	可能	✓	可能
股價的投機性上揚	✗	✗	✓
經濟失衡	✗	✗	✓
生產力上升	可能	-	✓
經濟體的不尋常力道	✗	✗	✓
新世代的信念	✗	✗	✓
熊市發生後	**週期型**	**事件型**	**結構型**
經濟衰退／不景氣	通常	可能	通常
利潤崩跌	✓	可能	✓
利率下降並觸發股價上揚／債券價格下跌	✓	通常	✗
價格衝擊	✗	✗	✓

資料來源：高盛集團全球投資研究部

應。迅速降息並採用量化寬鬆手段，致使股票（及其他金融資產）的價格出現比以往更為劇烈的反彈。較低的零風險利率觸發了市場追求名目資產，譬如債券的收益，同時又拉抬未來所得的現值。在極低的通膨支撐下，這個不尋常的背景為週期延長和估值上揚創造存在的條件。我將在第九章詳細探討這個特別的週期。

可標誌出熊市風險的指標

無論熊市的型態為何，它們對投資人的報酬會造成傷害是再清楚不過了，而這引發一個顯而易見的問題，亦即我們是否能辨認出一組條件，可預先警告我們熊市將至？但有三個主要問題：

- **每個熊市都是獨一無二的**。儘管熊市開始時的樣貌和績效表現有著相似之處，但它們的導火線往往迥然不同。
- **存在著很多偽陰性**。儘管過去有幾個數據指標會在一或兩個熊市之前便先有動靜，但這不表示可以依靠它們來預測熊市；有很多情況是這些指標往特定方向移動，然而衰退並未隨之而來。因此，指標的可靠性極低，一般來說有很多偽陰性存在，熊市成形也有很多必要但非充分的條件。換句話說，某個指標可能在某個週期有助於指出發生熊市的風險，可是在其他週期就派不上用場，或某個變數可能需要在熊市發生前往特定方向移動，只因它往那個方向移動了，不必然表示後面總是會有熊市跟著來。

- 最重要的是，由於股價本身會反應未來預期，所以**很難找到任何領先於股價之前的指標**。

雖然熊市發生當時有些情勢可能相同，譬如高估值和對未來不景氣的恐懼，但每個例子的主要驅動力不盡相同，使得熊市各有面貌的情況更加複雜。

儘管如此，有很多促成因子能影響熊市的時間點與樣貌。為了測試預測或領先於熊市的因子有效性，我在高盛集團的團隊進行一項分析，檢視超過四十個變數在時間演進下的連貫性。這些變數是從三個類別挑選——總體面、市場面、技術面——接著導入一套「規則式」系統（rule-based system）來評估每一項指標在熊市之前是否達到某個預定（但主觀的）門檻值。舉例來說，若要達到合格標準，席勒本益比（根據現行股價及過去十年平均盈餘來計算的本益比）必須從一個高水準（第七十百分位數）往上漲，或起點是一個高於第九十百分位數的水準（這麼設的目的是要掌握一個精神，那就是估值必須高且上漲中或者非常高）。

也許不令人意外（或對投資人來說太簡單了），大部分變數因為不可靠，都可以略過不表；它們若非在熊市之前看不出一貫的行為模式，就是落後於股市本身的動向，或波動性大到靠不住。這使得可能指標清單濃縮到只剩幾個統計上可靠的信號。即便如此，也沒有一個熊市能得到全部指標如所預期的移動來當成信號。同樣的，也沒有一個單一指標有百分之百的命中率，能在每一個熊市發生之前以同樣方式移動。最為一貫有效的熊市前指標是失業率與估值。我們所檢視的大多數「技術」變數（譬如定位與情感調查）則表現得特別糟，因為它們往往落後於市場本身。[3]

熊市前的典型情勢

最常見的熊市特徵是在估值正高的時候，出現成長動能惡化與政策緊縮的某種組合。雖然很難找到有哪個變數會在市場行情達到高點前夕一貫地轉向的跡象，但往往有少少幾個變數，能在熊市逐漸成形的過程中，聯合起來以某種特定方式移動。儘管其中有些變數能很好地提前顯現「風險」層級，但還是組合後的風險指標才有用。至少，**它們聯合起來能提供市場行情走到高點後，某個熊市反彈確實是更大下跌的開始，抑或是一次短期修正的寶貴資訊。**

- **失業率**：失業率上升往往是一個很好的衰退指標，尤其在美國：在每一次戰後的衰退開始之前，失業率就已經上升。問題是，上揚的失業率（當然還有衰退）落後於股市行情。不過，失業率極低確實看來是大多數熊市發生前的一個慣有特徵。把失業率達到低點與股票估值特別高的時期結合起來，就能做為股市有潛在風險一個相當有用的信號：週期性的低失業率和高估值兩相結合下，負收益往往就會隨之而來。

- **通貨膨脹**：上升的通膨是過去的經濟衰退及連帶發生熊市的重要貢獻因子，因為通膨上漲往往會帶來緊縮的貨幣政策。這個指標在市場行情達到最高點的時候並沒有用處，因為通膨的高峰一般落後於股市（常常還有經濟週期）高峰之後。不過上漲的通膨向來是過去的熊市發生前一個重要的環境特徵，尤其是一九九〇年代「大溫和時期」之前。進一步來看，在後金融危機的週期裡，通膨與通膨預期不足，是支撐此經濟週期拉得更長且波動性更小的因素之一。沒有通膨壓力，也許就能維持更寬鬆的貨幣政策，降低經濟衰退及連帶發生熊市的風險。
- **殖利率曲線**：與通膨的論點有關，更緊縮的貨幣政策往往會導致平坦或甚至反轉的殖利率曲線。雖然絕不是全都如此，但有很多熊市發生前都有一段貨幣政策緊縮的時期，我們發現平坦的殖利率曲線在反轉之前，也會先出現低報酬或熊市。近幾年來，量化寬鬆政策與通膨預期（期限溢酬）下降所帶來的衝擊，可能已經削弱這個信號的可靠性。[4]因此，我們使用到期日為三個月到十年的測度，但聚焦於殖利率曲線的短期利率部分（零到六個季度）。零到六個季度遠期殖利率利差（forward spread）能透過它對聯邦基金利率的預期，比長期利率更明確掌握到市場短期前景，相較之下，長期利率則受到期限溢酬更多的扭曲。我們的發現與聯準會的研究不謀而合，比起三個月十年的測度，近期零到六季度遠期利差也是一個頗為顯著的衰退風險預測指標。老話一句，結合估值這個信號，平坦或反轉的殖利率加上高估值就會是一個有效的熊市指標。

- **成長動能處於高點**：一般來說，在經濟成長強勁且加速的時期（雖然對股市投資人來說通常是好事），一旦成長步調開始放緩，股票報酬變低就會隨之而來。圖6.7呈現的是美國這種情況。報酬最高是出現在ISM指數低但正在復甦時，而報酬最低則是在ISM指數低但正在惡化時。平均而言，在緩滯階段，動能指標（momentum indicator）處於高位但正在惡化當中，報酬往往會跟著較低，因此當動能指標被拉抬得非常高時，就有相當的可能是往惡化的方向走，最後跌到衰退的水準以下。

圖6.7　ISM與債券殖利率不同組合下的美股績效表現（每月價格報酬%數、美國製造業、ISM、美國十年期公債殖利率，回溯至一九九〇年）

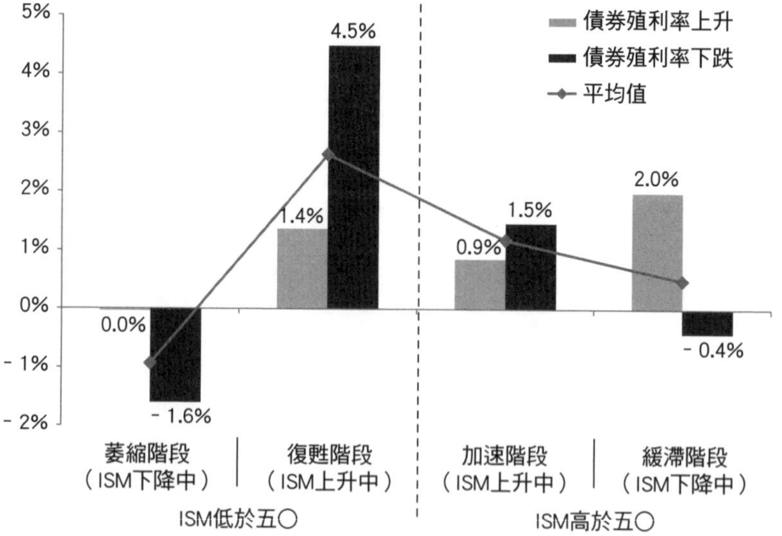

資料來源：高盛集團全球投資研究部

如圖6.7所示，這非常符合第三章所討論的週期各階段。當ＩＳＭ指數處於歷史上的前四分之一水準時，報酬率變低往往就會跟著而來。

- **估值**：估值高是大多數熊市時期的一個特徵。估值鮮少是市場行情下跌的引爆點，往往在市場修正或出現熊市之前，估值會維持在高水位好長一段時間。可是如果其他基本面因素跟估值加在一起來看，引發熊市的風險就會被提高。
- **民間部門的財務平衡**：我們計算財務平衡的方法，是以所有家庭和企業的總所得扣除總支出，做為衡量金融過熱風險的指標。之所以選擇民間部門的財務平衡表，是因為它

圖6.8　暗示全球股市會有個位數低報酬率的熊市風險指標

註：陰影區塊顯示MSCI全球指數熊市和一九六九年以前的標準普爾五百熊市。

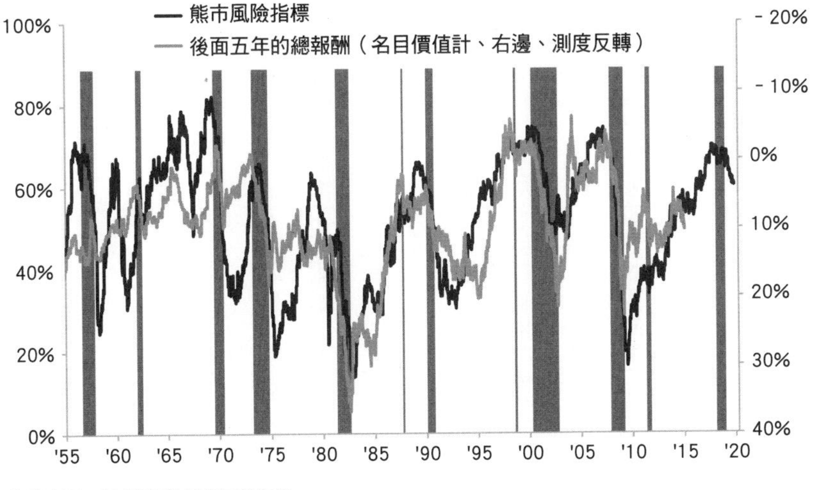

資料來源：高盛集團全球投資研究部

是一種經驗性追蹤紀錄，而且具有主觀上的吸引力，適合做為衡量民間部門超支狀況的全面性指標。[5]

熊市的預測架構

雖然無法仰賴單一指標獨撐大局，但這六個指標的組合卻能成為未來發生熊市風險的合理信號。所有這些變數都環環相扣。緊縮的勞動市場一般跟較高的通膨預期有關聯，這些又反過來引發緊縮的政策並弱化未來成長預期。同時，假使成長預期惡化或折現率上升，或最糟的是兩者同時發生的話，高估值會使得股票易於落入評價下修的命運。

圖6.8呈現一九五五年以來相對於ＭＳＣＩ全球股票指數的熊市風險指標。陰影列表示全球股市下跌二〇%或更多（熊市的標準定義）。儘管這個指標談不上完美，但它確實能顯示出現風險（接近高點時）與機會（接近低點時）的某些跡象。

這個指標也能做為可能未來報酬的指引。圖6.8顯示這個指標亦步亦趨地跟著五年總報酬（換個說法，就是這個指標所在的某個特定時間點之後五年的報酬）；報酬的刻度在圖右側，而且是上下顛倒。雖說這個指標頗能成功地指出反折點（不管是最高點還是最低點）的風險，但它也能提供未來五年期望報酬的一些資訊。

第7章

牛市之眼：牛市的本質與樣態

牛市就跟熊市一樣，可以有多種不同的定義方式。它們是由週期中三個與持續回檔沒有關聯的階段所組成，即第三章討論的希望階段、成長階段與樂觀階段。

不過一如熊市的時間長度與強度各有不同，牛市也是這樣。有些牛市又長又強，呈現出一種持久的長期趨勢，往往還帶著上揚的估值。其他牛市則可能相對平坦或走勢不明，大部分報酬來自股息或盈餘成長。

「超級週期」下的長期牛市

股票投資人（在承受風險與未來報酬不確定下）期望從股票上拿到的報酬，高過較無風險的資產如公債的預期報酬（已經事先知道以名目價值計的報酬）。不過檢視過去幾十年來的股市進程，可知它們並非單純只是由一連串的週期所組成，形成一種近乎清楚且穩定的上升趨勢。就好比在一個股票週期裡，大部分報酬是來自希望階段的短暫爆發，股價的長期上揚趨勢往往也能分階段來看。

比方說，把一九〇〇年以來的標準普爾股價指數取對數後（以便把近期指數水準比幾十年前高出許多的情況考量進來），你會看到股價已經隨著時間有所增長，而且走勢急劇升高，不過並非一直線上去（見圖7.1）。簡單起見，可以說自從二次大戰以來，已經出現三次很長的「超級週期」或長期牛市。每一個牛市都曾遭到偶發性的大幅回檔及「迷你」熊市（經常也相當急劇）

圖7.1　美國在長期牛市之中營養而平坦的期間（標準普爾五百，對數尺度）

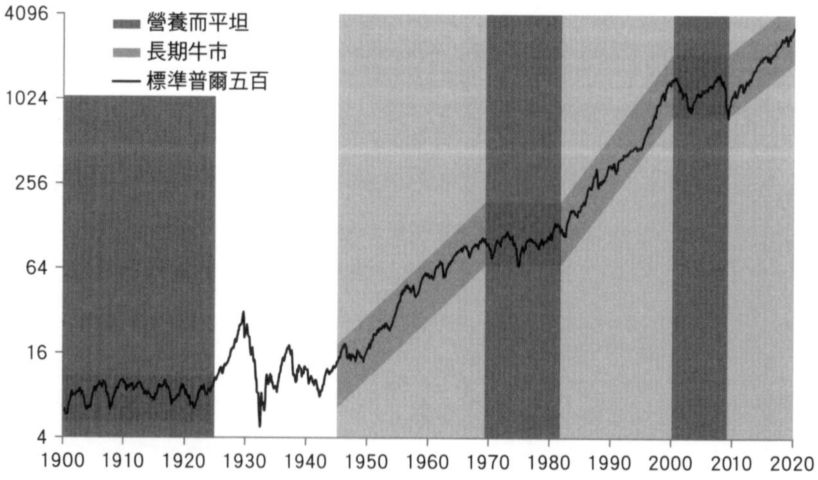

資料來源：高盛集團全球投資研究部

中斷。比方說，一九八二年到二〇〇〇年的長期牛市就被一九八〇年代初期的儲貸危機（Savings and Loan Crisis）、一九八七年的崩盤、一九九四年的債券危機（當時三十年期美國公債殖利率僅僅九個月內就上漲兩百個基點）和一九九八年的亞洲危機給打斷。不過，還是可以把這幾個期間視為「超級週期」，因為期間的強勁報酬是被一些非常具體明確的結構性因素所驅動出來的，這些因素經過如此長的時間，即便是在修正的時候，也沒有間斷過。

一九四五年至一九六八年：戰後繁榮時期

這段時期主要由強勁的戰後經濟繁榮所主導，經常被稱為「資本主義的黃金時代」（The Golden Age of Capitalism），其支撐力量來自美國援助歐洲經濟的行動，名為馬歇爾計劃（Marshall Plan），又名歐洲復興計畫（European Recovery Plan），以協助歐洲提振成長並降低失業率。此時期的生產力增長強勁，尤其是歐洲與東亞，而戰後嬰兒潮又進一步增強了需求。

雖然是經濟環境有利於此時期的股市高報酬，但由於全球的系統風險淡去，在股票風險溢酬長期處於跌勢的襄助下，股市估值也從戰後水準恢復過來。新的國際機構和一個奠基於規則（rule-based）的全球貿易制度興起。[1] 國際貨幣基金組織和世界銀行是名為「布列敦森林貨幣體系」的新興國際支付體系的一環，這兩個機構的設立有助於降低不確定性。值此同時，全球貿易也因為更堅強的體制架構而得到強化與擴張，譬如一九四八年建立的關稅暨貿易總協定（General Agreement on Tariffs and Trade; GATT），以及一九六四年創立的聯合國貿易和發展會議（United Nations Conference on Trade and Development; UNCTAD）。同一年，關稅暨貿易總協定的第六回合談判啟動，該回合一般被稱為甘迺迪回合多邊貿易談判。到了一九六七年，這項談判已經使得許多項目的關稅平均下砍三五%到四〇%，在當時被普遍形容是「有史以來最重要的貿易與關稅談判」。[2]

整個一九六〇年代，成長快速的全球化企業興起也鼓舞了股市信心，尤其是美國所謂的「漂亮五〇」股票。投資這些股票背後的想法是你永遠不必擔心估值，因為這些公司若不是有很高的盈收成長，就是對於未來的強勢成長有很高的預期，其中有不少還擁有堅強的品牌。雖然這些公司沒有一個正式的股價指數，但有一個公認的成長股清單，其中包含很多科技業的領導廠商，譬如ＩＢＭ、全錄（Xerox）、德州儀器（Texas Instruments）和寶來公司（Burroughs），加上製藥業如默克（Merck）、輝瑞（Pfizer）、禮來（Eli Lilley）和美國家庭用品公司（American Home Products）。此外，形形色色的零售企業也被認為擁有令人興奮的新成長機會，像是雅芳（Avon）、麥當勞、寶麗萊（Polaroid）和柯達（Kodak）。截至一九七二年，寶麗萊的本益比是九十倍，麥當勞是八十五倍，迪士尼是八十二倍。標準普爾的平均本益比是三十三倍，而漂亮五十企業的平均本益比是四十五倍（在一九七三年，前五大企業的本益比是三五．五倍；參見第九章）。

隨著一九六〇年代逐步前進，在布列敦森林固定匯率體系下以固定價值兌換黃金的美元幣值變得高估了。詹森總統（Lyndon B. Johnson）的「大社會計畫」（Great Society programmes）和支應越戰所增加的軍事支出，導致美國公共支出大幅上揚，為此一貨幣體系增添更多壓力。到了一九六〇年代後期，金本位制度處在極大壓力下，終於在一九七一年被尼克森總統撤銷，宣布「暫時」終止美元與黃金的兌換。[3]漂亮五〇股票泡沫應聲破滅。

多數股市的股價在歷經過去十五年的驚人上漲之後（尤其是英美），已經在約莫一九六六年走到高原期而趨於平穩。尤其是美國，股市在一九六八年達到高峰。隨之而來的熊市在性質上屬於結構型熊市，而美國股市在一九六六到一九八二年間以實質價值計的跌幅是七五％。可是，就跟一九三〇年代與一九四〇年代的熊市情況如出一轍，它其實至少是兩個熊市集於一身。政治與經濟衝擊再次成為一個主要特徵。一九七三年，美國水門案醜聞提高了市場不確定性，而同年十月的以阿戰爭，加上石油輸出國組織的石油禁運及產業動盪，更為不穩定的市場雪上加霜。

到一九七〇年代末期，股市已享有一些大幅反彈。在美國，雷根於一九八〇年十一月擊敗卡特贏得大選，共和黨也取得參議院的控制權，被視為是有利於市場的因素。一九七六年以來，道瓊指數第一次回升突破千點大關。可是這股熱潮沒有持續多久，又一波利率急劇飆漲（聯準會把重貼現率調高到史上最高的一四％）迫使股市出現另一次狂跌，世界各地大多數經濟體都進入又一次的衰退期。在一九八一年間，通貨膨脹、高失業率與經濟停滯，把全球股市行情進一步往下拉。

一九八二年至二〇〇〇年：反通貨膨脹的開始

學術界把焦點放在通膨下跌，視為一九八二年之後這個長期牛市的主要驅動因子之一。尤其是有些學者認為投資人受一九七〇年代大通膨時期（Great Inflation）的「貨幣幻覺」（money illusion）所害，致使犯下兩個錯誤：首先，投資人把未來盈餘資本化的時候，用的是當時（非常高）的名目利率，而非實質利率；其次，他們沒有把名目負債的實質價值貶值所產生的利得考慮進來。[4]當然，一九七〇年代通膨大幅上揚已經造成債券與股票市場的估值崩盤。這個通貨膨脹的年代對金融市場造成如此巨大的傷害，之所以告終，有部分原因出自所謂的「伏克爾信用緊縮」（Volker credit crunch）（因為聯準會自一九七七年開始的緊縮週期造成經濟衰退，而為人所知的那段期間），將美國聯邦基金利率（政策利率）從大約一〇%調高到接近二〇%所致。從那個時候開始，全球的通膨開始下跌，加上經濟活動擺脫深度衰退而強力復甦，信心和資產評價開始有所提升。從一九八二年八月到一九九九年十二月，道瓊工業平均指數的複合實質報酬率是每年一五%，遠遠超過長期平均報酬率；或確切地說，是超過這段期間的盈餘或帳面價值增長率。[5]因此，這個長期牛市有大部分反映的是估值的擴張——一種股票與固定所得（債券）報酬同時間推升的現象。

一九八〇年代美國與英國也各自在雷根與柴契爾夫人主政下，經歷大範圍的解除管制、改革與私有化。在美國，一九八一年通過的《經濟復甦法案》（Economic Recovery Act）引進重大稅制改革，將所得稅的最高稅率從一九八〇年的七〇%降到一九八六年的二八%。非國防支出也大幅削減，還有好幾個產業解除管制，包括航空運輸業和金融業，後者則是因為廢止部分的一九三三年《格拉斯—史蒂格爾法案》（Glass-Steagall Act），移除金融市場不允許機構跨銀行業、證券業與保險業合併的產業障礙。英國也實行類似的改革，輔以一個對各式各樣資產私有化的全面性方案，其中也包括公用事業。此舉影響深遠，英國公營企業占GDP的比重在一九七九年是一二%，到了一九九七年只剩下大約二%。[6]一九九〇年代中期，私有化的潮流已經傳到歐洲其他地方，甚至觸及社會主義者領導的政府，譬如法國總理喬斯班（Lionel Jospin）便在一九九七年推動法國電信高達七十一億美元的首次公開發行，並且在一年後做了第二次一〇四億美元的公開發行（因為電信公司的熱潮也圍繞著擴張的科技泡沫而加速燒起來）。

這個長期趨勢被一九八七年（劇烈但短暫）的崩盤給暫時打斷。接著，低利率與持續經濟成長將股市行情推向有史以來的高點。

一九八九年柏林圍牆倒塌，不久之後，蘇聯集團瓦解，鼓舞了股票估值持續上調。德國股市的主要指標DAX指數，在一九八九年十月到一九九〇年七月間衝高三〇%。結果，在一九九〇年代，一個更為整合的全球經濟浮現了。在這段期間，股市享有貼現率降低的好處；不只因為全球高通膨一掃而空，使利率維持在低點，冷戰終結也有助於把股票風險溢酬壓得更低（相較於低風險債券，把錢投資在風險資產所要求的最低門檻報酬率）。

這個強勁的長期牛市再次因為一九九八年的亞洲危機而遭到打擊，可是果斷的政策回應帶來寬鬆的貨幣環境，幫一九九〇年代末期的科技泡沫推了一把。當泡沫終於破滅時，這個從一九八二年便開始的長期上揚趨勢也走向末日。

二〇〇九年迄今：量化寬鬆與「大溫和時期」的開始

第九章將會更詳細檢視金融危機之後的一些特定形勢，不過這一個牛市也是既強勁又持久。標準普爾五百指數從二〇〇七年高點崩跌五七%之後，開始了一次強力復甦，帶來史上最長的牛市。這次的復甦力道，有部分就跟一九九〇年代初期那次一樣，是先前經濟與市場下跌規模太大所致。尤其是美國，房市崩跌導致家庭財富蒙受鉅額損失。次級房貸有超過一兆美元的未清償款項，遍及整個經濟體與金融機構，造成的損害十分可觀。值此同時，根據時任聯準會主席柏南奇（Ben Bernanke）的說法：「大到不能倒的金融機構既是危機的根源（雖然絕不是唯一的根源），也是政策制定者力圖掌控的主要障礙。」[7]在二〇〇七年至二〇一〇年間，美國家戶單位的財富中位數下跌四四%，降到低於一九六九年的水準。[8]

不過，為了控制危機所採取的行動倒是史無前例。二〇〇九年三月，聯準會宣布把新發行的一兆美元拿來購買公債與抵押債券，透過「量化」寬鬆政策壓低利率，這對於觸發股市反彈至關重要。

第二個對這次牛市也很重要、且眾人皆同意的貢獻因子，是大型科技公司已經成為最大的類股，並且享有驚人的報酬率（第十一章會詳細談到這個題目），美國股市尤然。

週期型牛市

雖然股市裡有著被特定條件所驅動的極長期趨勢，產生很高的年化報酬率，但其中還是存在著週期。可是，即便我們看的是「典型」的股票週期，還是會碰到定義問題，舉例來說，從二〇〇九年金融危機以後開始的最近這一個股市牛市，可以視為進行式，也可以說它已經在二〇一八年十月劃下句點，當時市場跌幅接近二〇%（熊市的標準定義），但很快就恢復過來。這段期間，儘管做為標竿的美國標準普爾指數在反彈前下跌了一九%，但有好幾個股市確實跌破二〇%的水準。

如果假定這是兩個不同的牛市，確實會使平均值有些微改變。不過根據經驗法則，並以美國為例的話，自一九〇〇年以來，一般牛市會看到股價不到五年便上漲超過一六〇％（當納入股息，以總報酬來計算則是二四三％），以年化計的報酬率是二五％。自一九〇〇年以來的這段期間，美國已經出現十八個這樣的週期；或者，如果我們只看戰後這段期間，則是十一個（相較之下，先前討論的只有三個重大長期上揚走勢）。

圖7.2呈現最近的主要牛市（以美國股市作準則），加上它們的年化報酬率。以下是幾個重要觀察：

圖7.2　拆解先前牛市的標準普爾報酬率。股票總報酬有七五％來自價格，二五％來自再投資股息。

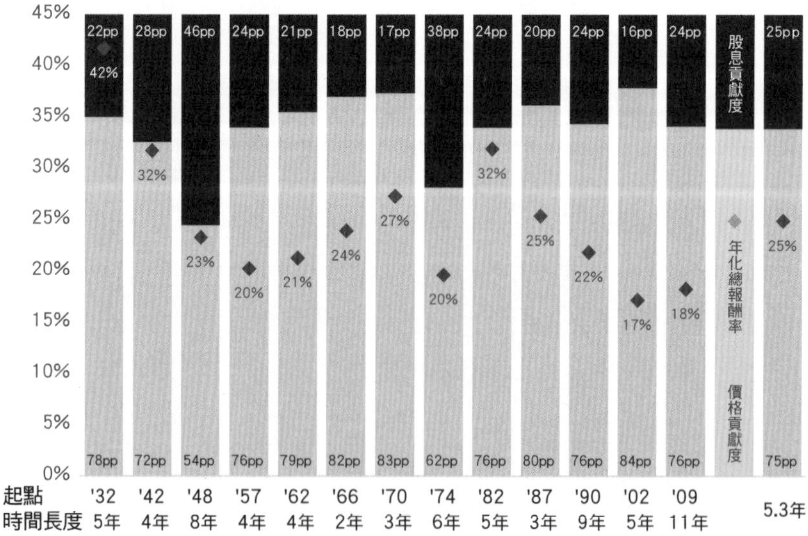

資料來源：高盛集團全球投資研究部

表7.3　美國的牛市

起始時間	結束時間	月	年	價格報酬率	總報酬率	年化總報酬率
03年10月	06年9月	34	2.8	60%	-	-
07年11月	09年12月	25	2.1	65%	-	-
14年12月	16年11月	22	1.8	39%	-	-
17年12月	19年7月	19	1.6	40%	-	-
21年8月	29年9月	96	8.0	371%	-	-
32年6月	37年3月	56	4.7	321%	413%	42%
42年4月	46年5月	49	4.1	150%	208%	32%
48年3月	56年8月	100	8.3	259%	477%	23%
57年10月	61年12月	49	4.1	86%	114%	20%
62年6月	66年2月	43	3.6	80%	101%	21%
66年10月	68年11月	25	2.1	48%	58%	24%
70年5月	73年1月	31	2.6	74%	89%	27%
74年10月	80年11月	73	6.1	126%	201%	20%
82年8月	87年8月	60	5.0	229%	303%	32%
87年12月	90年7月	31	2.6	65%	81%	25%
90年10月	00年3月	113	9.4	417%	546%	22%
02年10月	07年10月	60	5.0	101%	121%	17%
09年3月	20年1月	130	10.8	392%	517%	18%
平均值		56	5	162%	248%	25%
中位數		49	4	94%	201%	23%
最小值		19	2	39%	58%	17%
最大值		130	11	417%	546%	42%

資料來源：高盛集團全球投資研究部

- 一般牛市的年化報酬率是二五％。
- 年化報酬率的變化從一七％到四二％不等。一般來說，最高的年化報酬率來自最深的熊市。
- 平均而言，在過去牛市的股票總報酬裡，有七五％來自股價，二五％來自再投資的股息。股息所占的比例範圍從一六％到四六％（圖7.2）。

不過，如表7.3所示，這些牛市的變化是很顯著的。

不同牛市的持續時間

表7.3也顯示牛市的持續時間有相當大的變化，最短只有不到兩年，而最久（現在這一個）可以發展超過十年。

一般的牛市（在美國）曾經持續長達五十六個月，中位數是四十九個月。不過其中的差異是很明顯的（圖7.4）。

從牛市的構成成分來看——亦即，牛市的驅動因子——也是各有千秋。由於投資人打算為了預期未來盈餘所支付的倍數（譬如本益比）是會變的，所以股票投資人的報酬可以來自價格的變化（由盈餘所驅動）和估值的變化。當投資人是樂觀的及／或利率水準掉下來的時候，估值有可

圖7.4　標準普爾的牛市與熊市。一般的牛市曾經持續長達五十六個月

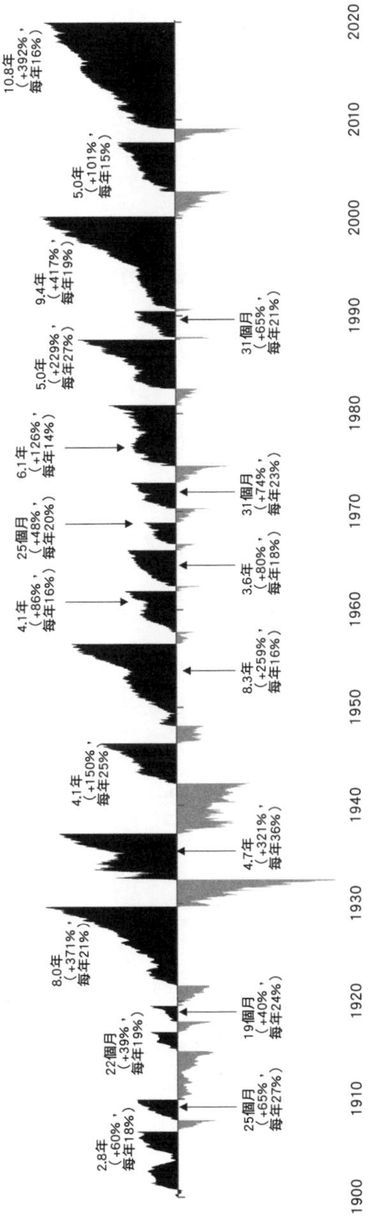

資料來源：高盛集團全球投資研究部

能上揚，占投資人報酬的比重會更高。同樣的，當投資人感到憂心及／或利率水準上揚時，估值往往會下跌。

從圖7.2可以看到報酬驅動因子的變化。總報酬（以菱形表示）被拆解成不同的百分比組成。因此，當我們在看牛市時，與投資人息息相關的不只是牛市的持續時間與強度，價格報酬率與總報酬率的差異也很重要。此外，價格成分的驅動因子很重要：其中有多少可能來自基本面的利潤成長？有多少來自估值的變化？

一般來說，我們可以對牛市提出如下觀察：

- 波動性較小與時間較長的經濟週期，表示會有比較久的牛市。
- 更低且更穩定的利率，往往會帶來更強勁的牛市，其中有較高的組成來自估值。
- 有較高股息殖利率的市場（往往是因為比較成熟的產業喜歡付出更多現金，而非留下來做未來投資之用），會看到報酬來自股息的比重較高。

無走勢的牛市

除了長期結構性向上走勢和比較典型的週期型牛市之外，還有一些期間的報酬是相對平緩的。市場上這些走勢相當混沌的期間，雖然並非很常見，但往往是經濟與利潤成長緩慢時，因為高估值所帶來的結果。這些期間也可以被分成兩類：

- **瘦弱而平坦的市場（低波動性、低報酬）**：平坦的市場行情，股價陷在一個很窄的成交範圍內，波動性很低。
- **營養而平坦的市場（高波動性、低報酬）**：期間（往往相當久）股價指數的總體進展非常小，但經歷很高的波動性，中間出現強勢反彈與修正（或甚至迷你牛市與熊市）。

跟大多數的牛市及熊市不同，沒有絕對的高峰／低谷可以用來鎖定瘦弱而平坦的時期。難以用定義來鑑別這些時期，也很難指出它們開始與結束的具體日期。儘管如此，還是有好幾個相對平坦（低報酬）與相對瘦弱時期（在不到兩年內沒有熊市，也沒有報酬率高於二五%的牛市）的好例子存在。自二次大戰以來，美國股市已經有七個廣泛符合標準的牛市，考慮到此期間美國繳出全球最高的報酬，美國以外地區還會有更多這種例子；一旦把熊市排除在外，剩下時間大多就是一個直截了當的牛市。

表7.5羅列出瘦薄而平坦的股市清單及其近似的開始與結束日期。

儘管這些時期很難給予精確的定義，而且各自有其環境條件，不過我們仍能做出幾個觀察：

● 市場上平坦且成交價格幅度狹窄的時期不算罕見。美國股市自一九四五年以來，約有兩成的時間處於這種時期（以歐洲的例子來看，在相同的時間下，這種市場環境就看起來比較平常，約占三成的時間；其中的差異可以從美國股市一般來說有較強勁的利潤成長，故而驅動出較高的市場行情來解釋）。

● 它們往往相對較短，持續時間為一到三年。

● 這些時期的經濟成長通常是強勁的，平均在三％到四％之間。因此盈餘一般來說也很高，在這種低報酬的環境下會導致評價下修一〇％到一五％。

● 最後，平均而言，儘管在這些平坦單調的時期，利率處於上升狀態，但強勁盈餘成長有助於緩和利率較高和估值下跌的影響；因此，市場行情會盤旋但不會下跌。

表7.5　美國的瘦薄而平坦時期（標準普爾五百）

起始時間	結束時間	期間（年）	績效（%）	年化績效（%）	最大移幅（%）	年化EPS成長率	長期本益比起點（倍數）	長期本益比終點（倍數）	長期本益比變化率（%）	平均GDP成長率（%）	三個月期國庫券變化率（百分點）
46年9月	48年5月	1.7	-0.5	-0.3	-14.7	51.1	17.7	8.7	-50.6	-3.7	0.6
51年8月	54年1月	2.4	7.7	3.1	19.0	-2.2	8.7	9.9	13.7	5.4	-0.2
55年10月	57年10月	2.0	0.4	0.2	-17.7	0.4	12.1	12.0	-0.5	3.4	1.4
58年12月	61年1月	2.0	8.5	4.1	-13.9	6.3	18.6	17.8	-4.2	4.9	-0.6
83年4月	85年1月	1.7	6.7	3.8	-14.4	15.6	11.7	9.7	-17.1	6.1	-0.4
92年1月	94年12月	2.9	5.9	2.0	22.2	9.7	19.4	15.7	-19.1	3.2	1.9
04年2月	06年7月	2.4	6.6	2.7	24.7	16.5	22.7	16.7	-26.4	3.6	4.1
中位數		2.0	6.6	2.7	-13.9	9.7	17.7	12.0	-17.1	3.6	0.6
平均值		2.2	5.0	2.2	0.8	13.9	15.8	12.9	-14.9	3.3	1.0

資料來源：高盛集團全球投資研究部

第8章

吹泡泡：過度發展的跡象

金融泡沫一旦破滅，會成為嚴重的結構型熊市的起因，給更大範圍的資產市場與經濟體帶來毀滅性後果。雖然泡沫可以集中在單一產業或資產類別，但也有其他泡沫相當廣泛，影響範圍遍及、甚至溢出整個市場。因此，對於泡沫的起因與共通特徵有些了解，會對投資人很有幫助，因為泡沫破滅後的復甦是一條漫漫長路。

就跟更普遍可見的熊市與牛市一樣，泡沫沒有精確的定義。偵測泡沫很難得到令人滿意的答案，這一點經濟文獻已有廣泛評論。[1]誠如一位前任聯準會副主席所說：「就算擁有後見之明的優勢，但試圖在歷史情節中證實泡沫存在的統計檢驗，仍然無法得出定論。」[2]

有一個合理的泡沫實務定義是價格與估值的激增，對未來成長與報酬有不切實際的索求。這個定義的第二個部分很重要，因為並非所有的價格強勢上漲必然導致泡沫。當價格快速增加創造出一個看似良性的循環，吸引新的投資人，終而導致資本過剩，問題就浮現了。市場能提供近乎無窮的獲利能力此一共通信念，往往會製造出一種「怕錯過的恐懼」：某個主題被談論得越多，就得到越多的關注，投資人的興趣也就越大。

群眾心理在泡沫市場裡往往變得很顯眼：他們相信自己可能錯過大好機會，同時又有一種人多好壯膽的感覺。麥凱在他對十七、十八世紀的早期泡沫所做的全面研究中，便曾斷言：「人們……會落入從眾思考；他們總是集體陷入瘋狂，再慢慢地、一個接著一個地恢復理智。」

席勒在他的書《非理性繁榮》裡，也強調一個類似的重點：群眾傳染力，尤其加上一套有力的敘事時。席勒在書中把泡沫形容為：「價格上漲的消息激起投資人的熱情，經由心理傳染力一個接一個散播出去的情況，過程中，故事被放大而成為價格上漲的合理化理由，吸引越來越大批的投資人。這些人儘管對投資的實質價值懷疑，但部分因為羨慕他人的成功、部份因為賭一把的刺激興奮，而一頭栽進來。」

熱衷於某個題材的傾向，驅使投資人進入市場，卻不怎麼考慮為估值所付出的成本，或是這些估值所隱含的報酬，這又是泡沫正在發展的一個重要特點。我們可以找到的最近一個例子，是二〇〇八年次貸危機前夕的美國房市。事實和席勒的研究均顯示，當時購屋者對未來房價懷有明顯過度樂觀的期待；根據研究，在二〇〇三年，有八三％到九五％的買家預期接下來十年房價年成長率平均大約九％，遠遠超過長期平均值。[3]

本章完全只探討泡沫的課題，試圖找出能呼應整個歷史的重複模式、特徵及行為。

過去這四個多世紀以來，已經出現很多罪證確鑿、赫赫有名的泡沫。以下這些絕非全部，卻是其中最引人注目者：

- 一六三〇年代：荷蘭鬱金香狂熱
- 一七二〇年：英國的南海泡沫和法國的密西西比泡沫
- 一七九〇年代：英國的運河狂熱
- 一八四〇年代：英國的鐵路泡沫
- 一八七三年：美國的鐵路泡沫
- 一九二〇年代：美國的股市榮景
- 一九八〇年代：日本的土地與股票泡沫
- 一九九〇年代：全球科技泡沫
- 二〇〇七年：美國（和歐洲）的房市／銀行泡沫

檢視這些泡沫及其最終走向崩潰，會看到儘管它們源自大量不同的產業，也各有天壤之別的處境，卻有一些共同點與特徵將彼此串連起來。為簡化之故，接下來的章節彙整這些在不同泡沫時期常見的某些相似性與主題，試圖集結成一份指南，提供給正在尋找重要警訊與惡兆的投資人。關於歷史上的泡沫，若想知道更多細節，坊間還有很多傑出且更深入的研究可供參考，尤其是愛德華・錢思樂（Edward Chancellor）的作品。[4]

價格上漲與崩跌的奇觀

金融資產泡沫的一個重要特徵，是在泡沫期間價格及估值出現極其驚人又往往快速的上漲，製造出來的估值最後誇大了可能未來報酬。興奮與投機的規模之龐大，加上價格升值，才真正是所有泡沫都會有的標記。一六三〇年代的鬱金香狂熱是最早有紀錄可查的泡沫之一，在金融市場上已經成為「狂熱」（mania）的同義詞。它之所以引人入勝，不只因為在泡沫期間的價格暴漲，更因為這股狂熱看來純粹出於貪婪與投機，沒有基本面的基礎作支撐。

儘管鬱金香狂熱的廣度與衝擊性向來引人質疑，它仍是一場具有歷史規格的榮景。從一六三六年十一月到一六三七年二月間，有些鬱金香球莖的價格已經增加二十倍，而在泡沫的鼎盛時期，一株球莖的價格可媲美一棟豪華的連排別墅。[5]

歷史殷鑑，斑斑可考，當市場終於在一六三七年二月崩潰時，慘跌的程度就跟之前的飆漲一樣壯觀。也跟很多後來的泡沫相同，導致它最終破滅的因素是什麼，無人完全清楚。以此例來看，促成因子恐怕不少。在一九三六年和一九三七年初的繁榮鼎盛時期，需求衝到最高點，但球莖還種在土裡，不到隔年秋天無法實際交貨。金融創新發揮推波助瀾的效果，把價格拱得更高。球莖期貨市場形成，允許賣方以一定價格銷售特定品質與重量的未來球莖。

這種合約有大部分以貸項通知單（應付款項證明）來支付，使得體系無力抵抗崩跌和最終的敗壞，讓風險變得更複雜了。最後，因為害怕來年春天強制履行許多可能無法交付的合約，恐懼引發一定作用，讓泡沫破滅。大跌之後的市場恢復得很慢，尤其是當初吸引了許多小型投機客在泡沫高點買進的低品質平庸球莖（因為稀有球莖太昂貴）。這些平庸球莖的行情，再也沒有從崩跌中恢復過來。

將近一個世紀之後，一七二〇年的兩個大型泡沫跟鬱金香狂熱有著某些雷同之處。大不列顛的南海公司在很短時間內經歷一次股價的驚天上揚。一七二〇年一月，該公司的股價為每股一二八英鎊。同年七月，英國國會通過《泡沫法案》（Bubble Act），要求所有發行股份的公司必須取得皇家特許狀（Royal Charter），而南海公司成功拿到了。官方核准增添了公司信譽，讓投資人備感安心，使得該公司的吸引力變大。到一七二〇年六月底，南海公司的股價已經飆高到一〇五〇英鎊。當投資人在七月初開始失去信心，股價也一路溜滑梯，同年九月便已跌到每股一七五英鎊。[6]法國的密西西比公司也經歷類似的泡沫，並且在大約時間破滅，它的股價最後崩跌九九%之前，上漲幅度是驚人的六二〇〇%。

下一個大泡沫發生於十九世紀中期的英國鐵路業，是靠鐵路業的快速成長與技術變革撐起來的，投機在其中扮演重要的角色。經過驚人的股價上揚之後，到了一八五〇年，鐵路股票已經從高點平均下跌八五％，而且股票總價值還不到投入資本的一半。儘管已經有英國鐵路泡沫的經驗，但僅僅過了二十年，類似的情景就在美國重複發生。泡沫過後留下的價格與投資崩跌之慘烈，引起一個巨大的結構型熊市，以及後來被稱為「長期蕭條」（Long epression）的經濟衰退，是直到一九三〇年代「經濟大蕭條」（Great Depression）之前最嚴重的經濟衰退。在發生一八七三年恐慌後的這七年間，國內約有半數工廠關門，失業率明顯上揚。股價大跌，在一八七三年到一八七八年間，鐵路公司的股價跌了六〇％。普法戰爭為歐洲帶來重大的不確定性，使情勢更雪上加霜。泡沫破滅後花了十年時間，投資才重振旗鼓，直到下一個十年，鐵路業才再見到有投資挹注。

一九二九年的股災讓我們看到股市榮景與終於殞落的類似模式又再度上演，不過這次的衝擊更廣泛也更久遠。黑色星期一（十月二十八日）那天，道瓊工業指數下跌一三％（自九月初以來已經跌了六％），隔天又掉了一二％。隨之而來的結構型熊市十分嚴峻，使得指數直到一九五四年十一月以前，都無法回到原先的水準。道瓊指數在最低點的時候，股息殖利率達到九．五％；之前大受歡迎的公司也變得完全乏人問津。崩盤之後，紐約證券交易所的一個會員席位售價僅剩一萬七千美元，相較於一九二九年榮景達到最顛峰時，售價最高衝到六十五萬美元。

日本一九八〇年代的傳奇性泡沫所導致的股價與土地價格上漲，不管以何種角度衡量都堪稱無與倫比。在利率下跌（日本央行在一九八七年把利率從五％下調至二．五％）及一九八五年《廣場協議》（Plaza Accord；引發美元兌日圓貶值，旨在讓出口變得更便宜，以減少美國經常帳赤字）的助長之下，資產價格享有一段長期而穩定的增長。日本企業拿著增值的日圓到海外進行一波瘋狂採購，包括買下紐約洛克斐勒中心及夏威夷與加州的高爾夫球場。

物業市場尤其一片欣欣向榮。據報導，東京皇居的價值超過整個法國或加州。儘管美國的土地規模是日本的二十五倍，但一九八八年日本土地的價值，理論上比美國所有土地高出四倍以上。[7]據稱一張掉在日本銀座的萬圓日幣紙鈔，還買不起它所覆蓋的土地。[8]這個泡沫如此龐大，以至於一九八六到一九八九年間，股票與土地的資本利得合起來達到名目GDP的四五二％之多，而隨後的損失在一九九〇到一九九三年間是名目GDP的一五九％。[9]股價激增意味著日本企業成為全世界最大的公司之一。三井物產（Mitsui & Co）、住友商事（Sumitomo Corp）、三菱商事（Mitsubishi Corp）和伊藤忠商事（C Itoh）的營業額，都超過美國最大的企業通用汽車。[10]

更近期的信心展現及終於走向估值過高，發生在一九九〇年代末期的科技泡沫崩潰之前。在這個泡沫破滅以前，新公司的股價呈現指數增長。網路公司雅虎（Yahoo!）一九九六年四月首次公開發行（initial public offering; IPO）時，股價在一天內從十三美元漲到三十三美元，超過公司價值的兩倍以上。接下來的這段期間，這成為一種熟悉的模式。比方在一九九九年，高通公司

（Qualcom）的股票價值就上漲二六一九％。這等規模的價格增值成為稀鬆平常之事，十三家主要大型股的股票價值全都增加超過一〇〇〇％，另外七家大型股的股價也上漲超過九〇〇％。[11]

那斯達克指數在一九九五年到二〇〇〇年間增長五倍，本益比估值最後達到兩百倍之多，比日本股市泡沫期間日經指數的七十倍本益比還要明顯高出許多。到二〇〇〇年四月，那斯達克指數達到最高點的一個月後，其價值就損失了三四％，到了隔年，有半數公司的股票價值掉了八〇％或更多。譬如旅遊網路公司Priceline便跌了九四％。最後，到了二〇〇九年十月走到谷底時，那斯達克指數自己就已經跌了將近八〇％。

到了二〇〇二年股市蕭條結束之際，股票市值跟局部高峰相比，已經損失五兆美元。那斯達克一百指數在二〇〇二年十月九日走到谷底時，已經掉到一一一四點，和高峰相比的跌幅是七八％。

「新時代」的信念……這次不一樣

當然，唯有存在某種共通原因、類似特徵或可辨識的行為模式，能幫助投資人在未來觀測到雷同之處，那麼價格的暴漲暴跌奇觀才有意義。檢視歷史，泡沫除了價格走高及隨後暴跌之外，其中一個最重要的成分與特徵是「相信有些事情已經改變了」，通常是一項新技術、創新或成長機會。這種以強大敘事來驅動投資興趣的泡沫成分，是知名的奧地利經濟學家熊彼得（Joseph Schumpeter）所觀察到的，他主張投機往往發生在某個新產業初起步之時。更近期則有時任聯準會主席葛林斯潘於一九九七年二月二十六日在美國國會的一場聽證會上指出：「遺憾的是，歷史上遍是這種『新時代』的願景，到頭來證明不過是海市蜃樓。」

由資料科學家所做的一項近期研究，以一八二五年至二〇〇〇問世的五十一項重大創新為樣本，發現其中有七三%有明顯的股價泡沫現象。他們還發現，泡沫的強度會隨著創新的激進性、製造間接網絡效應的潛力，以及商業化當時的公眾能見度而增強。[12]

儘管在鬱金香狂熱的例子裡，創新不是一個明顯的導火線，但你可以說它在一七二〇年大不列顛南海公司及法國密西西比公司的金融泡沫裡是很重要的。

雖然這兩個泡沫都有狂熱的投機現象和相關公司的股價上漲，而且看來不比一個世紀前的鬱金香狂熱理性多少，但近期的理解是認為創新和新技術確實在泡沫的發展中發揮某種作用。再者，一套強大的敘事有助於合理化當時的預期未來報酬增長，這個常見現象也出現在如此多的泡沫時期裡。[13]弗雷興（Rik Frehen）、戈茲曼（William N. Goetzmann）和羅文霍斯特（K. Geert Rouwenhorst）便認為「金融泡沫需要一個類似真實的故事來合理化投資人的樂觀態度」。比方說在這些早期泡沫裡，兩家公司都發行股票來交換公債，這是一種將國債轉換成股票的創新手段。這些公司接著還擁有開發資源（譬如菸草和奴隸買賣）的專屬權，從而打開獲取非凡利潤的機會。

以股票換公債是一種（沒有持續下去的）創新，而或許另一個更重要的創新是成立第一家公開發行的保險公司。這些在大不列顛設立的公司，都是因為試圖減少投機風險的〈泡沫法案〉而出現的。創立公開融資但有限責任的保險公司，改變風險分攤的本質，從而大大地餵養了資助冒險事業的胃口。

值此同時，技術革新（譬如航海術）打開了大西洋貿易通道，這是個開創新局的變化：在歐洲、非洲與加勒比海之間的新貿易通道，部分由於這種新的風險分攤手段而獲得融資，成為直到十九世紀初的主要貿易制度，且催生了可說是第一個全球化的主要形式。風險胃納、資金條件、一種提供誘人報酬的手段，以及掌握契機的航海技術進展，這種種因素聯合起來，形成一塊投機的沃土。

技術進步也是英國一七七〇年代運河繁榮的核心要素，因為製造出更快的新型交通工具，為媒、紡織品與農產品提供更便宜、更迅速的運輸路線，進而產生巨大的利益。第一條運河開通於一七六七年，是由布里奇沃特公爵（Duke of Bridgewater）所建造，從他在曼徹斯特西北方土地的煤礦場直通新建紡織廠所在的西南部城市。首批建造的運河創造出極高的資本報酬，吸引新的投資人和新進者加入產業，這是另一個繁榮與泡沫接連而來的熟悉模式。由於法國大革命戰爭開打，這場榮景在一九七三年達到頂峰。到了一八〇〇年代，運河的投資報酬率已經從泡沫前的高峰五〇%掉到只剩下五%，四分之一個世紀以後，只剩下二五%的運河還能付得出股息。

下一個科技大浪潮跟隨一八四〇年代英國鐵路時代而至，也帶來下一個大泡沫。鐵路以不同凡響的方式吸引大眾注意力，為鐵路做專題報導的報章雜誌風起雲湧，助長了世人對科技的興趣及迷戀。這些媒體報導市場發展，經常推銷新的鐵路，並且從廣告收益得到高額報償；一個世紀以前的運河時期也有類似的現象。

許多高調的名人政客成為鐵路股票的投資人，其中包括勃朗特姐妹（Brontë sisters）以及幾位主要的思想家與政治人物，譬如約翰．史都華．彌爾（John Stuart Mill）、達爾文（Charles Darwin）和班傑明．迪斯雷利（Benjamin Disraeli）。[14]這樣的情況比比皆是：喬治國王是南海泡沫的投資人，據說市場崩潰時，牛頓爵士（Sir Isaac Newton）損失了兩萬英鎊，折算今日價值大約為三百萬英鎊。[15]

此處所牽涉的利益範圍之廣，使更多人相信進場投資「穩賺不賠」。一八四五年，一位以「成功操盤手」著稱的作者如此寫道：「鐵路投機買賣的可靠速成指南——幾個讓你能安全買賣鐵路股票並獲利的平易規則。」他主張，「只要操作得宜，比起投資鐵路，沒有其他更體面且安全的投資標的值得投入資本與智慧……這是這個國家（英格蘭）的資本所做過最有益的運用了」。這段話是在英國鐵路泡沫史詩級崩潰前不久說的。

跟大約一個半世紀以後的科技泡沫類似，投資人正確辨認出近期創新的革命性衝擊，可是最後誇大了這類創新所能締造的潛在報酬。隨著路網與配套基礎設施的快速建置，鐵路的成長無疑是十分可觀的。譬如說，英國的鐵軌從一八三〇年的九十八英哩，增長到一八六〇年的十萬四千三百三十三英哩。可是，最終的財務報酬卻無法實現如此高漲的期待。

一八七〇年代，一股類似的樂觀情緒席捲美國鐵路榮景。美國內戰結束後，享有一段時期的強勁成長，對鐵路的消費與投資也有巨幅增長。一八六八年到一八七三年間，銀行為了資助擴張所做的放款額度，增長速度比存款高出七倍。[16]

美國一九二〇年代的繁榮也是奠基於科技與社會的變革。這段期間的新興消費品帶來龐大的利益與成長，尤其是收音機的需求呈現指數型增長。到一九二〇年代末期，收音機在美國的普及率已經激增到將近三分之一的美國家庭。舉例來說，在一九二〇年代，美國無線電公司（Radio Corporation of America; RCA）的股價從五美元上漲到五百美元。可是，當一九二〇年代大崩盤發生時，無線電的股票重挫。大部分無線電製造商都倒閉了。美國無線電公司的股價就跟許多公司一樣，在一九二九年到一九三二年間慘跌九八％，長達三十年都爬不回之前的高點。

電信產業也助長了當時由科技驅動成長的樂觀氣氛。美國電話電報公司（American Telephone and Telegraph; AT&T）是這個快速成長產業的核心驅動者，不僅成長快速，而且在一九一三年成為政府核准的獨占事業，進而得以讓獨立電話公司連接到它的長途網路。該公司聘用超過四千名科學家，這段期間申請的專利數量激增。一九一五年，世界第一通電話撥通的四十年後，貝爾博士經由從紐約到舊金山長達三千四百英哩的電話線，撥了第一通橫跨大陸的電話給湯瑪士・華生

（Thomas Watson）。世人對這項科技及其開拓市場成長潛能的興奮之情更強烈了。

在樂觀的一九二〇年代，驅動經濟信心的不只是新技術，還有一股「美國制度」下的勞資關係能提振生產力與需求的信念。處理勞工的做法從對抗轉為合作，從而建立起與工會的成功談判模式，是這套敘事的其中一環，而禁酒令（Prohibition）也被認為有助於減少酗酒並提升勞動生產力。這些發展推升了工資成長而需求也跟著成長的期望，形成一種更高的生產力帶動新世代科技投資的良性循環。

美國一九二〇年代的繁榮，有許多特徵在一九九〇年代的日本都可以找得到。這個泡沫是被太多的寬鬆貨幣加上生產力進步的信念所吹捧起來。[17]在融資便利、低利率和成長強勁的推波助瀾下，一個良性循環浮現。從一九八一年初到一九九〇年間，日經指數每年上升約二〇％（增加五倍）。由於資本成本崩跌，企業得以募集大量資金，進而助長了一場投資與生產力的榮景。匯率走強（跟一九九〇年代後期的美國一樣）有助於減輕通膨壓力。日本央行相信生產力和日本經濟的成長潛力已經有所提升，沒有必要實施緊縮政策。

相信創新與科技擁有製造出更大利得的能力，這股興奮情緒在二十世紀後半葉出現過好幾次，在一九八〇年代的生技產業及新的個人電腦革命中很是明顯可見。一九八一年，電腦產業的龍頭ＩＢＭ促成個人電腦的廣泛商業化。個人電腦需求暴增，在一九八〇年代初期，有數百家公司開始生產起個人電腦。不過，到了一九八三年，好幾家公司譬如雅達利（Atari）、德州儀器（Texas Instruments）和寇勒可（Coleco）因為銷售個人電腦給消費者的嘗試失敗而宣布虧損。在隨後的崩盤中，許多個人電腦公司倒閉，包括康懋達（Commodore）、哥倫比亞數據系統（Columbia Data Systems）和老鷹電腦（Eagle Computer）。存活下來的股票花了好幾年時間才恢復元氣，同樣的模式也可見於十九世紀鐵路榮景之後的那段期間。

日本在一九八〇年代的泡沫也反映出一種新時代的信念——這一次，相信的是日本有潛力成為世界上最大的經濟體。當時，《日本第一：對美國的啟示》（Japan as Number One: Lessons for America）是最受歡迎的書之一，作者是哈佛大學榮譽教授傅高義（Ezra F. Vogel）。這本書描述日本如何發展成世界上最有競爭力的「強權」，而且沒有美國和其他西方經濟體面臨的許多問題。媒體對日本經濟崛起的注意力與日俱增，西方的虎爸虎媽們讓他們的孩子學日語，希望他們的技能可跟上這個變遷的世界。我被錄取的第一份工作之一，就是一家當時的頂尖日本銀行，當我告訴人們我得到這個工作機會時，大多數人都覺得能替走在全球金融最尖端的日本銀行工作，我的前途一片光明。

有趣的是，這是一個在最近這段期間也日益嚴重的現象，只是焦點移轉到中國主場。坊間流行的書籍已經掌握住這段時期的時代精神；二〇〇九年由馬丁・賈克（Martin Jacques）所寫的暢銷書《當中國統治世界》（When China Rules the World: The End of the Western World and the Birth of a New Global Order），便反映出時代的焦點，和一種對變遷的世界及種種伴隨而來的風險與契機的信念。好比日本股市隨著這些未來變革的期望逐漸累積然後洩氣失望，而跟著急劇暴漲與崩跌，一種類似的模式也在中國出現，只是程度比較輕微。上海綜合股價指數反映出普遍的樂觀態度，在二〇一三年六月到二〇一五年六月間增加一六五％（年化增長率是六一％）。隨著全球成長趨緩，對美國利率的疑慮加劇，股市也一路崩跌到二〇一六年三月，跌幅四八％。

一九九〇年代末期在許多國家形成的科技泡沫，變得基礎更為廣泛，而且助長了遍及科技業、電信業與媒體業（通常被稱為ＴＭＴ產業）的企業。[18]除了強勁經濟成長與低利率之外，對科技創新的迷戀和興奮是關鍵所在。如同一九一五年第一通跨洲電話撥出後，通訊更快速的前景激起人們的興奮那樣，當通訊以前所未有的速度加快而且效果接近，通訊成本在一九九〇年代的大幅下降也拉抬了世人的期望。自紐約打到倫敦的一通三分鐘電話從一九九〇年的四・三七美元（以二〇〇〇年的幣值計）降到二〇〇〇年的〇・四〇美元。[19]

解除管制與金融創新

輕度管制或解除管制往往是金融泡沫吹起的一個因素。比方說，一七二〇年南海泡沫破滅後所實施的《泡沫法案》，在一八二五年遭到撤銷，就是十九世紀初大不列顛鐵路繁榮的一項重大發展。該法案的目的在於控制新公司的成立，限制合股公司的投資人數僅能五人。政府廢止《泡沫法案》，使公司的註冊與設立變得更容易，也讓大批越來越著迷的社會大眾能更方便投資新公司。同時，如先前所提到的，新保險公司的金融創新也締造出一個更有利於冒險的環境。

在十九世紀中期大不列顛鐵路繁榮期間，申請建造新鐵路的許可流程放寬了。到了一八四五年，為了加速審查，申請案被直接送到英國下議院的專責委員會（select committee）做決定。可是，很多國會議員也參與了這場投機，並且藉此從中牟利，結果有大量申請案獲得許可，進一步助長投機風氣。截至一八四六年，有二七二個設立新鐵路公司的國會法令獲得通過。

解除管制和對制度更有信心，在一九二〇年代的繁榮中也發揮作用。一九一三年成立的聯邦準備體系（Federal Reserve System）（類似於一九九〇年代的央行獨立性風潮），帶給投資人更大的信心，而柯立芝（Calvin Coolidge）當選美國總統，則為反托拉斯法的鬆綁和合併潮鋪路。

一九八〇年代的日本泡沫也有部分是解除管制所促成的。比方說，一九八一年財務省准許日本企業在倫敦的歐洲債券市場發行認股權證（warrant）。這些認股權證提供到期日前以特定價格購買某家公司股票的選擇權。由於股價快速上漲提高了認股權證的價值，此舉表示日本企業得以藉此用非常低的利率來發行債券。公司以這種低利率及發行更多認股權證的方式所借到的錢越多，股市的需求就越大。又因為企業可以發行美元計價的認股權證，提供的誘因就更高了。一九八五年廣場協議之後，美元幣值持續下跌，代表投資人預期債券年期間的日圓相對於美元會升值，從而創造出一種有感的良性循環。

一九八四年，日本財務省也允許公司為其持股建立一種特殊的、所謂的「特金」帳戶（Tokkin；特定金融信託），以便其買賣證券又不須為獲利繳交任何資本利得稅。到一九八〇年代的中期至後期，公司參與股市投機買賣所獲得的利潤快速成長中，鼓舞更多產業界的公司投入。很多公司的利潤有超過一半是從這些特金帳戶來的。來自特金基金的企業總利得，從一九八五年的兩千四百億日圓增加到一九八七年的九千五百二十億日圓。家計部門的負債也提高了，在一九八八九年間，向位於東京的日本信用諮詢協會（Japan Credit Counselling Association）求援的個人，有將近半數持有十一張到二十張信用卡。[20]

一九九〇年代的科技榮景也得到創新金融產品的養分，衍生性市場的成長是其中一個重要驅動因子。在一九九四到二〇〇〇年間，利率和貨幣的衍生性金融商品名目本金（notional amounts）增長四五七%，和二〇〇一年到二〇〇七年間的四五二%成長率不相上下。[21]

雖然衍生性市場在二〇〇〇年代蓬勃發展，住宅市場上其他形式的創新也不遑多讓，而且成為次級房貸擴張與隨後銀行業及股市在二〇〇七／二〇〇八年崩盤的核心要素。這個泡沫在股市並沒有那麼明顯到影響更廣泛的估值，不過泡沫破滅確實導致股價重挫。對金融機構的輕度管制，加上金融商品創新，是構成崩盤前房市榮景的一個重要因素。誠如卡洛塔．佩雷斯（Carlota Perez）所說：「『宇宙主宰』（masters of the universe）這個字眼，經常被用來指稱那些一手擘劃出二〇〇〇年代中期無限繁榮的金融天才們，藉以表達人們把他們當成強大的創新者；他們分散風險，以某種神奇的方式讓風險蒸發於廣闊複雜的金融銀河系中。」

在一九九〇年代的繁榮歲月裡，銀行透過可以在金融市場上販售的不動產抵押證券（mortgage-backed security; MBS）和擔保債務憑證（collateralized Debt Obligation; CDO），將大量的高風險房貸債務證券化。此一創新之舉雖然可以讓投資機構從房貸還款中得到收入，但也讓他們暴露在潛在的信用風險下。

問題是當房市開始下跌，便形成一種惡性循環。銀行垮台，而已經散播到全球各機構的信用風險，使資產市場出現系統性弱點。許多擔保債務憑證產品是以「當日市值」（Mark-to-Market）為估價基礎，[22]當價格下跌，導致信用市場崩盤，進而造成市場流動性不良。銀行被迫做出巨額資產減損（write-downs）。[23]

放寬信用

就跟後來的諸多其他泡沫相仿，一八七三年鐵路泡沫的新進者數量之所以快速成長，也是靠著寬鬆貨幣和願意提供鐵路股份抵押貸款的新匯兌銀行所促成的。鐵路公司也漸漸允許私人投資者融資買進，一般只要求一〇%的保證金，公司則有權隨時要求繳納剩餘資金（當然這是一種以後才會啟動的選擇權，因而使不良後果更形惡化）。

信用成長為鐵路擴張挹注資金，從一八六五年到一八七三年間，美國的軌道量從三萬五千英哩增加到七萬英哩，光是一八七三年就鋪設了一萬八千英哩。就跟許多其他泡沫一樣，鐵路股票的估值膨脹得很快。一八七二年，三六四家鐵路業者當中只有一九四家有支付股息。隨著政策緊縮，鐵路企業家們需要獲取更多資本來支撐鐵路的快速成長。在這場泡沫裡，一家有名的金融業者杰・庫克銀行（Jay Cooke and Company）最後過度喊價，蓋了第二條跨大西洋的鐵路——北太平洋鐵路。該公司從政府手上取得大額貸款，信用令人擔心，最後他的公司狀況不好，於一八七三年宣告破產，導致崩盤的開始，接著又造成一連串的企業倒台。大批證券經紀商破產，在一八七三年，紐約證券交易所為了遏止崩盤而宣布停業十二天。

約翰・高伯瑞（John Kenneth Galbraith）認為，融資借款暴增顯然也是一九二九年大崩盤的一個肇因。它在後來也被認為是一九八七年崩盤的重要貢獻因子，而低息信貸更是日本泡沫的核心要素。極低的利率和資本成本，使銀行得以提高他們的資產。一九九八年，世界前十大銀行都是日本銀行，運用資本成本優勢來搶佔全球市場份額。到一九八八年，日本銀行已經成為國際金融業務的全球最大放款人，占有超過二〇%的市場份額。日本銀行的驚人成長與市值上漲，使得直到一九八〇年代末期，前十三大日本銀行的合併市值，比全球五十大銀行高出五倍以上。[24]相較之下，今天以資產計的前四大銀行，則都是中國的銀行。

便宜而隨手可得的信用，也是一九九〇年代末期網路泡沫（dotcom bubble）的一個標誌。

一九九七年流入那斯達克的資本總額破史上紀錄。到了一九九九年，總創投資本中，有三九％投入網際網路公司，當年的四五七家首次公開發行公司中，有二九五家與網際網路有關，單單二○○○年的第一季就有九十一家。

新的估值方法

歷史上許多泡沫，都是被一種「這次不一樣」的信念所餵養大的，這鼓舞了投資人去研究並合理化評價企業的新方法。比方說，在一九二○年代，有好幾位學者認為股票的風險並沒有比債券更高，卻能提供更多的潛在報酬。[25]此外，有數篇研究則把重心放在證券的複合成長率上。[26]其他人譬如查爾斯．戴斯（Charles Dice）便在他的書《股市創新高》（New Levels in the Stock Market）裡，認為一九二○年代末期的股價太低了。[27]在他來看，市場還沒有把正在提高美國產業價值的生產、配銷與金融三重革命，反映在股價上。

在一九五○年代和一九六○年代的股市榮景中，類似的熱情再度風行，尤其是美國。葛拉漢在《智慧型股票投資人》（The Intelligent Investor）一書中認為，[28]「評價的舊標準已經不再適用」，因為聯準會試圖以極低利率來避免蕭條，已經提升了經濟的成長潛能，股票價值也因此受惠。

為更高的估值找理由的論證，在一九九〇年代的日本泡沫期間也很盛行。股票本益比的一波飛漲導致一九八〇年代末到一九九〇年代初這段期間的股票利差擴大。如翁邦雄、白川方明與白塚重典所記述的，基於貼現因子的標準假設下，從股票利差所計算出來的一九九〇年名目ＧＤＰ預期成長率高達八個百分點。考慮到低通膨和人口統計結構，這是在當時（或甚至從那時以來）極不可能的成長率。因此，就跟許多其他泡沫一樣，投資人當時正在反應的是一種強化版的樂觀預期，無法長此以往。

《經濟學人》（Economist）雜誌（一九一九年四月十五日版）寫道：「日本投資人已經注意到，日本的藍籌股企業如此這般透過重組來大幅改變他們的盈餘來源。這使得他們的利潤變得太不穩定，以致僵固的衡量指標如本益比無法有任何意義可言。投資人反而開始評估起一家公司的未來收益流，檢視公司資產的總價值……這意味著股票價格也許被低估了。」

在泡沫期間，投資人對題材的信心往往也有助於提高估值。這種情況出現在一八七〇年代的鐵路泡沫，並重現於一九九〇年代的科技與網路泡沫。庫柏（Michael J. Cooper）、狄米若（Orlin Dimitrov）與羅伊（Raghavendra Rau）檢視網路泡沫期間的股票定價，發現在一九九〇年代末期，把公司名稱改得跟網際網路或資訊科技扯上關係（譬如在公司名加上「.com」），即便這家公司沒有什麼營運活動跟ＩＴ產業有關，也會導致平均股價在宣布改名後增加五三％。[29]

會計問題與醜聞

後泡沫時期浮現的會計問題，是整個歷史上的泡沫另一種常見特點。

英國鐵路泡沫破滅（一八四八年）三年後，亞瑟・史密斯（Arthur Smith）寫了一本名為《泡沫時代：鐵路投資、鐵路會計與鐵路股利的謬誤》（The Bubble of the Age; or, the Fallacy of Railway Investment, Railway Accounts, and Railway Dividends）的書。[30]這個泡沫的有趣之處在於，一旦泡沫破滅，已經發生的會計弊端便被廣泛揭露出來。史密斯認為發生在前幾年的鐵路股票榮景，導致大量會計弊端。他說：「自從引進火車動力以來，每一家鐵路公司的股利都是採取借記資本總額的方式支付，而這應該是計入收入帳的貸方才對。此舉實際上構成了由資本中支取股息的情況。鐵路公司總是要求一筆大於宣告股息的經常性花費，卻沒有提到支線或延伸軌道的支出。」有一家這種業者是由一名國會議員喬治・哈德遜（George Hudson）所領軍，因為他採取以資本支取股息的詐欺式做法（南海泡沫也出現這種做法），使得公司倒閉。

葛拉漢與陶德在一九三四年於《證券分析》（Security Analysis）一書中指出：「在一九二八年和一九二九年，證券承銷商先前觀察到的安全標準出現了災難性的大規模放寬，很多新的劣等證券被販售，輔以呈現事實給大眾的做法有問題，便可為證。股價普遍崩潰對那些不健全也不成熟的證券影響尤為嚴重，以至於許多這類上市股票投資人的損失可謂相當慘烈。」

在一九九〇年的日本泡沫中，「財術」（Zaitech，指由大公司從事的大規模金融投機活動）或操作帳戶的發明，使公司得以操作許多資產，導致會計醜聞發生。一九九一年夏天便有一連串醜聞曝光。特別是其中一個據說牽涉到從日本最大證券公司秘密支付超過十億美元給少數特定客戶，這些本來是要補償客戶在一九八七年與一九九〇年市場低迷時的交易損失。當時世界上最大的證券經紀商野村證券（Nomura Securities Ltd.）也被指控操縱東急株式會社（Tokyu Corp.）的股價。[31]

醜聞的指控不斷，導致數家銀行倒閉，譬如東海銀行（Tokai Bank）與協和埼玉銀行（Kyowa-Saitama Bank）便被指責發行虛假的存單，提供客戶作為不動產貸款的「抵押品」。[32]

葛拉漢與陶德寫道：「這個新時代並非以既有的價值標準來評定市場，反而將其價值標準建立在市場價格上。」

一九九〇年代的科技泡沫自己也有不少醜聞和違法事件。最有名的莫過於安隆公司（Enron），從一九九六年到二〇〇一年連續六年被《財富雜誌》（Fortune）選為美國最有創新力的公司。[33]當安隆公司於二〇〇一年十二月二日申請破產時，稽查後的資產負債表清楚顯示，該公司的長期債務被低估兩百五十億美元。世界通訊（Worldcom）是另一個從泡沫中浮現的醜聞，它將三十八億美元的費用支出申報為資本投資，更進一步違法操作三十三億美元的準備金，將計提準備金拿來彌補估計損失。

＊＊＊

總言之，儘管本章討論的情節顯有不同之處，但泡沫或狂熱時期有以下這些共通特徵：

- 懷抱著一種對「新時代」或科技的信念。
- 放鬆管制與金融創新。
- 容易取得的信用與放寬的金融形勢。
- 合理化新的估值指標。
- 出現會計醜聞與違法事件。

當牛市正在泡沫化，以及當泡沫破滅導致嚴重的結構性熊市，或至少部分招致市場大幅損失時，這些都是會出現的警訊。

| 第三篇 |

未來的啟示：後金融危機時代的變化，以及對投資人的意義

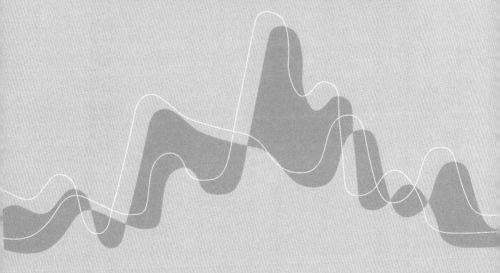

第9章

金融危機之後的週期變化

並非所有的週期都相似，不過自二〇〇七／二〇〇九年全球金融危機以來的環境特別不尋常，經濟與金融市場間的許多傳統模式和關係改變了，在某些情況下更似乎已經瓦解。了解這些改變很重要，能為我們所看到金融危機以來的市場動向找到脈絡，幫助我們更明白週期在未來可能如何演進。[1]

從風險資產價值的崩跌和全球經濟後續效應來看，二〇〇七年至二〇〇九年的金融危機及餘波帶來很大的創傷。對全球經濟的影響估計超過十兆美元，相當於二〇一〇年一整年全球經濟的六分之一強，而且金融機構減損了超過兩兆美元的資產。有些分析師認為衝擊可能來得更大。根據一份研究估計，金融危機使美國的產出持續降低約七個百分點，以折現值計的話，相當於每一位美國公民損失七萬美元的終身所得。[2]時任英格蘭銀行行長的默文．金爵士（Sir Mervyn King）便說：「這就算不是有史以來，至少也是一九三〇年代以來最嚴重的一次金融危機。」[3]

不意外的是，在……樣的經濟衝擊下，股票市場的崩跌也很可觀：美國股市下跌五七%，全球股市（MSC……指數）下跌五九%。根據第六章的定義，這段時期絕對可以躋身罕見的結構型態市之……向危機和熊市開始的模式來看，這是一個相當典型（儘管極端）接近深度衰退的……。不過，谷底之後的復甦卻打破過去的模式，因為危機的二次效應遍及世界，一連串衝……復典型的週期階段脫離軌道。雖然震央出現在美國房市，發生了次級房貸市場崩盤及連帶的……用與銀行問題，但壓力延伸到歐洲的銀行（當時槓桿化程度極高，而且在南歐也有很高的房地產風險，也是蒙受很大的損失），結果導致歐洲主權債務危機（二〇一〇年到二〇一二年）。第三波效應主要在亞洲，二〇一五年八月時，中國在一段時期的成長疲弱之後，讓人民幣對美元貶值。商品價格也大跌，布蘭特原油的價格砍半，從二〇一四年夏天的每桶將近一百美元跌到二〇一六年一月的四十六美元。

金融危機的三波衝擊

我們可以用壓力在不同地區爆發的起因，來描述這幾波衝擊。

在美國的第一波衝擊，開始於房市崩盤，然後蔓延成更廣泛的信用緊縮，並以雷曼兄弟申請破產及啟動「問題資產救助計畫」（Troubled Asset Relief Program; TARP）和量化寬鬆政策（QE）作收。[4]

在歐洲的第二波衝擊，開始於銀行面臨在美國的槓桿損失，而在整個歐元區缺乏債務分攤機制下，擴散成一場主權債務危機。這波衝擊的高峰出現在希臘面臨債務危機和堅持私人投資者應該「吸收」（bail in）損失時，並以歐洲央行引進「直接貨幣交易計畫」（outright monetary transactions; OMT），[5]承諾「不計一切」挽救，最後實施量化寬鬆政策作收。

在新興市場的第三波衝擊，和商品價格崩跌及重擊新興市場股票的活動同時發生，尤其是在二〇一三年六月到二〇一六年初之間。

圖9.1顯示美國、歐洲與新興市場股市的三波衝擊。隨著世界各地的信用市場和銀行資產負債表遭到減損，美國的衝擊波很快就變成一場全球性震撼。所有主要股市齊聲下跌，而新興市場（有較高的貝塔值，而且最無力抵抗世界貿易成長的崩潰）跌幅最大。零利率政策與美國開始實量化寬鬆所觸發的反彈效應也是全球性的，新興市場股票（一開始受創最深）的反彈力道最

的制度弱點危機延伸到歐洲，復甦之路便被打斷了。高度槓桿化的銀行，加上歐元區財政架構

濟與股市做到與世以一場主權債務危機和另一次劇烈回檔。不過，這段期間的多數時候，美國的經

他地方脫鉤，繼續迅速前進。

歐洲則遭遇嚴峻衝擊，二〇一一年七月底，歐元區的金融業陷入緊急危機。到二〇一二年夏天，西班牙十年期主權債券殖利率已經達到超過七．五%的水準，兩年期殖利率則正在接近七%。西班牙公債殖利率曲線在一個不符合財政與總體經濟可持續性的水準上趨於平坦化，使主權債務市場陷入停頓的威脅。而有鑑於在西班牙更大範圍的金融體系運作中，主權債務市場扮演著核心角色（加上銀行與主權債務的深度連結），西班牙的銀行業也受到威脅。威脅蔓延到其他周邊國家的事態緊急，因為義大利主權債務殖利率也朝著七%攀升，一般人普遍認為歐元與歐元區的生存風險很高。

最後，隨著歐洲央行祭出積極的干預政策，並口頭保證將「不計一切代價」保護歐

圖9.1　金融危機的三波衝擊（以美元計的總報酬績效）

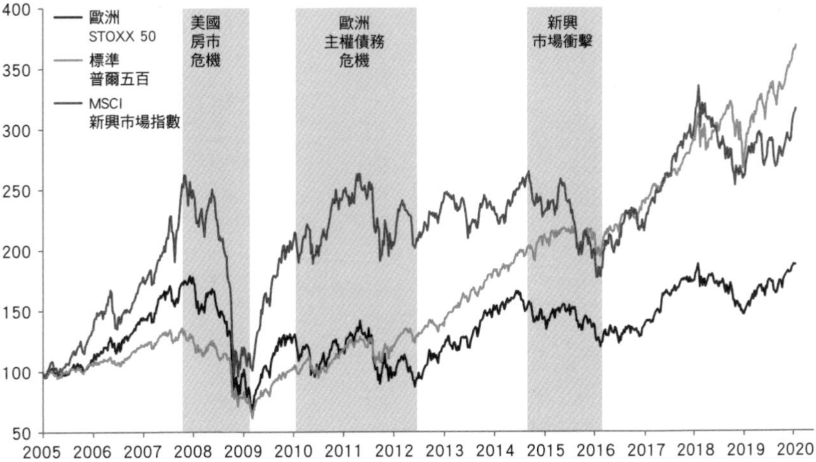

資料來源：高盛集團全球投資研究部

元之後，風險溢酬趨緩，全球股市在二〇一二年中期反彈，再次證明央行改變市場預期的威力強大。歐州央行總裁德拉吉言出必行，在二〇一二年九月的記者會上，公布央行的「直接貨幣交易計畫」。對於接受歐洲穩定機制（European Stability Mechanism; ESM）內的隱含條件並同時保持市場開放的歐元區國家，歐洲央行隨時準備好買進無限量的短期政府公債。

正當情勢似乎要緩和下來之際，商品市場與新興市場股票的重大弱點卻觸發了第三波衰退，震央在中國。有鑑於對新興市場有大量曝險，歐洲因此又受到打擊，而美國股市則經歷到比較溫和且短暫的修正，再度成為相對安全的避風港。

自二〇一六年的年中以來，股市和固定所得（債券及信用）市場攜手逐步上揚，儘管它們的相對報酬有明顯差異。積極的貨幣寬鬆與量化寬鬆政策，對於推升金融市場的估值發揮強大效果。已有形形色色的學術論文檢視量化寬鬆對債券價格的影響，尤其是政策宣布之後。其他論文也已證明它帶給證券市場有意義的影響，以英國富時全股指數（FTSE All-Share index）和美國標準普爾五百指數的例子來看，有些論文估計「非傳統的政策手段導致股價增加至少三〇%」。[6]

所有股市齊步上揚，最後終於擺脫金融危機的影響。在這個滾動式危機的背景下，有了強勁同步成長與政治／系統性風險退去當靠山，全球股市齊聲上漲，使二〇一六年成為一個重要轉折點。成長率與利潤的改善，意味著這是第一次在這個週期裡，股東權益報酬率（ROE）有很大的比例來自利潤成長，而非估值擴張。

不令人意外的是，這種組合急劇地把全球股市行情推得更高了，計入風險調整後的MSCI AC世界指數（MSCI AC World）創下自一九八〇年代中期以來的最高紀錄。

金融市場與經濟之間不尋常的鴻溝

雖然自二〇〇九年以來，「典型」的週期階段被剛剛提到還在發生中的問題所扭曲，但二〇〇八年以來的當前週期，其本質與型態的改變也是有些根本之道可循。

尤其後金融危機時期之所以如此超乎尋常，在於此一經濟週期比正常情況來得更久也更弱。以美國為例，截至撰寫本文為止，其經濟正處於一百五十年來最久的經濟擴張中。可是儘管近年來美國經濟的復甦力道能做到比亞洲和歐洲更強，但它還是比大多數「正常」的經濟衰退復原得更慢。圖9.2呈現二〇〇九年衰退以來的經濟成長路徑，和過去這五十年來經濟衰退的平均復甦路徑做比較。

金融危機之後持久且緩慢的成長，在世界其他地方更加明顯，尤其是歐洲，主權債務與銀行危機對當地的衝擊更為巨大。

不過，經濟大衰退（Great Recession）以後經濟活動的緩慢復甦和較低的通膨輪廓，倒是與之前因房市或銀行業崩盤造成衰退的經濟復甦輪廓不謀而合。考慮到金融危機之前的槓桿倍數，這不太令人意外。許多研究已顯示，跟著龐大槓桿週期走的景氣循環，往往會導致緩慢也較弱的成長復甦。比方說，一份對一八五〇年以來大約兩百個經濟衰退所做的研究中，舊金山聯邦準備銀行發現，[7]衰退後復甦時期的輪廓，在很大程度上取決於之前的形勢。特別是，「**因為一場金融危機高峰所引起的衰退與復甦之路，有可能會比正常高峰過後的復甦拖得更久，也更痛苦**」。其他研究也得出類似的觀察。[8]

有關全球各地過去金融壓力情節的研究，指出會發生同樣龐大且持久的產出損失。比方說，羅默夫婦（Christina Romer、David Romer）研究經濟合作暨發展組織裡的一組國家，發現在一場極端金

圖9.2　經濟復甦比平均情況疲弱（從谷底開始之後十年的美國實質GDP）

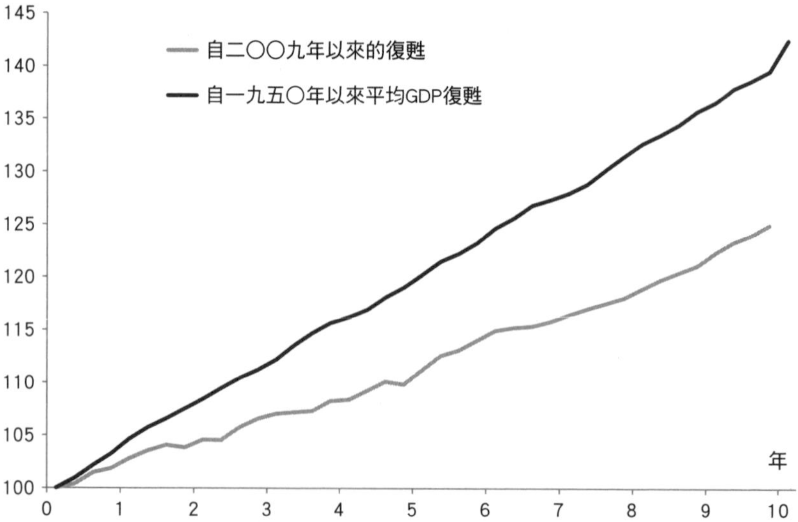

資料來源：高盛集團全球投資研究部

融危機發生五年後，GDP一般會降低大約九個百分點。[9]

有趣的是，二〇〇八年美國經濟從低迷中復甦的步調，與日本經歷一九八〇年代末期銀行與房地產崩盤後，在一九九〇年代初期的復甦非常相似，只是日本的復甦步調不如美國近期表現（大部分是更積極的政策設定發揮作用之故）那麼好。

後金融危機週期最為驚人之處，在於股價反彈的力道，尤其是在疲弱的經濟背景下。如圖9.3所示，儘管經歷與一九九〇年代的日本類似的經濟復甦樣貌，但股市（此處呈現的是美國）比從衰退復甦的「一般」狀況更為強勁，也比一九九〇年代日本熊市的復甦力道更強（圖9.4）。這個週期的成功在於時間長度。後金融危機

圖9.3　最弱但也異常強勁的金融復甦（標準普爾五百）

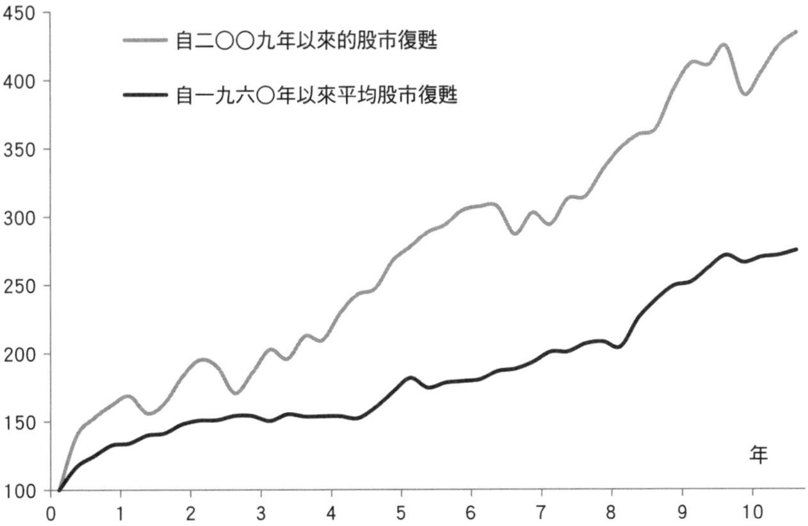

資料來源：高盛集團全球投資研究部

的股票週期（以標準普爾五百指數來看）享有長達十年的榮景，是史上最久的一次漲勢。

換句話說，儘管遭遇一波又一波滾滾襲來的金融危機，但全面的總報酬是強勁的（雖然是以二〇〇九年的市場低點來看）。很難知道股市復甦有多少是寬鬆的金融情勢、零利率和量化寬鬆發揮作用的結果，不過顯而易見的是，這個週期的股市復甦比過去類似的深度熊市來得更為急劇。

圖9.5呈現大型熊市回收損失所耗費的時間。現在這個週期（至少在美國）回收的速度，比一九二九年崩盤後及一九九〇年的日本來得迅速許多。在這個週期，危機發生四年內，報酬就百分之百恢復到

圖9.4　金融市場復甦

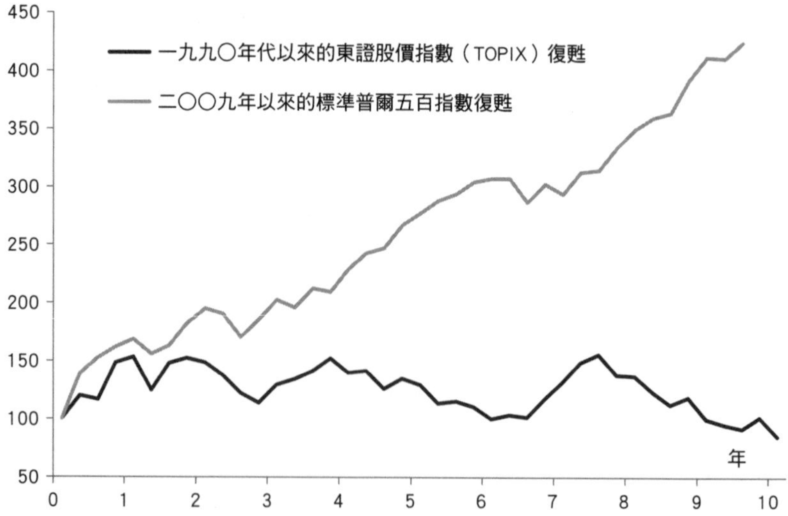

資料來源：高盛集團全球投資研究部

先前的高點；而一九二九年美國與一九九〇年日本週期之後，報酬回到先前高點的大約一半就無力回天。

流動性浪潮帶大家上天堂

過去十年來，金融資產的成功有部分受到一個共通因素所驅使——零風險利率下跌助長估值上揚。儘管股票的報酬已經比債券更高，但寬鬆的貨幣政策所帶來的影響遍及所有資產類別，是人人都有感的。

危機後積極寬鬆政策（包括量化寬鬆）的影響，對資產報酬來說是有意義的。甚至，在這個週期裡，實體經濟所衡量到的「通膨」和金融資

圖9.5　和美國一九三〇年代的危機及日本一九九〇年代的危機之後不同，美國股市在二〇〇九年之後很快便彌補損失（名目價格報酬；美國：標準普爾五百指數；日本：東證股價指數）

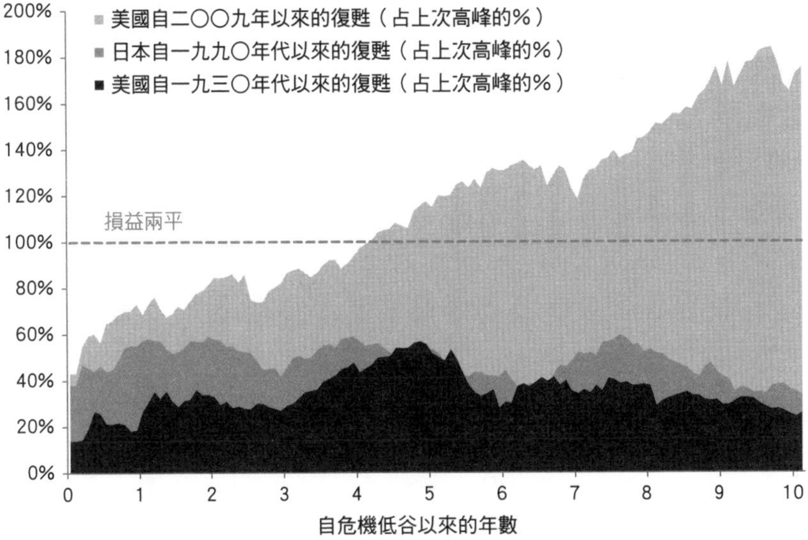

資料來源：高盛集團全球投資研究部

產的通膨也有很明顯的差距（圖9.6）。金融資產已經看到大幅的價格上漲，其中大多數隨著利率崩跌而讓上升的估值更加膨脹。

於是，後金融危機時期已經在「平衡」投資組合（此處以六成美股和四成美國公債做為標竿）上出現了最久也最強勁的牛市。

報酬的特殊驅動因子

較高的估值對報酬的貢獻程度，會隨著市場不同而有變化，不過如圖9.7所示，至少相較於過去牛市的平均情況來看，在後金

圖9.6　資產價格通膨與「實體經濟」通膨間有很大的歧異（自二〇〇九年一月以來以當地幣值計的總報酬績效）

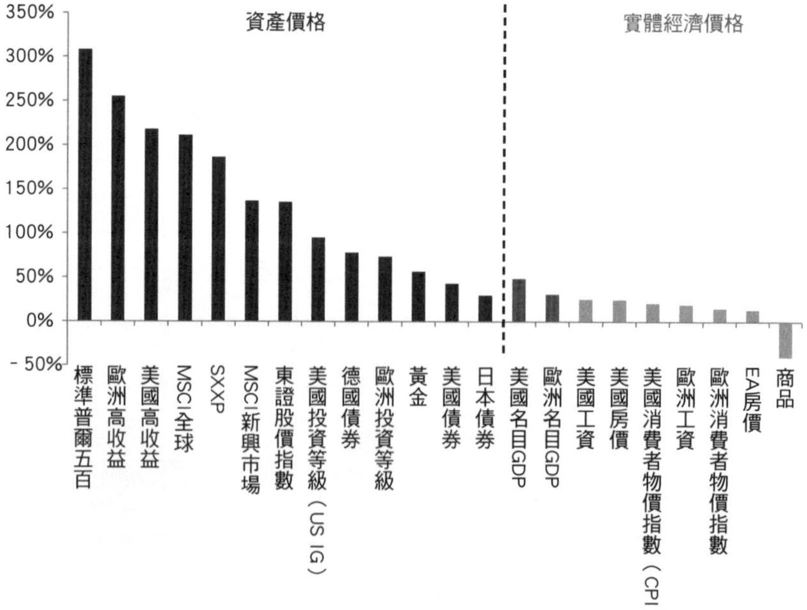

資料來源：高盛集團全球投資研究部

融危機時期，由估值所驅動的報酬比例高於過去的平均值，尤其是歐洲。即便是美國股市（利潤比較強勁），市場報酬中由估值所貢獻的比例，是過去一般週期的三倍：大約占三分之一的報酬，相較之下，之前的週期（在相近的期間下）平均比一〇%多出一點。盈利所貢獻的報酬比例也比過去週期的典型情況更大（部分是因為科技業的獲利大幅上揚）。同時，營收成長的表現則較弱（一般情況下會估營收的大約一半），部分因為通膨普遍來得低很多的關係。

圖9.7　估值擴張與獲利上升更能說明這一次危機觸底十年後的市場行情上漲（銷售與獲利對價格報酬的貢獻度：標準普爾五百指數，不含金融業、房地產業與公用事業；自二〇〇九年三月以來的當前復甦）

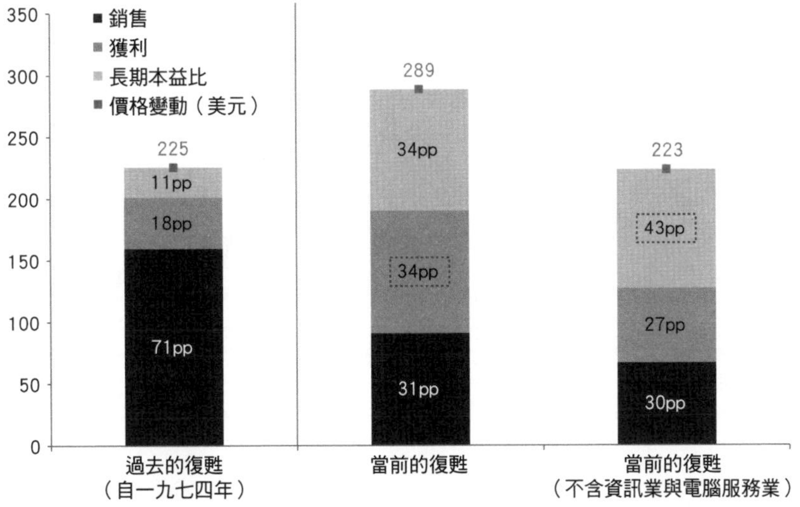

資料來源：高盛集團全球投資研究部

較低的通膨與利率

自金融危機以來的其他重要變化，在於利率與殖利率，我們將在第十章有進一步的討論。

不僅名目利率和通膨已經下降，長期實質利率（名目利率扣除通貨膨脹率）也出現明顯的跌勢（圖9.8）。

可能有很多原因造成這個狀況。一個解釋是儲蓄超過投資導致均衡實質利率（equilibrium real interest rate）下降，其所持的論點是貨幣政策與財政支出的改變，從來不真正是利率最重要的驅動因子。比方說，桑默斯（Larry Summers）的長期停滯假說（secular stagnation hypothesis）便認為，長期疲弱的總體需

圖9.8　實質債券殖利率已經轉為負值（十年期名目殖利率扣除當前通貨膨脹率）

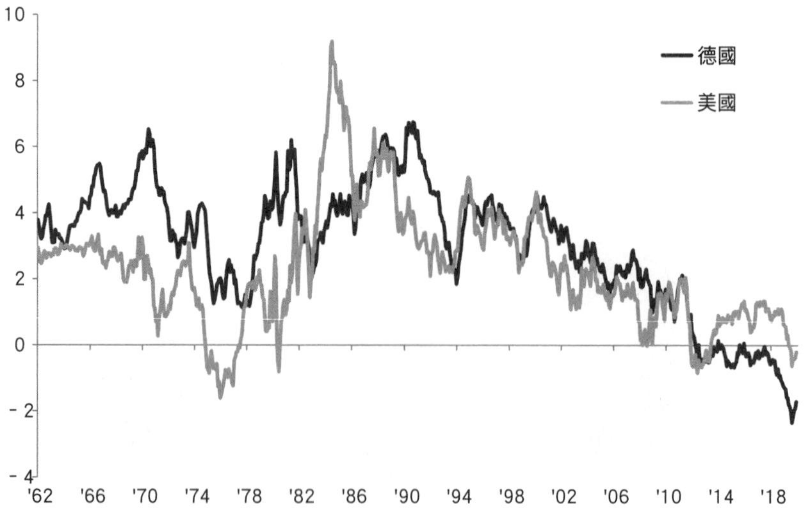

資料來源：高盛集團全球投資研究部

求，加上超低的政策利率，已經使得儲蓄高於投資，把自然利率壓得比市場利率還低。又反映在新興市場經濟體經常帳盈餘的超額儲蓄，受到全球儲蓄過剩（Global Savings Glut）與安全資產短缺的驅使，[10]於是流向先進國家，壓低了後者的實質利率。不過也有其他人指出，遲緩的經濟成長與較低的利率（部分反映出人口統計的影響，部分也是快速的科技顛覆浪潮的衝擊所致）也該為此負責。

不管是什麼原因，比起過去的週期，通膨的前瞻性市場量測指標也已經下跌。在以前，勞動市場緊縮往往會造成可觀且持久的通膨壓力，導致央行急劇升息，因而拉高衰退的風險。可是自從二〇〇〇年代以來，央行提出更有效的前瞻指引（forward guidance），已經助長了較低也更穩定的通膨，加上平緩的菲利普曲線（Phillips curve；失業率與通貨膨脹的關係），產生了更穩定的通膨預期。[11]就某個程度來看，這也是量化寬鬆的衝擊所造成的。[12]我在第十章會更詳細討論通膨預期與超低債券殖利率的影響。

跌跌不休的全球成長預期

儘管利率與通膨預期已經下降，但自從金融危機以來的長期成長率也有明顯下跌。這反映在經濟活動的長期預測和銷售及公司每股盈餘的成長上。圖9.9呈現歐洲、美國及全球股市的銷售成長率十年滾動平均值（藉此讓數據變得平滑）。較低的通膨與經濟活動復甦力道不強，已經普遍使得企業的銷售表現虛弱無力。這張圖也顯示出已開發國家的十年期年化營收成長率，已經朝著日本在一九八〇年代末期資產泡沫破滅後所經歷的水準收斂。

失業減，就業增

儘管菲利普曲線所呈現的關係有所改變，而且經濟成長普遍趨緩，但金融危機後的這段期間，勞動市場倒是比大多數人所預期的還更強勁。大家擔心的是低成長時期會帶來非常高的失業率，而儘管在某些受危機衝擊最深的經

圖9.9　營業額成長已經隨著名目GDP下跌而正在下降中（銷售年成長率（十年滾動平均值），金融部門除外）

資料來源：高盛集團全球投資研究部

濟體，尤其南歐國家是這樣沒錯，但它並非鐵律。在美國、英國、德國與日本，失業率已經降到四、五十年來未見的低水準。

同時，以過去週期的標準來看，就業成長也令人驚艷。如圖9.10所示，截至撰寫本文為止，美國就業人數沒有縮減，而且連續增長的月數比以往任何時候都多。這可能有很多種解釋——福利制度較弱的國家和較低的稅賦，對很多個人來說會比較有就業吸引力，而女性的勞動參與率也有很顯著的增長。[13]工會力量較弱與集體協商較少，可能也會刺激勞動市場的新進人數增加，而人口高齡化也常常是其中一個原因。也許最令人驚訝的是，這後危機時期的就業增長，恰好與重大科技變遷引發機器人和科技會奪走工作的疑慮同時發生。不過，從很多方

圖9.10　美國就業數據（總非農就業數據；total NFP）沒有出現負值的累積月分數

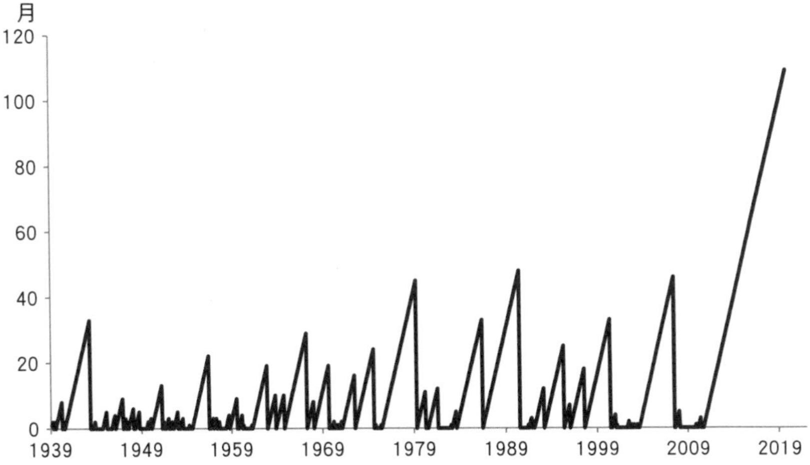

資料來源：高盛集團全球投資研究部

面來看，近期的科技創新有助於勞動市場成長並且變得更有彈性。根據《經濟學人》報導，過去十年，填補空缺的成本已經下降八〇%。[14]一份近期研究顯示，透過網路找工作的人，失業時間可以減少到二五%之多。[15]

金融危機後所浮現的其他不尋常發展，還有一個是：儘管就業人數上升，但工資和通膨卻維持在低檔。另一個與此不謀而合的大變化，是自金融危機以來，勞動報酬份額（labour share）GDP佔比持續下降，而資本報酬份額（profit share）GDP佔比則上升了（圖9.11）。

利潤率上揚

金融危機後，企業利潤率持續上升肯定

圖9.11　美國非農商業產出（nonfarm business output）的勞動報酬份額

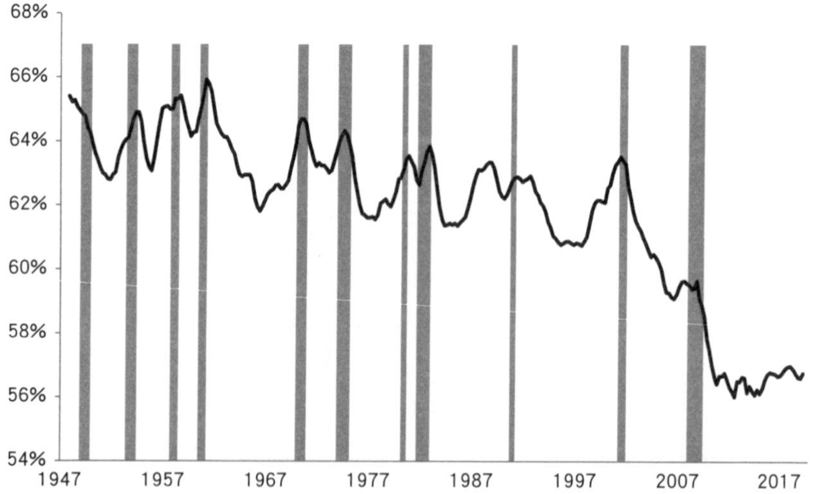

資料來源：高盛集團全球投資研究部

有助於彌補銷售成長薄弱的大環境。造成企業獲利巨幅增長的可能原因有很多。勞動市場缺乏定價能力（反映出科技力的成長），還有快速成長的科技公司獲利迅速上揚，都是部分原因所在。此外，全球化的趨勢日漸增長也很重要。儘管德國的失業率不高，但近年來工資上漲率一直很低，有部分原因是如果勞工要求更高的工資，這些較高薪的工作很有可能會被移轉到密切融入德國經濟的中歐國家或其他勞動市場。

儘管如此，這些利潤無法長久下去的風險是存在的。至少在美國，整個經濟體的獲利和股市專有的獲利之間，出現越來越大的鴻溝（圖9.12）。這有部分原因出於二〇一七年的減稅法案，後者

圖9.12　美國資本報酬份額GDP佔比已經下跌，可是還沒有反映在標準普爾的淨獲利率上

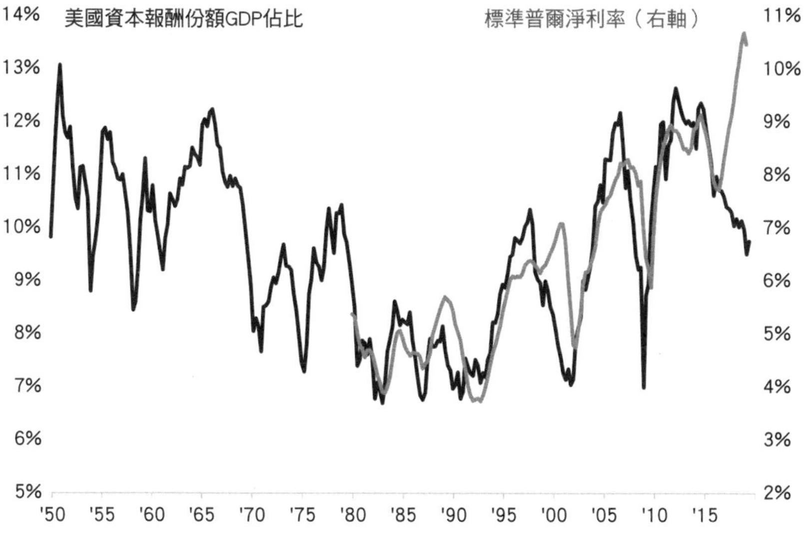

資料來源：高盛集團全球投資研究部

尤其嘉惠了大型國際化企業（以股市為其表現）。也有部分是因為類股權重有所不同的關係：美國股市有較高的比例是非常大型的科技公司，市場占有率在成長當中，又比起整個經濟的典型企業享有更高獲利。不過，如今工資已經有所增長，開始侵蝕到利潤率，也可能會影響股市。往前一點看，如果估值停止上漲，而且獲利率達到高峰（在一個成熟中的經濟週期是相當有可能的事），那麼較低的銷售成長將意味著較低的盈餘成長，也就連帶使報酬變低。

總體變數的波動性下降

不過，雖然經濟的長期成長預期下

圖9.13 美國GDP成長率、通貨膨脹率及失業率的波動性已經下降，尤其是一九八〇年代以後（五年滾動波動率）

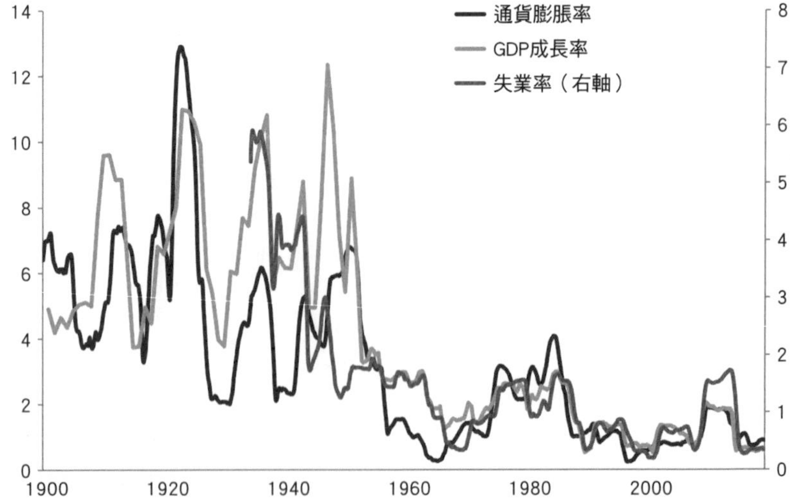

資料來源：高盛集團全球投資研究部

降，而且企業部門的營收成長走緩，但成長的波動性並不高（圖9.13）。

這有大部分是跟著央行獨立性及一九九〇年代末期蘇聯瓦解後全球化的繁榮興盛一起發生。不過，金融危機以後，波動性已出現一波新的跌勢。儘管一九九〇年代常常因為穩定成長與低通膨而被稱為「大溫和」時期，但它之所以告終，大多是因為這個世紀末的股市科技泡沫造成的。可是自此之後，總體波動性再度下跌。過去造成經濟衰退的典型驅動因子，譬如產業衝擊、油價衝擊和通膨過熱，自金融危機以後已經不具什麼威脅性。再加上利率大幅上揚、金融泡沫或總體經濟失衡的情況不存在，當前這個週期看來有可能會拉得更久。

圖9.14 標準普爾五百中型企業最近十年EBITDA成長變異度

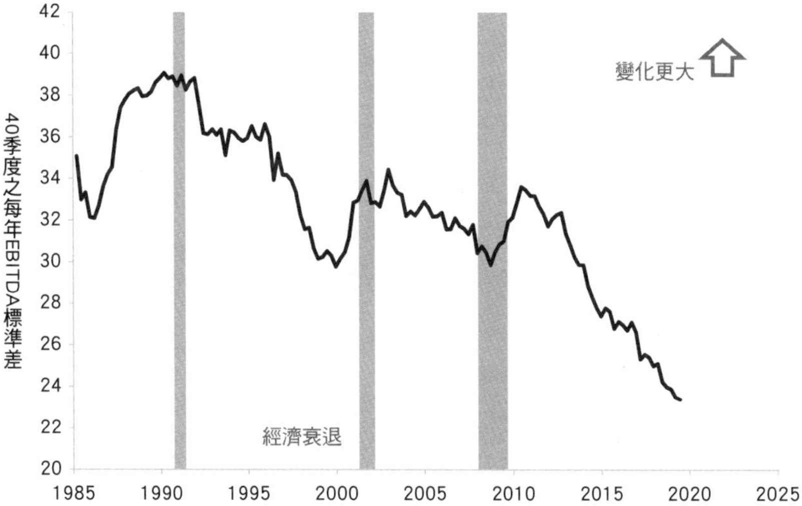

資料來源：高盛集團全球投資研究部

儘管企業部門的營收成長步調比較緩慢，但也很令人吃驚的是，公司盈餘（或EBITDA）[16]的波動性同樣有所降低（圖9.14）。

在歷史上的週期裡，利潤成長往往極具週期性，在經濟成長的時期會急劇上揚（尤其在復甦的早期階段）。自金融危機以來，利潤成長已經相對比較低，但也穩定許多（圖9.15）。

只要金融資產的低波動性繼續保持下去，應該會使週期更有可預測性，不過很有可能在未來，通膨的定錨效果和低利率將使得週期的時間變得更長。此處的另一個正面因素是民間部門失衡縮小許多，有助於民間部門更能適應衝擊，並降低去槓桿化的風險。

圖9.15　EPS鮮少在經濟衰退以外的時期下跌（MSCI AC全球年度已實現盈餘成長率，灰色區塊表示處於經濟衰退期〔美國、歐洲、日本、新興市場〕）

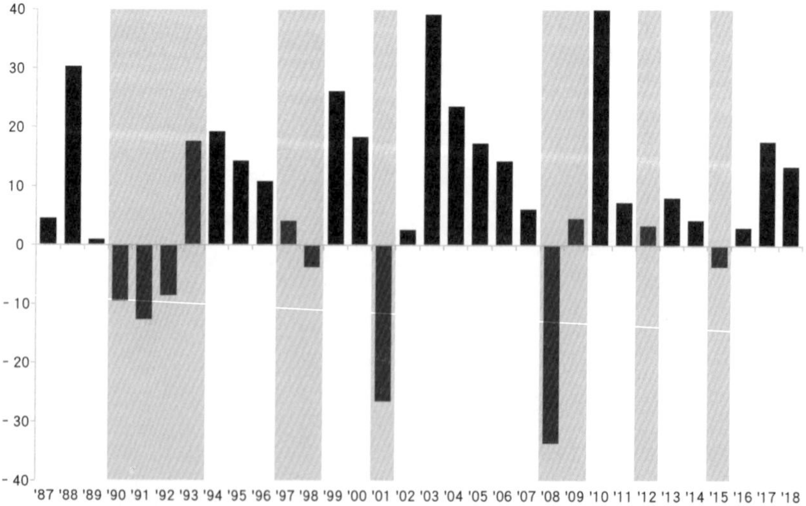

資料來源：高盛集團全球投資研究部

科技的影響與日俱增

影響金融危機以來股市週期演進的另一個重要變化，是科技的衝擊和對報酬產生的影響。某些科技公司（或利用新科技來顛覆傳統產業的公司，包括零售、餐飲、計程車、旅館與銀行等）的驚人成長，意味著相較於過去的週期，利潤的分配空間已經縮小。如圖9.16所示，自危機發生後，科技類股的利潤上漲幅度驚人。雖然隨著二〇一六年全球經濟復甦，全世界（科技股除外）的盈餘有強勁增長，也只是回到金融危機以前的普遍水準。而在同段期間，卻可見到科技類股的每股盈餘出現一波激增。

圖9.16 科技股的盈餘勝過全球市場表現（全世界過去十二個月的盈餘〔01/01/2009=100〕）

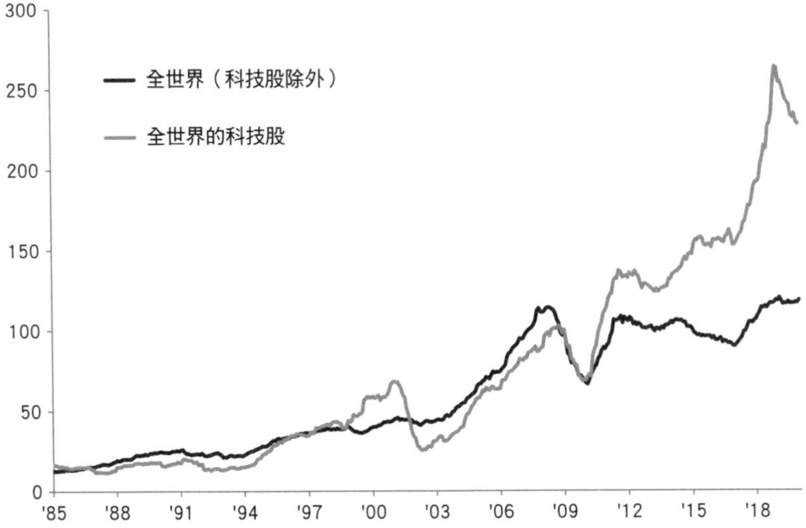

資料來源：高盛集團全球投資研究部

以股市績效的角度來看相對贏家與輸家，這個劇烈變化已經導致兩者之間的報酬更加分散化，我們將在第十一章有更詳細的討論。

成長股與價值股的巨大鴻溝

我曾在第五章討論整個週期投資風格的一些傳統影響，可是金融危機後的環境已經導致股市出現一種持久的相對報酬模式，比我們過去經常看到的更為明顯。尤其是檢視全球合計數的話，會看到股市的價值型股票（通常是估值低的企業）績效表現，顯然不如所謂的成長型公司（有較高的預期未來成長）（圖9.17）。

在這個週期所特別顯現出來的這種特

圖9.17 MSCI全球指數的價值股對成長股

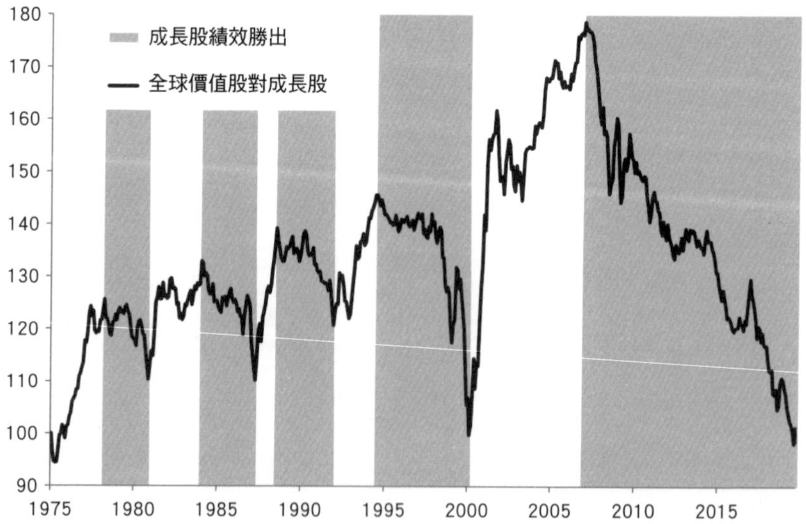

資料來源：高盛集團全球投資研究部

質，相關原因有好幾個。

首先，成長股已變得很稀罕，因此大體來說有很高的估值。我們已經看到自金融危機以降，營收成長呈現走跌的趨勢，而大多數股市的高成長型公司所占比例也普遍下降。比方說，圖9.18呈現長期下全球高成長與低成長企業的占比。此處所定義的成長股，是指未來三年預計每年營收成長超過八％的公司，低成長股則是那些成長速度預計低於四％的公司。

其次，較低的債券殖利率強化了成長股相對於價值股的價值，這是因為成長股有較長的「存續期間」，對低利率的敏感度較高。這一點在第五章有過比較詳細的討論。債券殖利率和成長股對價值股的相對績效表現，其中的關係呈現在圖9.19。

圖9.18　預計銷售成長率高的公司非常稀少（MSCI AC全球指數）

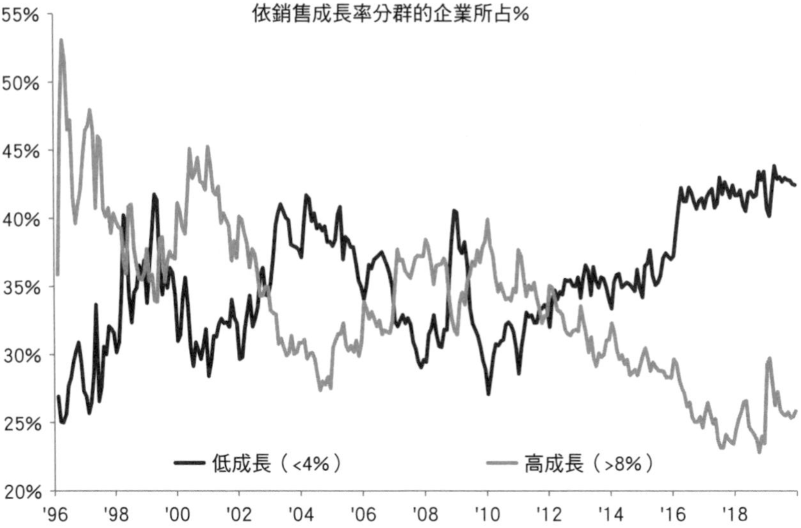

資料來源：高盛集團全球投資研究部

第三，較低的殖利率對防禦性股票的拉抬作用大於週期性股票。這是一個相似於成長股對價值股的題材。許多週期性類股都是本益比低的股票，而大多數防禦性類股則能給出更好的成長性，更重要的是，可預測的成長性（圖9.20）

第四，較低的債券殖利率使波動性低且資產負債表健全的公司，還有那些經常被稱為「優質股」的公司價值提升了。在經濟與政治不確定的環境下，這種投資風格受人青睞，為未來營收流具有高穩定度與高可預測性的企業帶來溢酬（圖9.21）

第五，市場偏愛成長股勝過價值股，這個改變對世界不同地區的相對績效表現也有意味深遠的影響。尤其是自從金融危機以後，美國股市表現優於其他股

圖9.19 較低的債券殖利率可能對價值股形成壓力

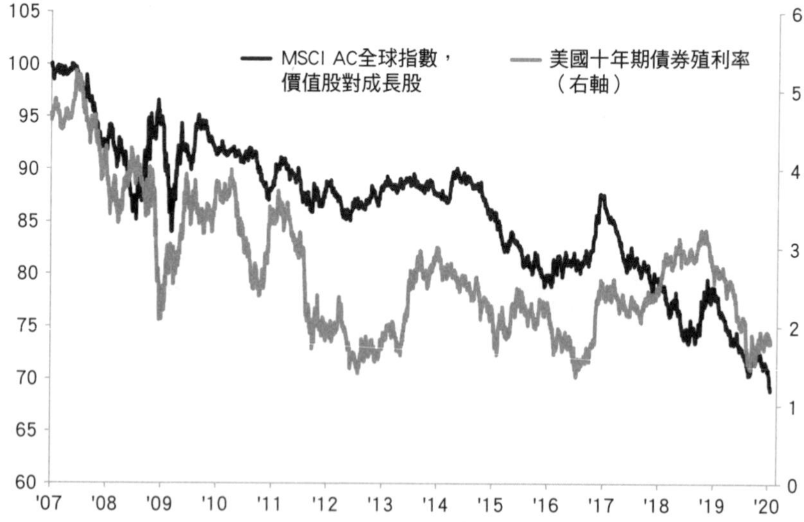

資料來源：高盛集團全球投資研究部

圖9.20 週期性對防禦性的相對表現也會隨著債券殖利率而移動

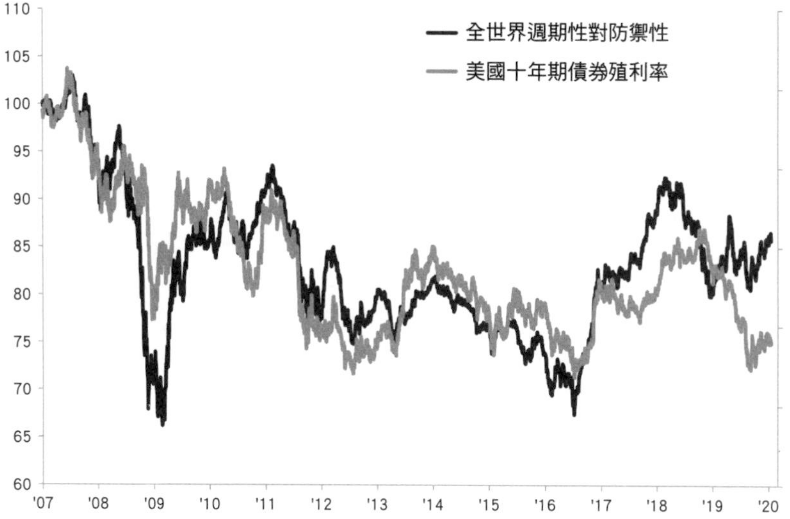

資料來源：高盛集團全球投資研究部

圖9.21 波動性低的股票會隨著殖利率與通膨預期下跌，而表現優於大盤

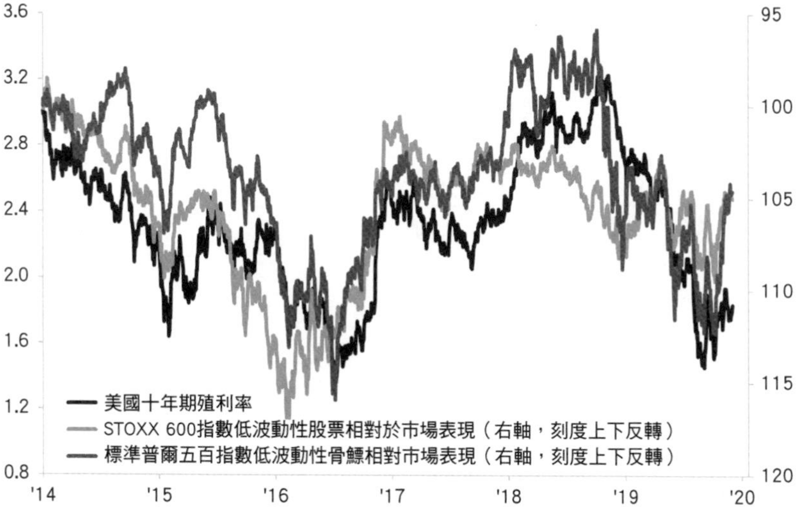

資料來源：高盛集團全球投資研究部

市的趨勢持續不衰，當我們拿美股的績效和歐洲做比較的時候，這個情況就能看得特別清楚。圖9.22顯示時間演進下的標準普爾五百和歐洲Stoxx指數（歐洲地區的股市主要指標）相對績效表現。在一九九〇年到二〇〇七年間並沒有明顯的趨勢，這些市場的相對績效相當具有週期性，美國與歐洲互別苗頭，各有勝出之時。自金融危機以後，則看到美國股市一路領先的重複趨勢。

有意思之處是，這種相對績效的趨勢，和價值股對成長股指標的相對績效有很高的相關性。美國被認為是一種成長型市場，高度集中於享有快速成長的企業；歐洲則相反，市場裡有很高的比例是屬於相對成熟產業裡「比較便宜」

圖9.22 歐洲對美國的相對績效表現，鏡射出價值股對成長股的相對績效

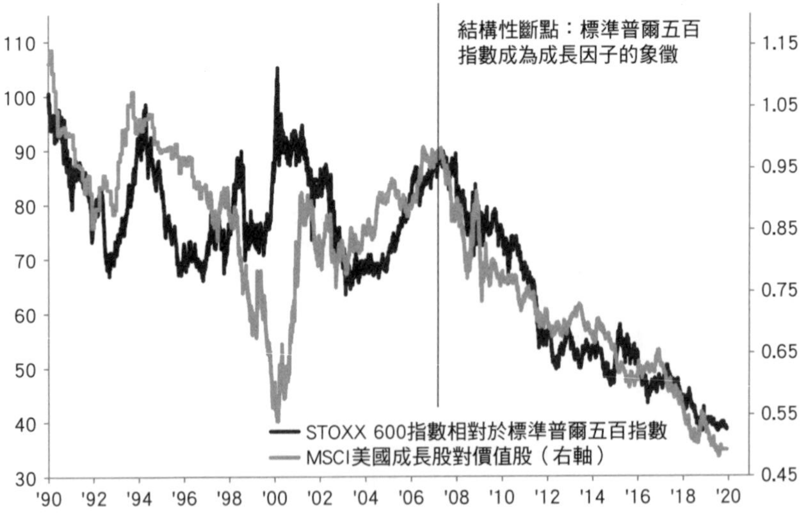

資料來源：高盛集團全球投資研究部

的低成長公司，高成長企業所占比重極小。

金融危機以後，地區性股票績效表現的明顯差別，也反映出各個大型股市每股盈餘成長的重大差異。舉例來說，如圖9.23所示，美國每股盈餘的水準和金融危機開始前的最後一次高峰相比，增加了將近九〇％，其中有很大部分來自科技類股。日本每股盈餘上升一二％，而整個歐洲（此處以Stoxxx六百指數來看）的每股盈餘總體增長幅度則是少少的四％。就跟美國一樣，重點在於這些股市裡的產業權重。在美國，科技公司的權重高、有拉抬盈餘的效果，而歐洲的重量級產

圖9.23 當調整類股組成時，美國與歐洲每股盈餘的差距會減半（標準普爾五百與TOPIX的EPS在二〇〇六年達到高峰，而SXXP與MXAPJ則是在二〇〇七年）

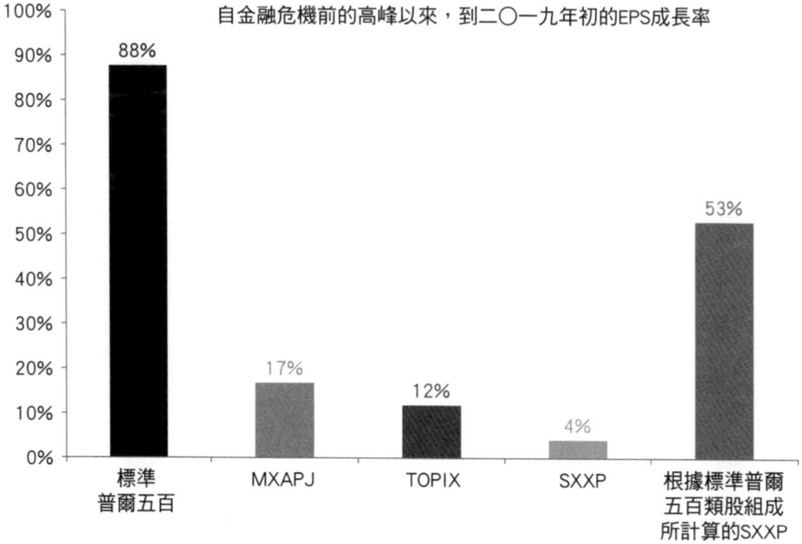

資料來源：高盛集團全球投資研究部

業卻是銀行業（盈餘大幅下降）。如果把歐洲的數字拿來做調整，看看若是其類股權重與美國一樣（譬如科技公司較多，銀行較少），每股盈餘成長會如何表現——我們會看到盈餘有很大的進步，將近四〇％。

日本的啟示

自金融危機以來，成長率、通貨膨漲率與利率的下移已經是許多經濟體的一種主要走勢，這是有前例的。一九八〇年代末期，後金融危機的日本便隨著利率跌個不停，而苦於類似的股市崩跌與債券價格飆漲。因此，關於這裡談到後金融危機時代某些趨勢的持續性時，金融泡沫後的日本經驗可以給我們一些線索。

一九九〇年以來的日本和二〇〇八年以後世界其他地方的金融週期，肯定存在重要的差異。首先，就房地產的價格規模來說，日本的例子就來得大很多。本書在第八章討論了土地價值的飆漲。上漲的土地價值、公司利潤和股價之間的共生關係，使得指標性日經股價指數的本益比倍數飆高六十倍（落後盈餘），比我們在二〇〇七年金融危機前夕看到的明顯高出許多。

不過，成長股稀缺的問題肯定對日本股市造成衝擊，我們已經在後金融危機的環境裡看到這件事。雖然以日本的例子來說，並非所有的成長股表現都贏過價值股（廣泛的成長股對價值股指標清楚顯示，日本的成長股直到二〇〇七／二〇〇八年都還表現不佳），不過這看來是有特定原因的。首先，日本債市與股市的收益不足，使得高股息殖利率的股票，比二〇〇七年以來大多數其他市場裡的同類股票都來得吸引人。其次，日本股市裡對股東友善的企業相對較少，所以支付股息是這種特性的一個好徵兆。第三，日本成長與價值因子的績效表現在過去二、三十年和全球類似，只是在一九九〇年代初期和中期，世界其他地方股市的價值股表現優於大盤。

也就是說，成長股稀缺確實對日本的相對報酬有很大影響，只是體現在出口商（在相對看漲的境外市場享有強勁需求）的績效表現持續勝出上，尤其是和銀行的

圖9.24 相較於銀行，日本出口商的表現尤其出色，而且持久不衰（以一九八五年為100作為指標）

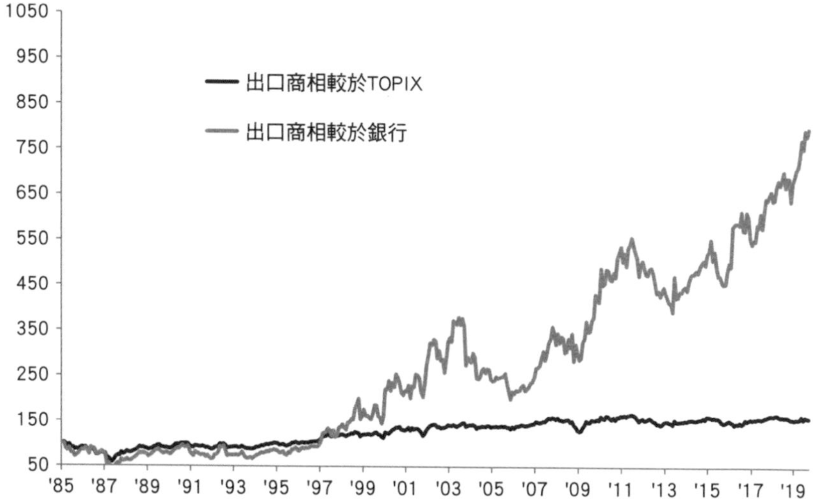

資料來源：高盛集團全球投資研究部

績效比較時（圖9.24）。這個模式在過去十年的歐洲也很明顯，本土需求疲弱而其他市場有合理增長，往往對能夠觸及外部需求的企業有利，卻通常會懲罰到本土市場曝光度高的公司。最引人注目的是，儘管日圓升值（至少一開始時），但日本仍發生上述的情況。

自一九九〇年代以來，對經濟成長率的變化無常相對沒有那麼敏感的防禦性企業，在日本的表現也很出色，其中的佼佼者就屬「成長防禦性企業」——必需性消費類股和健康照護類股（圖9.25）；同樣的，過去十年來的歐洲也如出一轍。儘管如此，受管制或有較高收益的防禦性企業，在日本就比較沒有那麼明顯的傑出表現，而在歐洲因

圖9.25 「成長防禦性企業」在歐洲與日本的表現超越大盤（時間0等於一九九〇年第四季的日本，二〇〇八年第三季的歐洲）

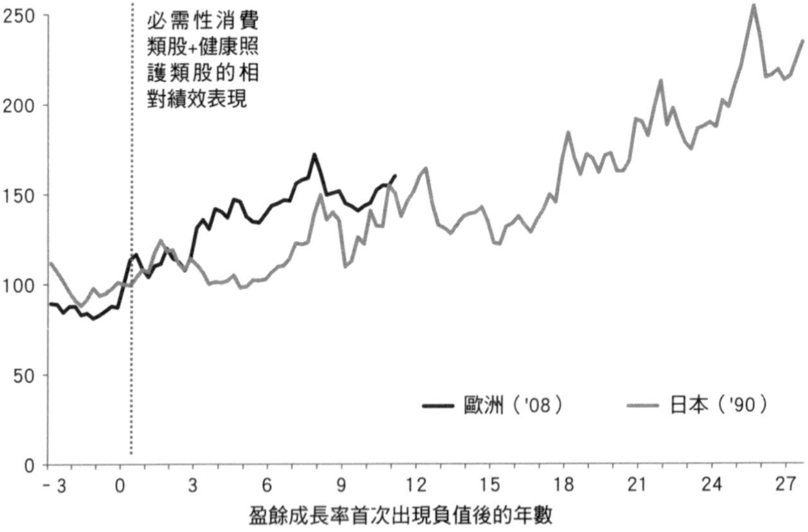

資料來源：高盛集團全球投資研究部

為管制和缺乏定價能力的關係，這類股票的績效通常乏善可陳。

銀行的績效落後大盤，是危機後的近期歐洲市場週期和一九九〇年代日本另一個相似之處。確實，在壓力最緊繃的義大利，銀行股的表現甚至比泡沫破滅後的日本還糟。

＊＊＊

總而言之，相較於戰後時期一般經歷到的週期，自金融危機以來已經出現好幾個重要的結構性變化：

- 此一經濟週期的時間長度非比尋常（美國近一百五十年來最久的一次）。
- 以名目與實質GDP成長來看，這是一個相對疲軟的經濟週期，導致一段異常積極的貨幣寬鬆時期，也帶來量化寬鬆政策。
- 儘管祭出降息手段，但長期成長預期不強，西方經濟體企業部門的營收成長也很緩慢。
- 雖然經濟與利潤成長低於一般水準，但隨著較低的利率推升估值，金融市場出乎意料地行情看漲，固定所得市場（因為政策利率與通膨都不高）和債券及信用市場皆然。
- 期限溢酬與通膨預期崩跌，而債券殖利率也降到史上最低，全球和許多個別經濟體都一樣。

- 在成長緩慢及利率創新低的衝擊下，所得與成長已經變得相對稀少，這件事的後果是相對績效表現出現長期變化，傾向於低波動性、優質與成長型股票，和收益能有任何回升的資產，譬如高收益公司債。
- 金融危機與後續的復甦，也被科技業的巨大長期性或超級循環式變遷所籠罩，導致營收與利潤快速集中於相對少數且非常龐大的企業，其中有很多位於美國。這個現象加上蓬勃的國內經濟，幫助美國股市獲得較高的相對報酬。

第10章

零點以下：超低債券殖利率的影響

第九章討論的是和過去的週期相比，自金融危機以來所浮現的某些重要結構性差異，以及在目前這個週期內全球利率與債券殖利率水準的大幅下跌。

以歷史標準來看，美國和英國（擁有長期歷史資料）長期債券殖利率的崩跌是無與倫比的，英國債券殖利率來到一七〇〇年以來的最低點，美國則創下一八八〇年代以來的新低（圖10.1）。

某些情況下的債券殖利率跌幅如此戲劇化，以致於全球有大約二五％的公債收益為負。換句話說，想要買公債的投資人，借錢給政府其實是賠了夫人又折兵。甚至有四分之一的投資等級公司債（investment grade corporate bond）——亦即資產負債表健全的企業——的債券殖利率為負。借人家錢還要多花錢是個很奇怪的觀念，可是這種事情為什麼會發生？它對股票報酬及這個週期的意義為何？

債券殖利率走跌，某些情況下甚至降到零以下的原因很多。首先，它是央行政策的反射現象。全球金融危機引發全世界在危機後這段時期，齊心協力迅速壓低利率，試圖緩和對經濟的打擊，也避免重蹈過去金融崩盤後動作太慢的錯誤（尤其是一九八〇年代的日本和一九三〇年代的美國）。央行的利率發揮「錨定效應」，接著透過量化寬鬆方案，進一步對長期利率與債券殖利率發揮鞏固作用。

一般認為，量化寬鬆手段是透過一種「訊號效果」（signalling effect）來打壓投資人對未來利率的期望，進而影響殖利率，因為央行買進公債意指目標利率將維持在比原來更低的水準。另有一說是主張，央行購買政府證券將鼓勵投資人增加有風險資產的需求，以便得到可接受的報酬，從而壓低其他債務證券的殖利

圖10.1 一七〇〇年以來的英國債券殖利率——目前接近史上新低

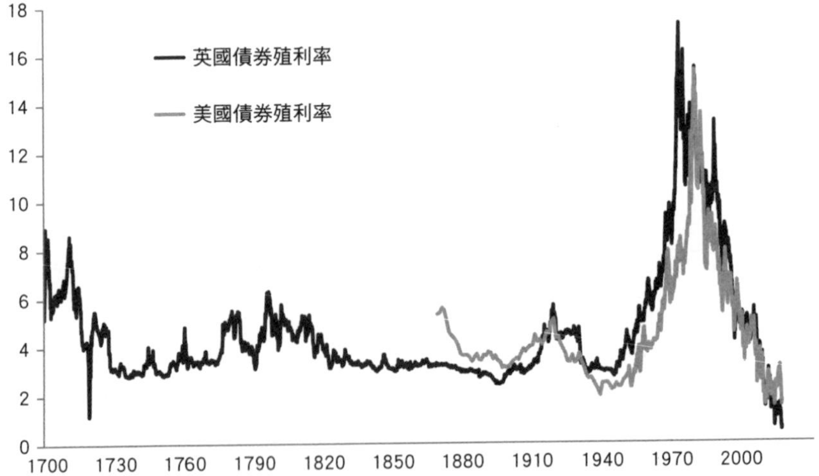

資料來源：高盛集團全球投資研究部

率，譬如公司債、比較有風險或存續期間較長的債券市場。[1]雖然量化寬鬆對債券殖利率的直接影響有不同的估計，但大多數研究已有定論，認為聯準會的量化寬鬆政策（大規模買進資產）在經濟上與統計上對國庫券殖利率有顯著的效果，其他國家買進資產的相關研究也得出類似結論。[2]

其次，通膨預期下跌，加上金融危機以來的產出不振，也給了較低的債券殖利率合理化的依據。當然，量化寬鬆和經濟成長對通膨預期的影響很難拆解開來。比方說，雖然較低的成長率明顯壓制了日本的通膨預期一段時間，但是當央行在二〇一六年實施負利率政策，市場對於未來通膨的中期預期也會下降。[3]

自二十一世紀肇始以來，隨著科技業崩盤，通膨預期已經重重下挫，而且自此之後

圖10.2 市場隱含通膨預期停留在低水準

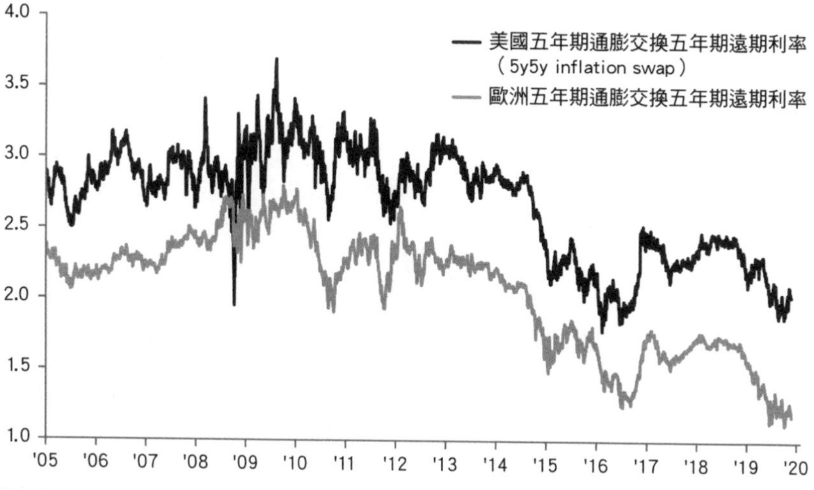

資料來源：高盛集團全球投資研究部

始終保持平穩。圖10.2呈現出美國的這種情況。

日本和歐洲是近年來通膨預期重挫特別厲害的兩個區域，兩者的負殖利率債券占全世界很高的比重。跟日本很像，歐洲近年來持續實施負利率政策，已經對包括美國在內其他地方的債券造成外溢效果（圖10.3）。

以歐洲的例子，央行量化寬鬆政策和德國政府債（German Bund）負收益對主權債券利差也有重大影響。在二〇一一年歐洲主權債務危機爆發期間，希臘債券殖利率一度飆高到超過五〇%，而且在二〇一五年再次短暫暴漲。自此之後，隨著歐元區分崩離析的恐懼散去，而量化寬鬆政策加強力道，德國負殖利率也對其他歐洲

圖10.3　近期歐元區的負收益債券比重帶頭飆高（負收益債券占全球的比重）

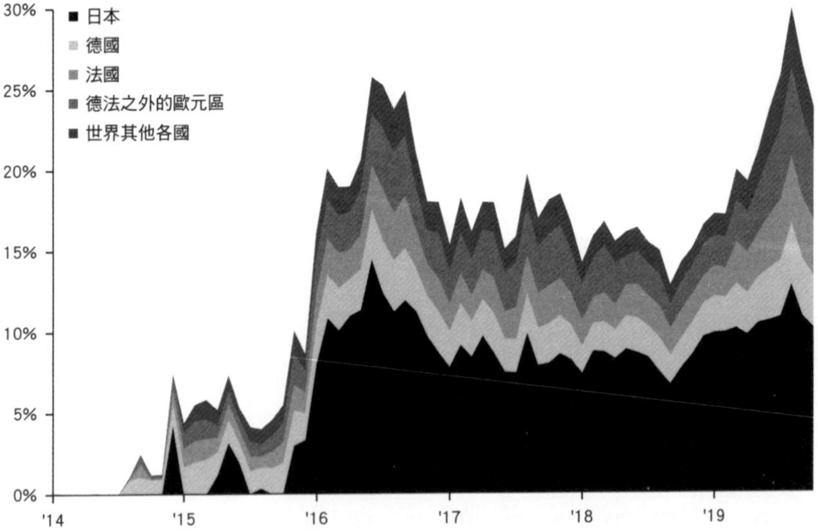

資料來源：高盛集團全球投資研究部

債券市場產生重大的外溢效應，導致希臘十年期殖利率向美國的水準收斂（圖10.4）。

第三，債券殖利率下跌可能也反映出所謂期限溢酬的崩盤。理論告訴我們，無風險公債的殖利率是債券存續期間的預期政策利率和期限溢酬的總和。因此，債券殖利率改變通常反映的是預期短期利率或與存續期相關風險的修正。

之所以有期限溢酬，是因為投資人需要得到承擔經濟風險的補償（就跟股票及股票風險溢酬的道理一樣）。對債券持有人來說，有兩種特別重要的風險。其一是通貨膨脹：意料外的通膨會侵蝕固定名目報償的實質價值，使名目債券的實質報酬減少。這表示當債券投資人預期通膨很高及／或他們對通膨的中期軌跡感到比較不確定時，會要求

圖10.4 債券殖利率趨於一致（希臘和美國十年期殖利率）

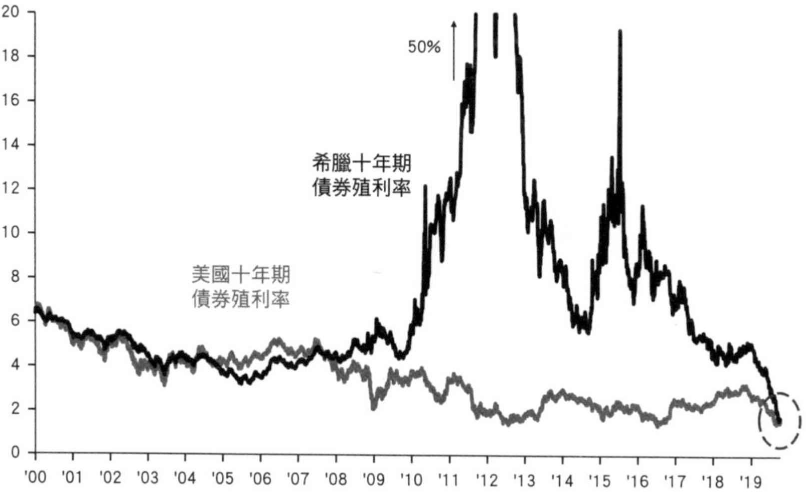

資料來源：高盛集團全球投資研究部

較高的期限溢酬。第二個是經濟衰退的風險，這當然也是股票投資人的主要風險。由於衰退意味著較低的預期財富和消費成長，所以也會提高風險趨避程度，從而使得投資人對於持有風險性資產要求更高的補償，而對於比較安全的固定所得資產，則會索求較低的溢酬。

零利率與股票評價

那麼，零風險利率為負的全球環境，對眼前的週期和資產評價及報酬有什麼影響？理論和歷史都支持的主張，是認為其

圖10.5 標準普爾五百盈餘殖利率與美國公債殖利率（截至二〇一九年七月二十六日為止）

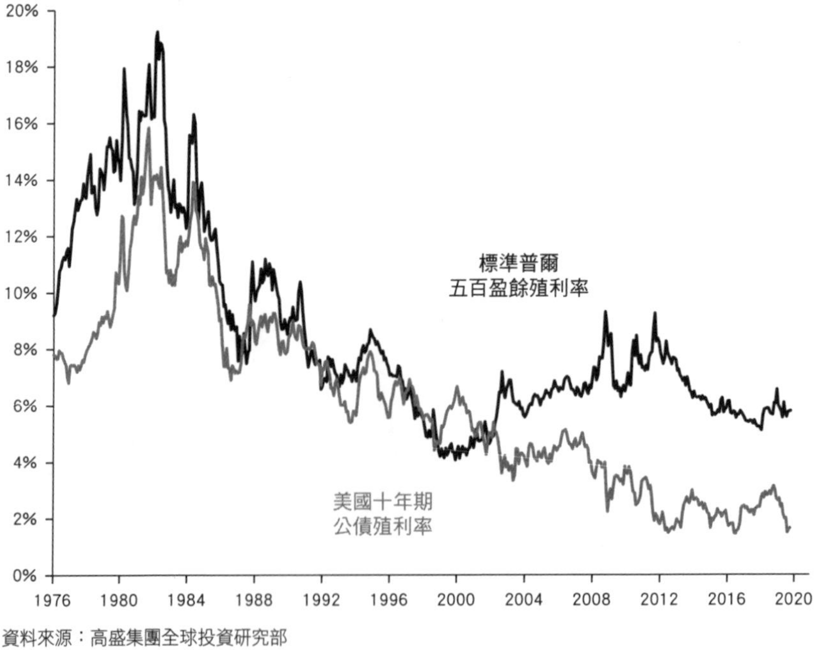

資料來源：高盛集團全球投資研究部

他情況如常之下，較低的利率應該會提高股票價值。所謂的收益率差距——標準普爾五百盈餘殖利率（earnings yield；本益比的倒數）和十年期美國公債殖利率的差距——是衡量這種關係及其如何變化的一種方式。我們在第四章已經論述過，隨著時間過去，這層關係的變化反映出債券與股票的相關性並非一成不變。一般來說，在過去的投資週期裡，這層關係有很長一段時間普遍是正向的，但自金融危機以後已經轉為負向。

自金融危機以來，隨著債券殖利率持續下跌，這兩者的差距已經拉大。換句話說，由於零風險利率或長期債券殖利率下跌，股市本益比估值較原本預期的更低（盈餘殖利率更高）；而在政府

圖10.6 股票有紮實的收益「靠山」（德國十年期公債殖利率與現金殖利率〔股息殖利率與回購收益率〕）

資料來源：高盛集團全球投資研究部

債券殖利率已經轉成負的歐洲，效果更是顯眼。

金融危機開始的時候，德國十年期政府債券的殖利率大約為四．五%，與美國同期相當。可是自此之後，伴隨著通膨預期下跌和量化寬鬆政策，債券殖利率已經轉為負值。投資人在股市可以拿到的收益（股息殖利率加上公司回購股票的收益率）近年來則可見穩定增加（圖10.6）。兩邊的差距創下史上新高。

在美國，股市的總現金殖利率和公債殖利率的差距沒有像歐洲那麼大，反映出美國對公司盈餘的長期成長前景有較強的預期，不過和債券殖利率的相對關係仍然有很大的變化。舉例來說，回到一九九〇年代初期，投資人在股市可

圖10.7 儘管債券殖利率下跌，近年來股票的價值還是很有吸引力（美國十年期公債殖利率與現金殖利率〔股息殖利率與回購收益率〕）

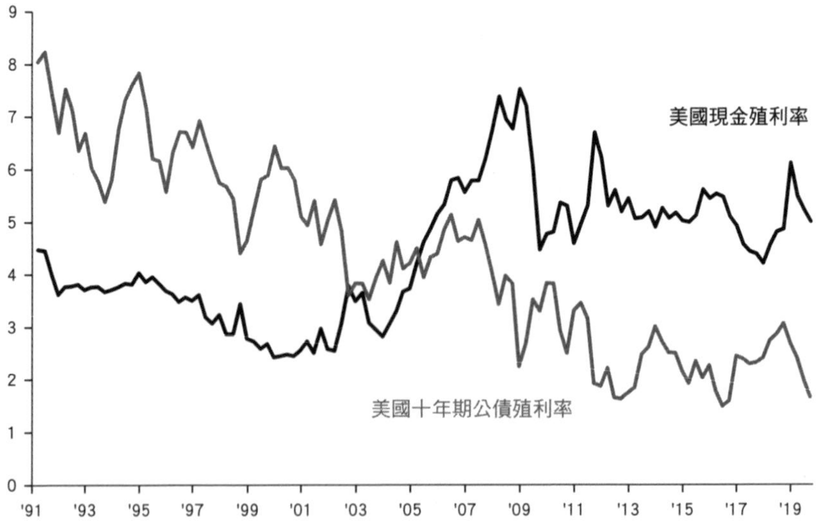

資料來源：高盛集團全球投資研究部

以拿到大約四％的現金殖利率，而當時的十年期公債殖利率是八％。如今，十年期債券殖利率已經降到一・五％以下，但股票投資人在股市可以賺到的現金殖利率超過五％。兩者的差距代表長期成長預期有明顯下跌。

零利率與成長預期

政府債券和股票的殖利率比較，可以用股票風險溢酬，或相對於債券，投資人對股票所要求的報酬做為近似值。這會被不確定性及投資人長期成長預期的變化所影響，而債券殖利率為零或為負的環境，又經常會影響到後兩者。

從投資人用來評估未來股息流今日價值的一個標準評價工具，便可了解這些關係的內涵。這個方法稱為一階段簡單股利折現模型（又稱為高登成長模型），[4]使投資人得以「擷取」或「反推」出這種風險溢酬。公式如下：

債券殖利率＋股票風險溢酬（ERP）＝股息殖利率＋長期成長率

如果債券殖利率為零（或低於零），表示股票風險溢酬等於（或高於）長期預期成長率和股息殖利率（被當成是股票的成本）的總和。

且舉一個歐洲的例子：如果我們知道股息殖利率譬如說是四％好了（大約是目前歐洲股市可

以拿到的水準），而長期盈餘成長率相當於長期名目GDP，例如為二％（由保守假設一％的實質GDP和一％的通貨膨脹率所組成），那麼這告訴我們，股票風險溢酬至少為六％——又如果債券殖利率為負，或如果我們假設的長期通膨率稍微高一點（與央行的目標二％一致）的話，這個股票風險溢酬就會更高。

這表示債券殖利率為零的其中一個涵義，是投資人會對股票要求比原本更高的未來報酬，部分由於零利率使未來走向的不確定性升高，部分則是因為它們也跟較低的長期成長率有關聯。這跟債券殖利率的期限溢酬下跌是類似的論點。很難知道這些因素影響必要未來報酬或股票風險溢酬的程度有多高，問題出在事實上，能刺激投資人投資於股票而非較安全的資產（如債券）所必要的風險溢酬（額外的報酬），不管在任何時間點，都無法得到一個確知的可觀察水準，而且無論風險溢酬是多少，它都有可能會隨著時間而改變。

不過，計算事後風險溢酬是有可能的——也就是從歷史上看，相較於債券，投資人投資於股票所實際得到的報酬。假設投資人過去對資產的定價大致正確（自然並非總是如此），那麼應該可以從歷史得出一個必要股票風險溢酬的合理估計。以十年為期來看股票績效超越債券的部分，戰後時期的事後股票風險溢酬是大約三．五％，至少一九五〇年代開始的美國是如此。

零利率：反推未來的成長率

如果透過歷史上的週期，我們假定三．五％是一個合理的風險溢酬，或許可以運用這個風險溢酬，加上債券殖利率與股市行情，來推算出隱含的預期未來成長率（股息或盈餘）。歐洲的結果顯示於圖10.8（當地的經濟成長已經慢下來，且股市由高比例的成熟、成長緩慢型類股所組成）。圖10.8呈現以三．五％風險溢酬和其他一些較高選項所計算出來的隱含成長率。另外一種解釋方式是說，如果股票相對於債券的預期超額報酬為三．五％是正確的，那麼以投資人預期盈餘和股息會一直零成長來看，股市行

圖10.8 把三．五％股票風險溢酬放入一階段股利折現模型計算，顯示市場上的每年DPS（每股股息）成長率<0%（一階段股利折現模型所計算的隱含股息成長率；使用不同的股票風險溢酬）

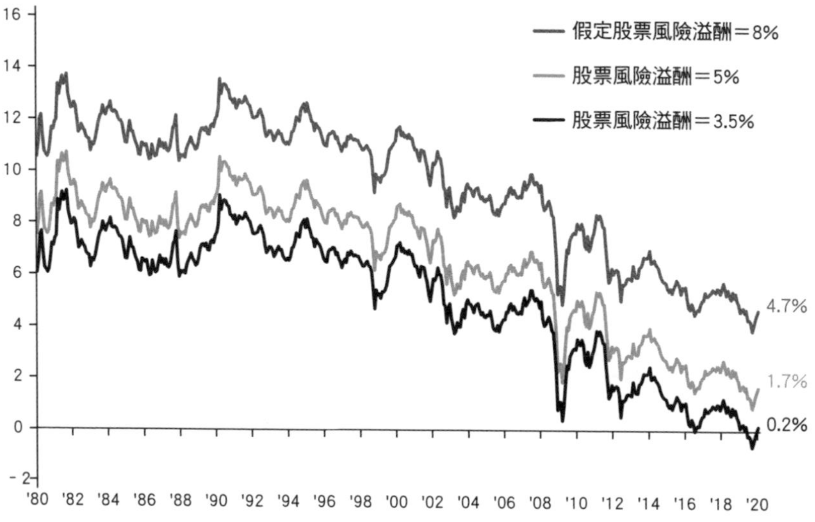

資料來源：高盛集團全球投資研究部

情是合理的。而在光譜的另一端，若市場預期長期名目盈餘成長率是四．七％（大約二．七％的實質盈餘成長率和二％的通貨膨脹率），股票風險溢酬就必須是八％。

不管以哪種股票風險溢酬水準來看，過去這十來年，隱含（或預期）的長期成長率看來確實已經在持續下跌中。因此，儘管債券殖利率比較低（更極端的情況是變成負值），可能帶給股票較低的折現率，從而產生較高的估值，但長期成長速度減緩卻抵銷了這層效果。如果市場預期的成長率低，那麼企業部門的長期現金流或利潤成長也一樣會比較低。

成長預測下調是有道理的嗎？這

圖10.9 歐洲的銷售成長變慢，如今已經接近日本的水準（十年滾動平均銷售成長率，依地區別；當地幣值，全球以美元計）

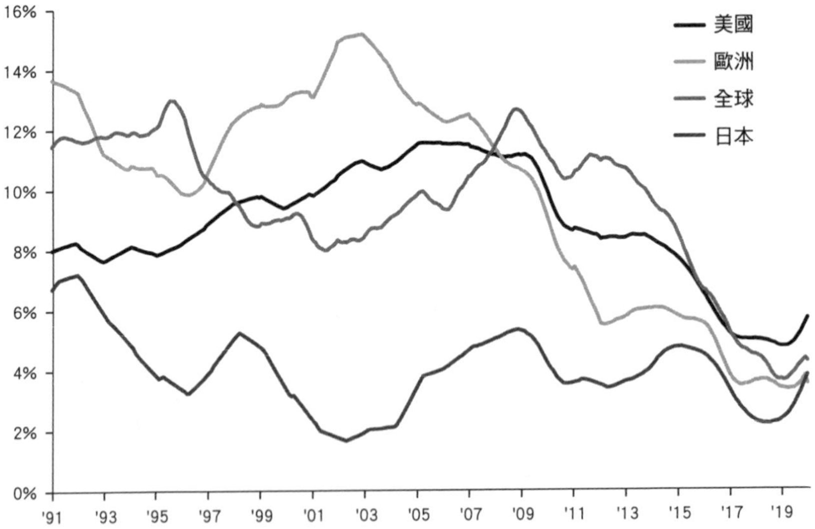

資料來源：高盛集團全球投資研究部

或許沒有聽起來那麼極端。畢竟最近幾十年來，日本的名目GDP成長已經大約接近零（投資人擔心，目前歐洲的負債券殖利率環境，意味著未來在歐洲和說不定其他地方，也會看到類似狀況）。

以營收成長來看，近年來所顯現的歷史成長率已有下跌趨勢（圖10.9）。包括歐洲在內世界其他地方的成長率，在一九九〇年代和二〇〇〇年代輕易就能超越日本，只是這個差距在縮小當中。

營收成長較低是過去十年來低通膨和實質經濟成長貧弱造成的影響。此外，中期GDP成長的普遍預期也已逐漸下滑，從一九九〇年代中期的

圖10.10 全球長期實質GDP成長預測降到史上新低（經濟學家共識的長期〔六至十年〕GDP成長率）

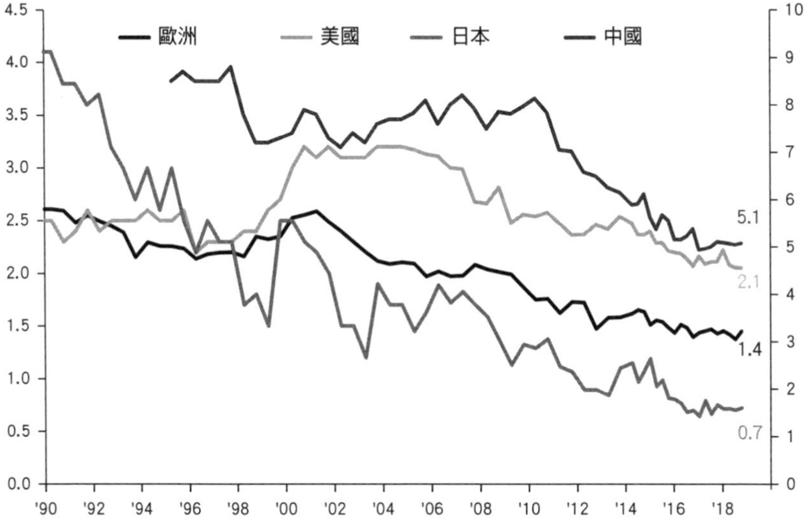

資料來源：高盛集團全球投資研究部

二・五%降到今日歐元區的接近一%。

檢視經濟學家們的長期（六至十年）前向綜合預測（forward consensus forecasts），顯示自金融危機以來，儘管強力祭出貨幣寬鬆政策，也引進量化寬鬆手段，美國更是大幅增加財政支出，但長期實質GDP成長預測仍然呈現下跌趨勢（圖10.10）。

在全球成長預期低落的廣泛脈絡下，殖利率下降最多且全球負收益債券所占比重最高的地方，就在歐洲及日本（圖10.11）。

雖然理論可能會說零風險利率有這麼大的跌幅，會提高未來現金流的現值，把股票估值推得更高，但事實上情況剛好相反。這兩個股市的本益比在同一水平，且

圖10.11 德國殖利率往日本的水準收斂（而且更低）（%十年公債殖利率）

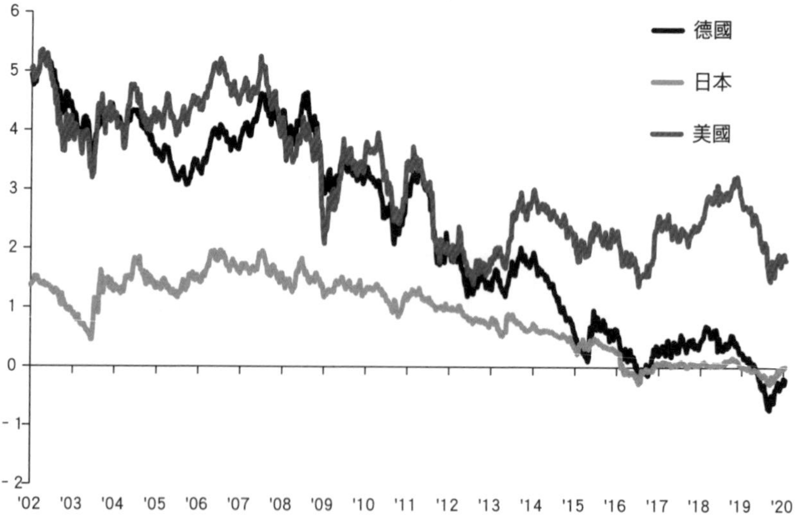

資料來源：高盛集團全球投資研究部

都比債券殖利率較高的美國股市更低。原因在於日本和德國的債券殖利率為負，是較低的長期成長預期所造成的（圖10.12）。

日本發生公司盈餘長期成長速度牛步的現象，已經有二十年了，隨著債券殖利率跟日本一樣跌到零以下，歐洲也正浮現這種發展（圖10.13）。

這件事還有另外一層涵義是銀行獲利受創，在放款成長疲弱與負利率的雙重挑戰下，銀行績效表現面臨強大阻力。舉例來說，一份對二〇一二年至二〇一六年間三十三個經濟合作暨發展組織國家中六千五百五十八家銀行的調查中顯示，實施零利率政策使銀行的貸款減少。[5]有趣的是，一份對銀行及所屬股市大盤的相對績效所做的比較，顯示自從一九九〇年

圖10.12 歐洲與日本的本益比水準相近（未來十二個月預估本益比〔forward P/E〕）

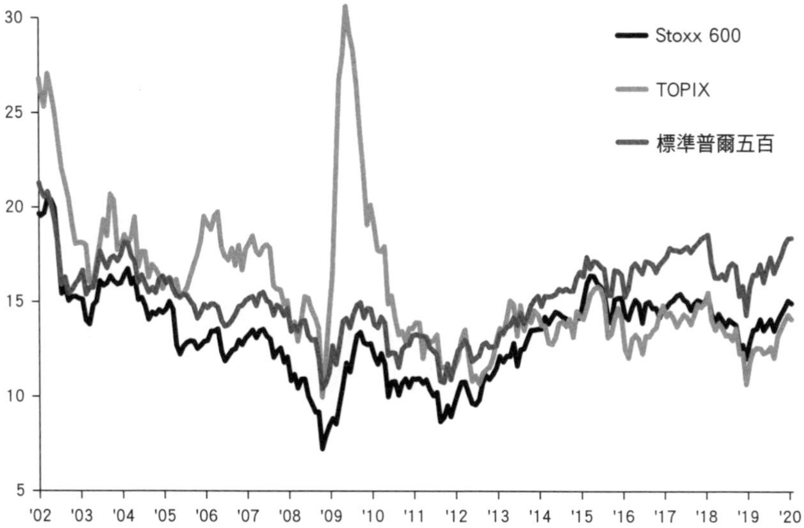

資料來源：高盛集團全球投資研究部

金融危機告終及低成長與負利率開始以來，日本銀行的表現始終一貫地落後於大盤。

從近期的二〇〇八年金融危機開始，並跟著發生成長疲弱與負利率以來，有一種類似的模式也出現在歐洲。

零利率與人口統計

以歐洲與日本的例子來看，較低的債券殖利率可能有部分是跟人口統計有關的其他結構性因素造成的。如圖10.14所示，歐洲與日本的債券殖利率都低於零，而長期人口統計圖也顯示這裡是人口統計輪廓老化最快速的地區。生命週期投資理論認為，人們在年輕的時候會

圖10.13 有半數日本市場過去二十年來成長緩慢；歐洲則是更近期才發生這種情況（FY3預計銷售成長率<4%的低成長公司所占比重）（%）

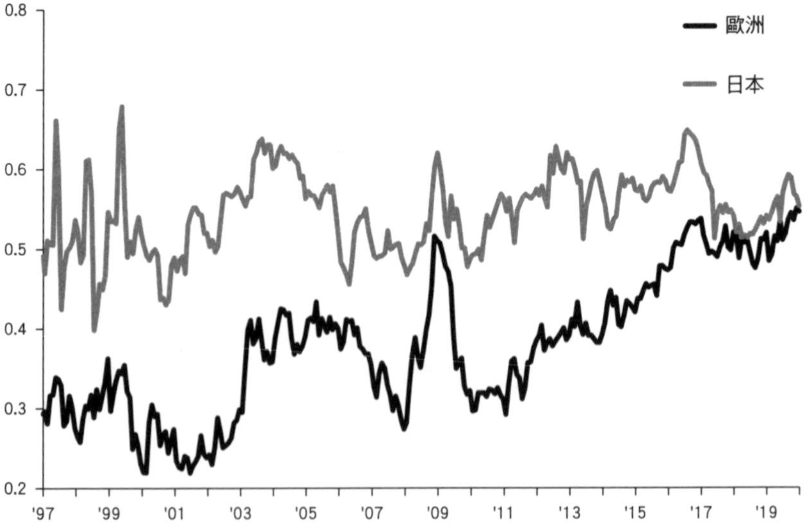

資料來源：高盛集團全球投資研究部

圖10.14 未來幾十年，歐洲和日本的人口數雙雙下跌，但日本會降得更快

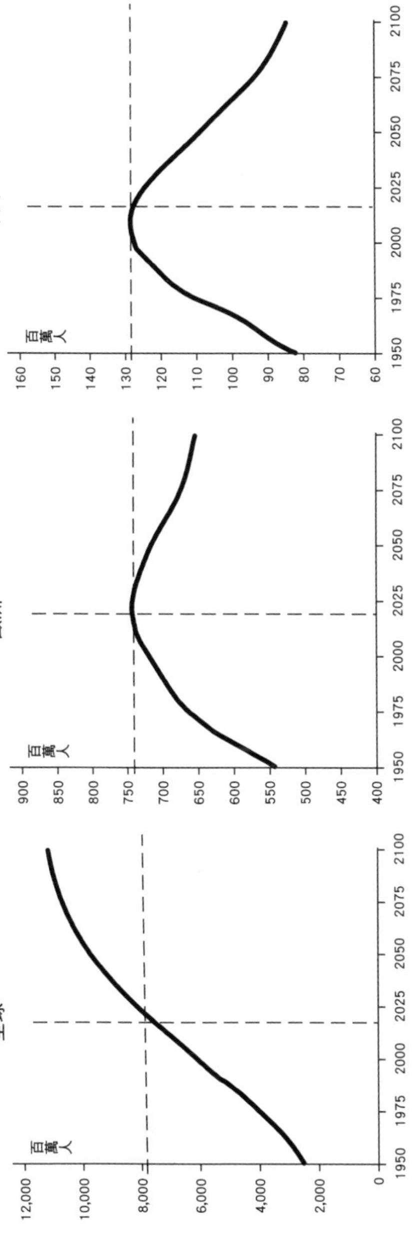

資料來源：高盛集團全球投資研究部

多借點錢，到了年老時則會多存點錢；隨著中老年人的比重增加，對於能創造所得的安全資產（如公債）應該會有更高的需求，進而拉高價格而壓低殖利率。其他人則認為中年人除以年輕人的人口比率（所謂的MY ratio），有助於解釋長期利率水準。[6]

零利率與風險性資產的需求

零利率或負利率的另一個有趣面向，是它如何影響長期投資機構如退休基金和保險公司對風險性資產的偏好。

對這類機構來說，利率下跌的主要衝擊，在於退休基金計畫（pension plan）或保險公司的未來債務淨現值（未來現金流的折現值）會提高。以典型的確定提撥制（defined benefit）退休基金計畫來說，其他條件不變下，長期債券殖利率下跌一百個基點，表示債務馬上會有範圍在二〇％以內的增長。[7]

這可能造成的結果，是迫使這些機構為了達成長期報酬目標，而提高他們在風險性資產的曝險度。誠如經濟合作暨發展組織所說：「對前景的主要顧慮在於，退休基金和保險公司已經或可能為了試圖滿足他們在金融市場有較高收益時所承諾給受益人或要保人的報酬水準，而過度『追息』（search for yield），致使破產風險升高。」[8]

這種效果在美國已經有一些跡象可循，總的來說，隨著零風險利率與資金費率（funding rates）下跌，機構已經承擔了更多風險。[9]其他跡象也顯示，不是只有法人機構會去抓取收益，投資人也如出一轍。[10]

這件事情對退休基金更有廣泛的意涵。背負龐大的未來退休金負債的公司，已受到這場危機和後續利率下跌的重創（赤字的淨現值已經提高）。[11]對保險公司來說，利率下跌威脅到壽險合約的保證收益，使得他們若提高公債比重的話，將難以抵抗經濟衰退或陷入結構性低報酬的泥沼。[12]

在某些地區，尤其是在歐洲，為了管制目的而對退休基金及保險公司要求包含股票也適用的高風險權重，使其難以提高風險資產的比例。這件事情的一個可能影響是，由於退休基金與保險公司有針對利率與責任進行避險的需要，故而對債券的需求提高，為債券殖利率帶來更強的下調壓力——這其實又反過來使退休基金及保險公司的資金問題更形惡化，一般來說會對債券殖利率形成更大的向下壓力。確實，如圖10.15所示，總的來說，就算債券殖利率低於零，近年來歐洲的退休基金與保險公司仍然持續把重心放在公債之類的債權投資上。

***

綜言之，我們可以對零或負的債券殖利率提出幾個觀察：

- 金融危機以來全球債券殖利率已見史無前例的崩盤，造成約三分之一的公債殖利率為負值。這有部分反映出因為低成長導致通膨預期下降，另有部分反映的是量化寬鬆與期限溢酬較低對通膨預期造成的衝擊。
- 債券殖利率為零不必然對股票有利。一般來說，尤其是日本和歐洲的經驗顯示，較低的債券殖利率已經推升必要的股票風險溢酬——亦即相對於零風險的公債，投資人冒險購買股票所要求的額外報酬。
- 零或負的債券殖利率會影響週期，讓

圖10.15 退休與保險基金持續把重心放在債權投資上（而且廣泛忽略股票）（十億歐元，歐元區退休與保險基金每季流入股票與長期債的金額）

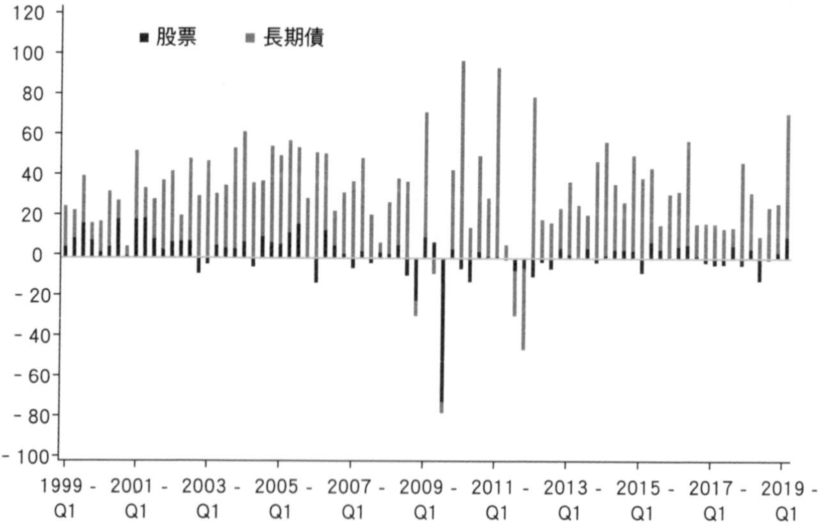

資料來源：高盛集團全球投資研究部

它沒有那麼的反覆多變，可是同時也會使股票對長期成長預期更為敏感。只要有任何衝擊導致經濟衰退，股票估值所承受的負面效應會比過去週期所看到的還來得更大。

- 隨著債券殖利率降到接近或低於零，退休基金與保險公司便容易發生負債配比不當（liability mismatching）的情況。這會導致某些機構為了滿足保證收益而承擔過多風險，不過也會造成在殖利率下降時對債券有更高的需求，進而使得債券殖利率變得更低。

第11章

科技對週期的影響

在第九章，我討論了二〇〇八年經濟大衰退暨隨後的金融危機以來的週期變化。這個經濟週期比平常更疲弱但更持久。值此同時，股市週期則表現得更旺盛。

名目GDP和先前的週期比起來顯得遲緩，加上較低的通貨膨脹，已經使企業盈餘更加死氣沈沈、進步有限。不過，並不是全部的企業部門都有利潤成長放緩的問題，科技業是其中的例外。有鑑於科技公司的規模與影響力增加（尤其是美國），過去十年來，科技業對股市及股市週期的衝擊已經引起人們的興趣。如第九章所談到的，科技業是金融危機以來利潤成長最強勁的產業。

有人把數位化革命稱為第三次工業革命，在技術上有著廣博深遠的快速變遷，大大影響了金融危機後股市週期的演進，也擴大了股市表面底下的輸贏鴻溝。

科技公司運用較少的資本來經營，又能使產品發揮最大效益的能力，也對這個週期的類股及企業的相對績效表現，產生重大的影響。例如，簡單將產業分為資本密集型和較不資本密集型，就能看到金融危機以來，市場上「輕資本」的類股享有更好的報酬（參見圖11.1）。

科技的崛起與歷史上的雷同之處

從科技業的成就與優勢地位來看，今日的技術革命似乎達到前無古人的境界。根據許多估計可知，全世界有九〇％的數據是過去兩年產生出來的。[1] 如今，全球有一半的人口可以上網，這件事情從無到

圖11.1　金融危機以來，資本密集類股的表現不佳（全世界總和）

註：資本密集類股：林業及紙類產品、工業金屬及採礦、汽車及零件、奢侈品、營造建材、石油設備及服務、固網電信、行動通訊、水電燃氣及多元公用事業；非資本密集類股：飲料、食品製造、家庭用品及房屋營建業、個人用品、菸草、一般零售商、健康照護設備與服務、生技醫療業、軟體與電腦服務、硬體設備

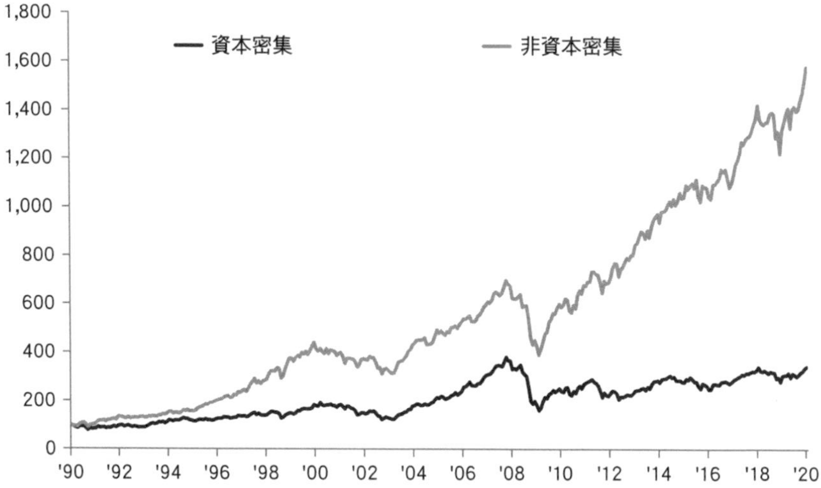

資料來源：高盛集團全球投資研究部

有，僅花費不到三十年時間。數據與雲端儲存的大爆發，不僅使促成這項技術的企業發生轉變，也改造了用它來顛覆傳統經營模式的公司。

儘管如此，目前這個數位化革命的特徵，與歷史上其他快速技術創新時期的例子，仍有諸多共通之處，有助於我們為當前這個週期所看到的趨勢建立起脈絡。

印刷機與第一次大數據革命

一四五四年發明的印刷機，引爆了最早也最重要的科技潮，徹底革新世界經濟的運作和人們的工作與溝通方式。這項技術助長了一波資訊爆炸（類似近年來的數據爆炸），為啟蒙時代和許多其他改變生活的技術播下種子；在當代的時空背景下，這經常被稱為是「殺手級應用」。在印刷機出現以前，資訊是用手寫下來的（手抄本），而且資訊的生產與獲取被教會牢牢掌控。自印刷機肇始以來，可得資訊量呈指數增長，資訊成本也因此大跌（聽起來很熟悉？）。根據伯寧（Eltjo Buringh）和凡贊登（Jan Luiten van Zanden）的研究，[2] 到了一五五〇年，歐洲的書本印刷量從零增加到每年三百萬本，比整個十四世紀產生的手抄本（預印書）總數還多（參見圖11.2）。到一八〇〇年已經出版了六億本書籍。就跟所有的技術創新一樣，隨著生產成本下降，書的價格也暴跌。社交與社會巨變隨之而來。

印刷機如同今日的網際網路，成為許多其他重要科技的搖籃，進而激發出新的事業，又同時顛覆傳統產業，迫使許多行業改變與進化。

鐵路革命與互連的基礎建設

在工業革命裡可以找到跟當前創新浪潮雷同的其他案例，當時，技術再度成為成長的核心。許多這類技術互為源頭，也相互依賴，好比今天的智慧型手機依賴網際網路，反之亦然。在印刷機發明之後和鐵路革命期間，莫不證明了創新的網絡效應至關重要。在工業革命期間，鐵路的非凡成功與成長激發出許多機會。一八三〇年，英格蘭有九十八英哩的鐵軌，一八四

圖11.2 數據大革命——書本產量大爆發（印刷書的發明導致大規模數據增長，也孵育了其他技術）

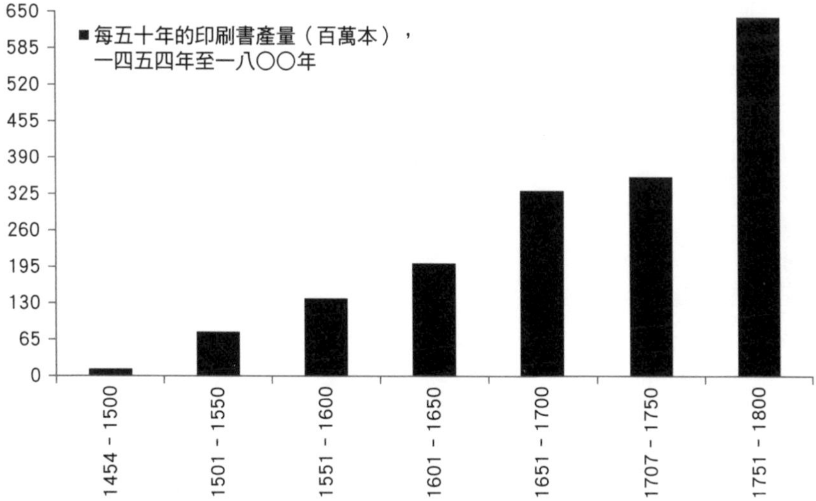

資料來源：麥克斯·羅瑟（Max Roser）文章〈書〉（Books）。參見https://ourworldindata.org/books

〇年已經擴大到約一千五百英哩，到了一八四九年，約有六千英哩的鐵軌連結各大主要城市。[3]

廉價貨幣與一項新的（革命性）技術吸引一波投資潮，進而發揮連鎖效應，促使工廠數量增長、都市化和新的零售市場興起，這種種結果，在當時並不那麼顯而易見。鐵軌的鋪設有助於一八四〇年代電報基礎設施的成長。在十年內，發電報（以前是不可能的事）已經成為人們日常生活的一部分（有點像一九九〇年代和二〇〇〇年代網際網路的興起）。倫敦一八六〇年代中期和紐約建立起電報連線，十年後，倫敦與孟買之間的訊息傳送只需幾分鐘時間。電報與電訊公司變得非常強大，AT&T於焉誕生（一八八五年）。

還有其他技術創造出龐大需求，吸引大量新進者。隨著廣播無線電技術起飛，收音機的需求快速增加。一九二三年到一九三〇年間，有六〇%的美國家庭購買收音機，導致無線電台出現爆炸性成長。一九二〇年，KDKA電台主宰了美國的無線電廣播市場，到了一九二二年，全美已經有六百家電台開張。

我們在一九九〇年代的科技潮看到類似模式重演，一股「科技能提高數據使用量」的信念，使得電信公司、媒體公司和新興科技公司的價值飆漲。以事後看來，新興技術領域的最後贏家，往往不是人們以為第一波浪潮裡的那些公司，甚至不在第一波浪潮裡。尤有甚者，很多被十足的技術創新所顛覆的電信與媒體公司，二十年前在大家眼中也是非常具有革新性的企業。在鐵路熱潮期間，蒸汽機孕育鐵路的發展，而後者的網絡效應與連結性又助長了其他技術的開發。這種模式在過去二十年間也非常明顯。網際網路的發展與快速為人接納，助長了智慧型手機的發展與迅速普及，這件事本身又孕育出一門產業，開發在手機上使用的應用程式（譬如計程車與外送服務的革命性變化），進而促成「萬物聯網」（裝置互連的世界）。

點亮二十世紀的電力與石油

創新狂潮的另一個例子是二十世紀初電力生產的快速成長。在一九〇〇年的美國，相較於蒸汽或水力，只有五％的機械動力是由電力所供給（已經比一八九〇年的一％提高了）。到了一九二〇年代，電力供給已經擴及半數的企業和將近半數的家庭。在一九〇〇年到一九二〇年間，電力的實質價格下降約八〇％，[4]助長了許多其他相關產品的成長（譬如收音機）。

技術：破壞與適應

技術創新及其對產業的衝擊，還有另外一層考慮是投資人通常會去觀察技術的破壞性效果，假定它將取代既有產業，但往往發現它帶來的是錦上添花，而非顛覆破壞。舉例來說，當鐵路在十九世紀成為主要技術時，有人擔心再也不需要馬匹了。結果發現，鐵路其實為馬匹創造更多需求，因為仍需要馬匹來運送到火車站的最終目的地或起始目的地。[5]這「第一哩路」問題和今日有個有趣的雷同之處——情境搬到網際網路上，還是要有機動性與遞送解決方案來達成需求。像是，可能有越來越多食物是透過網路購買，但遞送到府往往要靠機車、腳踏車或汽車；線上購物亦同。這個狀況促使更多新公司成立，運用技術平台更有效率地解決物流問題。城市自行車與電動車共享的新解決方案裡，也能明顯看到類似趨勢。看來，解決新技術製造出來的問題，也成為新契機的開展基礎。

除了新的機會，新技術往往也會迫使傳統產業採取某種形式的調適。例如，當電子錶在一九七〇年代興起時，普遍預期機械手錶將被取代至消失。這些恐懼搞錯方向了，因為傳統製錶業者重塑品牌形象，從追求品質和懷舊的風潮中得利。光是瑞士的鐘錶產業，在二〇一八年就創下二一八億瑞士法郎的營收。[6]電影院也是如此。一九八〇年代出現的錄影帶技術，和緊接在一九九七年出現的DVD，給了人們在家看電影的方便，也提高電影院將關門大吉的預期。事實再次證明，電影院自我再造，成為娛樂產業裡快速成長的部門，二〇一八年全球票房銷售達到四一七億美元的歷史紀錄。[7]即便是黑膠唱片也強勢回歸，以復古魅力吸引年輕族群，光二〇一八年在英國就賣出超過四百萬張金榜專輯。[8]

週期裡的技術與成長

過去大約十年來雄霸股市週期的當前科技潮，有一個面向是經濟成長與生產力增長普遍呈現低迷走勢。有些人認為這是一種自相矛盾的現象，說明了這類科技的影響力有限，股價的估值潛能肯定是被高估。不過歷史上也有強力的證據顯示，過去的科技潮也曾導致生產力與經濟活動增長比一般認為的還要緩慢。舉例來說，雖然瓦特在一七七四年推出一個相對有效率的引擎，但直到一八一二年第一台成功商業化的蒸汽火車頭才問世，而英國的人均產出要到一八三〇年代才明顯加快速度。

有數份學術研究顯示，英國在十九世紀末的生產力改善不大。[9]在十八世紀的最後幾十年間，生產力成長緩慢，一直到一八三〇年以前都沒有進步。不過此現象倒是貼近一種觀點，認為技術變遷往往需要很長的時間才能貫通整個經濟。

一八八〇年代的電力時代可以觀察到一個類似模式。當時這些創新沒能產生可觀的生產力利得，直到一九二〇年代，工廠重新設計的可能性得到落實之後才改觀。[10]確實，在資訊科技革命後也有可能會看到類似現象。從這層脈絡來看，數位革命還沒能提振生產力是有道理的。[11]

新技術通常能為生產力增長帶來巨大潛能，可是除非重整製造流程，很難被有效的採用，而很多時候，製造流程技術是有一套全球標準的。同時，建立完整網絡效應的需求，也會拖慢起初的普及化程度，因此不利於生產力的提振。蒸汽引擎的使用以及將煤炭用於冶煉也是受限於這類網絡效應。煤炭運輸雖然最後成為成長與生產力的主要推動力，卻是直到運輸網完備之後才獲得充分採用。同樣的，唯有足夠的新用戶轉而使用新的動力來源，才能回收龐大的固定投資成本。還有，運用蒸汽動力也需要興建工廠，然後蓋運河來疏運原料與成品。同樣的道理，運輸工具從內燃引擎轉向電氣化在技術上也許可行，若想全面採用，就需要一套整合式電力供應系統和充電站。

擔心生產力成長不足，怕錯估了科技相關企業的價值，這樣的顧慮在一九八〇年代廣泛蔓延。一九八七年，諾貝爾獎得主羅伯特．梭羅（Robert Solow）便說：「你到處都可以看到電腦時代，但就是在生產力統計裡看不到。」[12]當許多經濟體在一九九〇年代看到生產力大幅改善，這些疑慮便隨風消逝了。不過，自從經濟大衰退和金融危機以來，許多經濟體的生產力成長疲弱不振，再度引爆這類爭論。

雖然有些人主張人們的工作時間被低估了，顯示實際的生產力可能更差，不過也有其他人指出一個測量失準的問題。比方說，高盛的經濟學家分析在eBay販售的未使用iPhone機市場價格，[13]發現接近新款推出前幾個月，價格會下跌二〇％到四〇％，代表手機品質有重大的進步。從次級市場價格和電話硬體消費者物價指數的通膨差距可知，每年的品質進步大約在八％。他們把這些品質調整應用在相關的消費品類上，估計過去十年來，每年消費成長可能少估了〇．〇五個百分點（pp）到〇．一五個百分點。綜合這些結果，他們估計目前美國GDP成長率測量失準程度每年在三分之二個百分點到四分之三個百分點之間，比二十年前的大約四分之一個百分點更高。雖然這些是相當不確定的數字，但從他們的分析和近期文獻研究的發展可知，目前生產力成長的步調確實比看起來的更高。

這一點很重要，因為它表示金融危機後遇到經濟成長疲弱的情況，可能至少有一小部分可以用科技對成長與生產力的影響測量失準來解釋。這或許也可說明，何以近年來科技業利潤成長率向來比測量的GDP成長率強勁許多。無論如何，測量問題能夠一定程度解釋何以在後金融危機時期，經濟週期與投資週期有相當大的差異（參見第九章）。

因此，雖然創新的速度和這些新科技創造出來的衍生事業從不曾看似更快，但歷史證明我們正在經歷與過去雷同的模式。驅動先前科技浪潮的主要公司仍會居於優勢地位很長一段時間，可是這些公司的網絡效應催生了進一步的創新與新企業。從技術機會的角度，可以得出三個相關的觀察：

- **發明／創新（印刷機、收音機、電視）的公司**：雖然創新者往往就是贏家，但並非全部的創新者或技術先行者都會成功。歷史上滿滿皆是進入新產業者眾但成功者寡的例子。一八九九年有三十家美國製造商生產兩千五百台機動車輛，後續十年有四百八十五家公司加入這一行；[14]如今，市場由三家企業集團所主宰。同樣的，從一九三九年到今天，有超過兩百二十家電視製造商曾經為美國市場生產電視機，估計只剩二十三家至今還在生產。[15]

- **建造基礎設施以支援新發明的公司（鐵路／石油／發電／網路搜尋引擎）**：如前所述，網路公司終能高度掌握主導優勢，但一開始很難確定誰有可能存活下來。比方說，美國線上（AOL）是第一家網際網路供應商，最後卻輸給谷歌。Myspace是首批將社群媒體及線上個人資訊普及化的公司，被新聞集團（News Corp）所收購，最後卻成為臉書的手下敗將。
- **利用新的創新技術來顛覆／取代既有產業的老牌公司（技術平台／網路市集）**：近年來，這個觀察經常反映出受惠於所謂網絡效應而成功的平台或數位市集的影響力。一如《經濟學人》所寫的：「規模產生規模：亞馬遜上的賣家越多，就能吸引更多買家來購物，進而再吸引更多賣家，生生不息。」[16]

然而，這些簡單的觀察確實有某種程度的過度簡化。歸根結底，贏家通常恐怕是時機（產品贏得市場的普遍認同）、良好的管理與融資綜合發揮作用下所產生出來的。

股票與類股能稱霸市場多久？

儘管今天科技類股的基本面相較二十年前更為強勁，但在某些股市裡，這個類股的權重很高，引發了永續性的問題。歷史可以告訴我們類股保有支配優勢的壽命有多長嗎？某個類股或某支股票能夠龐大到什麼程度？

以標準普爾五百的類股組成歷史作為參考標竿，可知類股優勢顯然不是什麼新現象。不同的科技潮會隨著時間演進而導致不同階段的類股優勢；隨著股市變得更多元化，最大型類股佔整體市場的比重往往會變得比較小。

美國股市的產業領先性可區分為三個主要時期，各自反映出當時經濟的主要驅

圖11.3　隨著股市變得越來越多元化，最大型類股所佔的比重變得較小（美國最大型類股的比重）

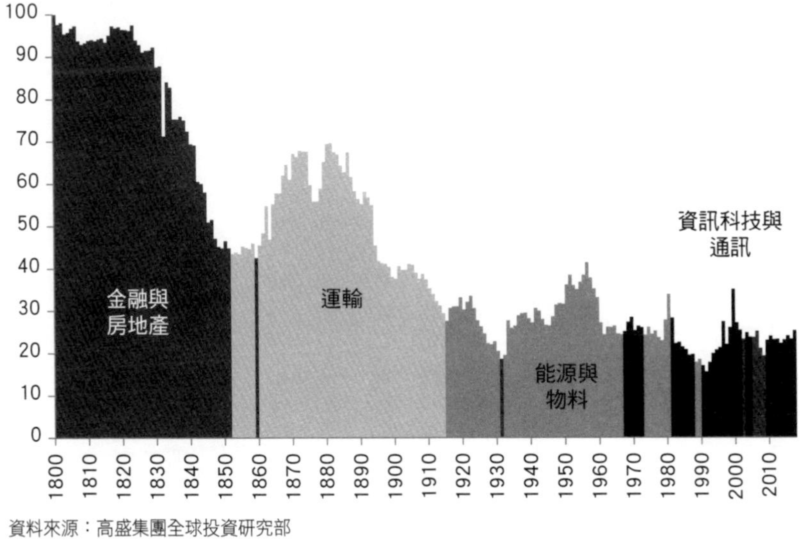

資料來源：高盛集團全球投資研究部

動力。

- **一八〇〇至一八五〇年代：金融業。**在這段時期，銀行股是最大的類股。在股票市場還沒有發展與擴大之前，銀行股起初占證券市場的比重將近百分之百。到一八五〇年代，這個類股的權重已經減少一半以上。
- **一八五〇至一九一〇年代：運輸業。**當銀行開始融資給美國（和其他地方）快速擴張中的鐵路系統，運輸股便取而代之，成為指數裡最大的類股。在鼎盛時期，它們在美國股市指數所占比重接近七〇％，到第一次世界大戰結束時，才衰退到占標準普爾五百總市值的三分之一。
- **一九二〇至一九七〇年代：能源業。**能源產業揚棄蒸汽與煤炭，在石油的強力支撐下呈現巨幅成長，能源股崛起成為最大類股。直到一九九〇年代，能源股仍舊是主力產業，只是曾短暫穿插一段時期，由新興的科技類股取得領先地位（在第一波科技潮裡，先是大型主機，接著是軟體業領先群倫）。

估值能衝到多高？

歷史上的其他時期，成長型企業曾經達到比我們今日所見更高的估值。過去曾有兩段期間，由一群股票主宰了股市報酬與估值，那就是一九六〇年代到一九七〇年代初期所謂的「漂亮五〇」時期以及見證科技崛起的一九九〇年代。漂亮五〇時期跟後來的一九九〇年代不同，我們看到稱霸股市的這一群五十家企業，並非聚焦於特定產業，而是基於某種概念。當時有一股明顯的樂觀氣氛，認為美國的經濟優勢足以培養出成為全球市場領導者和跨國企業的新品種。

許多這類受青睞的公司確實享有極高報酬（跟一九九〇年代後期的科技泡沫相當不同，當時主宰市場的是零報酬的新公司），並且相信這些報酬能長久維持下去。因為這個原因，它們經常被稱為「一次決策股」（one-decision stocks），是投資人不管價格如何也很樂意購買並持有的股票。從價值投資轉向成長投資的風氣盛行，估值也因此大幅提高。到一九七二年，標準普爾五百的本益比為十九倍，漂亮五〇股票的本益比平均值則是這個水準的兩倍有餘。寶麗萊以超過九十倍的本益比在市場上交易，迪士尼和麥當勞則是超過八十倍的未來預期盈餘。儘管估值這麼高，傑瑞米．席格爾教授卻認為，大多數股票竟然真的逐漸成長到與估值名實相符，而且達成非常強勁的報酬。

後來，一個類似的敘事推動市場聚焦於一九九〇年代末期的「新經濟」。當時，就跟一九六〇年代一樣，價值股（或「舊經濟」）變得奶奶不疼、舅舅不愛。如今，金融危機後崛起的科技產業，和一九九〇年代末期吹漲泡沫的狂熱有相當大的差異。在危機發生前幾年，銀行業的類股權重在許多股市具有壓倒性優勢（得利於強勁成長、高槓桿與產品創新的混合效應）。隨著銀行股在市場上的領導地位消退，科技類股很快成為市場報酬的佼佼者，再次稱霸股市。自二〇〇八年以來，科技股在全球股市的佔比已經從七%增加到一二%；同時，它占美國股市的比重則翻了近一倍，從標準普爾的一三%提高到二一%。但在一九九〇年代末期，科技股佔全球市值的比重，是從一九九六年標準普爾的僅僅一〇%，上升到二〇〇〇年的最高點三三%。

不過，最重要的是，早年的公司估值比今日大多數科技公司的估值來得高很多。如圖11.4所示，在科技泡沫期間，大型科技公司股票是以平均超過五十的本益比倍數成交（有很多股票比這還昂貴許多）。**最大型的漂亮五〇股票成交價平均落在三十五倍。而今天，儘管利率處在極低的水準（尤其是相較於一九七〇年代初期），但最大的科技股卻是以大約二十五倍預期盈餘成交**（參見圖11.4）。

相較於市場，公司的規模可以大到什麼程度？

當前這個週期，以市值來計，頂尖科技公司的規模變得無比龐大，但這是反映出科技支出的大幅成長及其取代其他傳統資本支出的能力。經常可見新的平台幾乎成為整個市場。

不過一如往昔，這並非新的現象。例如一九〇〇年那時，標準石油公司就控制了美國超過九〇%的石油生產和八五%的銷售。同時間，某個優勢類股的另一家領先企業美國鋼鐵公司，也成

圖11.4 今天的科技業、一九九〇年代的科技業和漂亮五〇的最大型企業（截至二〇一九年十二月三十一日為止的科技巨擘數據，截至二〇〇〇年三月二十四日的科技泡沫數據，截至一九七三年一月二日為止的漂亮五〇數據，本益比不含一九七二年實際值）

	規模 市場權重	市值 （十億美元）	估值 本益比（FY2）
科技巨擘（FAAMG）			
蘋果	4.6%	1305	18.7
微軟	4.5%	1203	25.5
字母公司	3.0%	993	25.0
亞馬遜	2.9%	916	65.9
臉書	1.8%	585	22.1
FAAMG合計	16.8%	5002	25.1
科技泡沫			
微軟	4.5%	581	55.1
思科系統	4.2%	543	116.8
英特爾	3.6%	465	39.3
甲骨文	1.9%	245	103.6
朗訊	1.6%	206	35.9
科技泡沫合計	15.8%	2040	55.1
漂亮五〇			
IBM	8.3%	48	35.5
伊士曼柯達	4.2%	24	43.5
西爾斯・羅巴克	3.2%	18	29.2
奇異	2.3%	13	23.4
全錄	2.1%	12	45.8
漂亮五〇合計	20.0%	116	35.5

資料來源：高盛集團全球投資研究部

功避開被拆解的命運，成為第一家「十億美元公司」。

另一波科技潮也讓ＡＴ&Ｔ取得優勢地位，它獨占美國通訊市場長達數十年，直到美國政府祭出最廣為人知的反托拉斯干預手段。在一九五〇年到一九八〇年間，美國上市電信公司的營業額有七〇%為ＡＴ&Ｔ所有。司法部在一九七四年對該公司提起訴訟，直到一九八二年對它不利的裁決才下來，並終於命令其在一九八四年一月一日進行拆分。由於ＡＴ&Ｔ被拆成八家「小貝爾」（Baby Bells）公司，這項拆解案使電信產業的公司數量增加了。在一九七五年，全球行業分類標準（GICS）下的電信產業裡，營業額比重超過五%的企業僅有兩家，ＡＴ&Ｔ是其中之一。到了一九九六年，營業額占整個產業的比重超過五%的美國上市電信公司就有九家。[17]

當大型電腦在一九七〇年代發展的時候，也有市場份額明顯集中於領導企業的現象，尤其是ＩＢＭ，其支配地位引起美國司法部在一九六九年提起反托拉斯訴訟。根據當時的新聞報導，ＩＢＭ當年在大型主機市場的市占率是七〇%。司法部在一九六九年一月提出上訴，指控ＩＢＭ透過包含搭售在內的各種戰術打壓競爭者。官司纏訟十三年，最後在一九八二年一月撤銷訴訟。

儘管並無不利於ＩＢＭ的判決，但管制風險使該公司的銷售成長與盈利開始穩定下滑。ＩＢＭ的上年同季銷售成長率在一九六〇及一九七〇年代相當不穩，可是在一九八〇年代卻因產業轉向新的產品但監管審查仍然存在，而明確變得更低。

隨著軟體接手成為科技的主要驅動力，市場優勢地位又有了新的變化。大量圍繞著微軟公司產業定位的訴訟開始於一九九二年，高度聚焦於該公司把Internet Explorer拿來搭售微軟作業系統的決策。美國訴微軟案在一九九八年五月提出，一名法官在二〇〇〇年六月命令該公司拆分成兩家企業。不過，這項判決在二〇〇一年六月上訴時被逆轉，雙方就一份協議裁決達成和解，其中微軟同意改變它的某些商業做法（譬如獨占協議）。在二〇〇〇年，有超過九〇%的消費性裝置安裝微軟的作業系統，然而列在二〇〇一年和解書上的規定，對微軟開發與授權軟體的做法做出限制。微軟的上年同季平均銷售成長率從四〇%（一九八八年到二〇〇〇年）跌到了一〇%（二〇〇一年到二〇一八年），雖然這樣的減速有部分可能要歸責於科技景觀的變化（譬如智慧型手機興起和「雲端」化）。

更近一點來看，隨著行動運算與網際網路應用程式的崛起，市場集中度又有了變化。比方說，在網路搜尋引擎市場，谷歌的市占率超過九〇%，它的最大競爭者Bing的市占率則是三・二%。因此在當前這個週期，也有好幾家科技公司已經變得既龐大又佔優勢，引起有關競爭和潛在的立法與管制問題。同樣的，這不是當下這個週期的獨特現象。就跟我們從類股看到的一樣，具備市場支配地位的大型公司，往往會持續成為領導廠商很長一段時間，反映出當時的經濟狀況。歷史上標準普爾的大型企業如下：

- **一九五五年至一九七三年：通用汽車**。在「資本主義黃金時代」（golden age of capitalism）期間，通用汽車的盈餘占標準普爾五百的一〇%以上。

- **一九七四年至一九八八年：IBM**。「大型主機時代」（高峰時占市值的七．六%）。
- **一九八九年至一九九二年：埃克森美孚**（Exxon）。從標準石油公司分拆出來，後者將近一個世紀以前主宰了很長一段時間（高峰時占市值的二．七%）。
- **一九九三年至一九九七年：奇異**（GE）。（高峰時占市值的三．五%）。
- **一九九八年至二〇〇〇年：微軟**。「軟體時代」（高峰時占市值的四．九%）。
- **二〇〇〇年至二〇〇五年：奇異**（又是它）。（高峰時占市值的三．五%）。
- **二〇〇六年至二〇一一年：埃克森美孚**（又是它）。（高峰時占市值的五．二%）。雖然金融危機發生前，在二〇〇六年到二〇〇七年間，美國銀行和花旗銀行曾經一度是最大的股票。
- **二〇一二年至今日：蘋果（有時候是微軟）**。（高峰時占市值的五．〇%）。

過去週期的主導企業占整個市場的比重，顯然比今日的主導企業來得更高。雖說如此，但很有意思的是，以市場權重或市值來看，最大型的公司，特別是那些有悠久歷史的公司規模就不如今日龐大。比方說，AT&T在拆解之前大約價值四百七十億美元，相當於今日的一千兩百億美元。現在優勢企業的觸角和盈利能力比起過去高出許多。這些優勢企業的龐大規模確實使它們很難成長，但因為會有新的公司逐步發展出來，這件事情不太可能對科技類股的優勢貢獻形成更廣泛的限制。

科技和贏家與輸家之間日益擴大的鴻溝

雖然我認為科技股在當前股市週期的支配地位並非新的現象，但科技在這個週期的一個變化是它對全球股市領導風格的影響。尤其是過去十年來，科技的衝擊從兩個方面擴大了贏家與輸家之間的鴻溝。

第一是透過工資與利潤的差距，或勞動市場占產出的比重與企業部門的比重。有些學術論文已經強調資本累積和資本擴增型技術變遷，在勞動份額演變的決定因素中所發揮的作用。根據經濟合作暨發展組織二〇一二年對「多因素生產力」（Multifactor Productivity）的估計，總要素生產力（total factor productivity; TFP）的成長與資本深化——為經濟成長的主要驅動力——能用來說明經濟合作暨發展組織國家在一九九〇年至二〇〇七年間勞動份額的大部分產業內平均跌幅。這個變化是已經浮現很長一段時間的過程一環。比方說在美國，二次戰後GDP的勞動份額已經呈現走跌趨勢，金融危機之後更有特別急劇的下跌。[18]

當然，技術不是唯一的原因。就跟量化寬鬆的影響一樣，撙節開支的衝擊也做出了貢獻。這個過程有助於降低利率水準並提振企業利潤（和美國企業回購股票的趨勢）。同樣的，雖然美國有很多科技公司使用海外的便宜勞動力，但其他製造商也不遑多讓，且這些趨勢是早於網際網路、電腦和智慧型手機之前就出現。此外，很多時候，那些低收入戶也受益於科技帶來的連結性，尤其從技術平台壓低了書本、服裝、玩具和電子產品的價格來看，科技恐怕也助長了消費繁榮。

第二個轉變發生在本週期成長型公司相對於價值型所獲得的獎酬。換個說法就是高成長企業（其中很多屬於科技類股）的績效表現大大超越那些看起來「便宜」（低本益比或高股息殖利率）的公司。

要清楚一件事情，成長股對價值股的績效勝出是很多因素造成的結果，並非僅僅反映科技的成功。金融危機後銀行業持續疲弱不振，並因為超低且多數時候是負的利率，使它們持續處於不利於獲利的環境，也要負起部分責任。更有甚者，金融危機後債券殖利率的長期下滑加上通貨膨脹，也是很重要的促成因子。

相較於價值型公司，成長型公司被認為是「存續期很長」的企業。換句話說，成長型公司（預期在遙遠的未來會有營收成長）的淨現值對利率水準變化的敏感度高於價值型公司，後者往往是比較成熟、成長比較緩慢的產業。這表示在利率下跌的時期，科技公司淨現值的正面效應將高於價值型公司或那些對經濟發展特別敏感的企業。我在第五章有討論到市場的風格驅動因子，並曾在第九章探討金融危機後這些驅動因子如何發生變化。

摘要與結論

經濟、政治與投資面貌會隨著時間而發生明顯變化。重大的技術創新（譬如網際網路）與挑戰（比方說氣候變遷）也會跟著經濟成長率、通貨膨脹率及利率的典型週期而有所演進發展。儘管這種種變化會隨時間遞嬗而發生，但經濟活動與金融資產報酬是具有週期性的重複模式。最後謹提供幾個要點，作為本書總結。

過去的教訓

投資期限與起始估值很重要

投資人的資產報酬端視幾項因素而定，其中最重要的是投資期限與起始估值。投資人願意持有投資的時間越久，計入波動性調整後的報酬就越有提高的可能。

對股票投資人來說，這些考慮尤其重要。在二〇〇〇年科技泡沫頂點買進的股票，由於起始估值太高了，創下超過百年來最糟的十年持有期報酬。同樣的，日本股市（日經平均指數）仍然比一九八九年高峰時的水準低了大約四五％。標準普爾也是直到一九五五年才回到它在一九二九年的指數水準。雖然這些都是歷史上的特殊時刻，但大部分解釋都會歸結到估值。可以想見，站在風險調整的基礎上，偉大的估值高峰（一九二九年、一九六八年、一九九九年）之後往往會跟著非常差的報酬，而在估值非常低、市場走到谷底（一九三〇年、一九七三年、二〇〇八年）之後，極為強勁的報酬往往會隨之而來。

長期持有股票的報酬通常優於債券

一八六〇年以來，從一年期到二十年期的不管任何投資期限，美股平均年化總報酬率約在一〇％。以同樣持有期來看，十年期公債的平均報酬率則落在五％到六％之間。雖然經過波動性（風險）調整後的短期股票報酬會比債券來得更低，但長期而言，投資人通常能得到承擔風險的獎勵。

股市有週期性移動的傾向

長期來看，股市往往會有週期性移動的傾向。一般來說，每個週期可以進一步區分為四個階段，隨經濟週期的熟化而反映出不同的驅動因子：（一）絕望階段，在此一時期，市場從頂點跌到谷底，又名為熊市；（二）希望階段，這段期間一般來說不長（美國平均為十個月，歐洲是十六個月），此時市場經由倍數擴張而從谷底反彈。這個階段對投資人來說很重要，因為通常此時可以獲得週期裡最高的報酬，而且這個階段往往開始於總體數據和企業部門的利潤成果持續低迷的時候；（三）成長階段，這個階段通常最久（美國平均為三十九個月，歐洲則是二十九個月），此時盈餘出現成長並且驅動報酬；（四）樂觀階段，這是週期的最後一個階段，此時投資人變得越來越有信心，或說不定感到自滿，又估值往往會再度上揚，成長速度勝過盈餘成長，一般來說，在美國這個階段會持續二十五個月。

熊市與牛市對報酬的影響

避開熊市很重要，因為股票週期裡的報酬有高度集中化現象。逐年報酬會出現非常大的變化。戰後標準普爾年報酬率最差是負的二六．五％（一九七四年），最好是正的五二％

（一九五四年）。歷史證明假以時日，避開最差的月分和在最好的月分進場投資一樣的寶貴。不過並非所有的熊市都一樣。我們從歷史上發現，可以從嚴重性與壽命將熊市分成三種類型：週期型、事件驅動型、結構型。

週期型與事件驅動型熊市通常會看到股價下跌約三〇%，而結構型熊市會看到更大的跌幅，大約五〇%。事件驅動型熊市通常最短，平均持續七個月；週期型熊市平均持續二十六個月；而結構型熊市平均持續三年半。事件驅動型與週期型熊市通常大約一年以後就能回到先前的市場行情高點，而結構型熊市平均需要花上十年時間才能回到之前的高點。

牛市能產生強勁的報酬。根據大略的經驗法則，並且以美國為例的話，一般的牛市會看到股價在四年內上漲超過一三〇%，以年化計的報酬率大約為二五%。

有些牛市是由持續性的估值增加所驅動，可以廣泛形容為長期牛市。一九四五年到一九六八年的戰後繁榮時期和反映出反通膨的長期榮景，還有一九八二年至二〇〇〇年的冷戰終結，都是最好的例子。其他牛市則沒有那麼明顯的趨勢，也比較具有週期性。我們將這些牛市區分為以下兩種：

- 瘦弱而平坦的市場（低波動性、低報酬）。平坦的市場行情，股價陷在一個很窄的成交範圍內，波動性很低。

- 營養而平坦的市場（高波動性、低報酬）。期間（往往相當久）股價指數的總體進展非常小，但經歷很高的波動性，中間出現強勢反彈與修正（或甚至迷你牛市與熊市）。

今日的啟示

科技類股成為後金融危機週期的成長來源

雖然市場往往有週期性移動的傾向，但是後金融危機週期在很多方面有別於過去的週期。一方面，這個經濟週期已經非常的久，以美國為例，是超過一世紀以來最長的一次。與此同時，通膨預期已經放緩，而債券殖利率也降到史上新低。英國長期債券殖利率已經跌到一七〇〇年以來的最低點，如今有價值超過十四兆美元的公債收益為負。從利潤成長與報酬的角度來看，技術創新也導致贏家與輸家的差距擴大。自金融危機以來，科技類股已成為盈利與利潤成長的主要來源。

優質股的溢酬增加

相對低的經濟成長率，加上金融危機以來極低的通膨預期與債券殖利率，此一背景意味著投資人面臨所得（因為政策利率接近或甚至低於零）與成長稀少性的問題：和金融危機發生前的時期相比，高成長的公司比較少了，而企業部門的營收成長速度也普遍趨緩。這種種因素綜合下，已經造成固定所得市場與信用市場的追息現象，但也主要反映出股市的成長因子相較於價值因子的績效表現勝出。在信用與證券市場，對未來成長的不確定性升高，也提高了優質股的溢酬，也就是資產負債表比較健全、對經濟週期的敏感度比較低的那些公司。除非成長與通膨預期開始反轉，回到金融危機前的週期所見到的典型水準，否則這些情況有可能會持續下去。

長期低利率對估值的影響

有鑑於這種種變化，加上量化寬鬆政策的實施，金融資產的估值普遍提高，顯示未來報酬會比較低。債券殖利率為零不必然對股票有利。一般來說，尤其是日本和歐洲的經驗顯示，較低的債券殖利率已經推升必要的股票風險溢酬——也就是相對於零風險的公債，投資人冒險購買股票所要求的額外報酬。

零或負的債券殖利率會影響週期，讓它沒有那麼的反覆多變，可是同時也會使股票對長期成長預期更為敏感。只要有任何衝擊導致經濟衰退，股票估值所承受的負面效應會比我們在過去的週期裡所看到的還來得更大。

隨著債券殖利率降到接近或低於零，退休基金與保險公司便容易發生負債配比不當（liability mismatching）的情況。這會導致某些機構為了滿足保證收益而承擔過多風險，但也會造成在殖利率下降時對債券有更高的需求，進而使債券殖利率變得更低。

大者仍然越大

科技創新導致另一個結構性變化。根據許多估計可知，全世界有九〇%的數據是過去兩年產生出來的。[1]這導致相對贏家與輸家之間發生快速的分配效果。最大型的公司變得更加龐大：亞馬遜、蘋果與微軟的市值總和比非洲（五十四個國家）整年的ＧＤＰ還來得高，而科技股也成為美國股市的優勢類股。

不過，歷史證明這不是什麼特殊現象。不同的科技潮會隨著時間演進而導致不同階段的類股優勢，從金融業（一八〇〇年到一八五〇年代）、反映出鐵路榮景的運輸業（一八五〇年代到一九一〇年代之間）到能源業（一九二〇年代到一九七〇年代）。自此之後，除了二〇〇八年金融危機前的一小段時間之外，科技類股已經成為雄霸股市的產業，反映出大型主機（ＩＢＭ在一九七四年成為標準普爾五百指數裡最大的股票）、個人電腦（微軟在一九九八年成為最大的公司）和蘋果公司的演進（在二〇一二年成為最大的公司）。

未來的展望

未來的金融週期並非本書的主要重點。然而，我們可以對過去與當前的週期提出一些觀察，做為展望未來時可參考的線索。

- 我們可以從週期的歷史得到最始終如一的觀察，是估值很重要。高估值往往會導致較低的未來報酬，反之亦然。在後金融危機週期裡，商品市場的通膨相對較低而金融資產的通膨較高（且報酬強勁），這個不尋常的組合有部分是同一個因素發揮作用的結果：下跌的利率。
- 實質利率水準下跌可能反映出許多因素：人口老化、超額儲蓄、科技對定價的衝擊和全球化。它也至少有部分主要反映出央行緊接在金融危機之後所祭出的積極寬鬆政策。
- 實質殖利率下調加上普遍較低的成長率，已經使得這個經濟週期比我們過去向來所見還拉得更長，可是同時間也讓經濟體、企業及投資人更依賴當前情勢的延續性。這意味投資人在未來幾年將面臨一些不尋常的挑戰。

- 儘管近期發生衰退的可能性不高，但今天在面對經濟衝擊時，降息的幅度比過去受到更大局限，也就更難從經濟不景氣中恢復過來。政府面對歷史性的低資金成本時，可能會認為提高借款與擴大財政支出變得越來越有吸引力。
- 不過如果這類借款導致更強的經濟成長，那麼便有可能在某個時間點使通膨預期和利率從目前的史上低點往上漲，隨著債券殖利率上升到更高的水準，而可能引發金融資產評價下修的效果。
- 一個可能的結果是經濟活動恢復到金融危機前的成長速度。這會增加未來成長的信心，但同時也有可能把長期利率推得更高，使金融資產評價下修和可能為股債市帶來痛苦的熊市的風險增加。另外一個可能情境是成長率、通貨膨脹率與利率就跟這幾十年來在日本的表現一樣，極為積弱不振。雖然這也許會降低金融資產的波動性，但也有可能伴隨著低報酬。有鑒於人口老化和醫療照護與退休成本所形成的長期負債，使得對報酬的需求上升，但除非承擔更高的風險，否則難以獲取必要的報酬。
- 或許最大的挑戰來自氣候變遷和去碳化經濟的必要性。雖然這是個成本很高的努力，但也能為投資及重整經濟帶來重大的契機，使未來成長更具永續性。
- 技術正要開始開花結果。過去八年來，風力發電的成本已經下降六五%，太陽能發電下降八五%，而電池成本則下降七〇%。在十五年內，再生能源發電不但應該能用足以和火力發電競爭的價格供應市場，而且能提供低成本的必要備援與儲能，使得發電系統有八〇%到九〇%依靠間接性再生能源變得可能。

● 長期來看，就算接受週期所引發的波動，投資也能得到極高的利潤。不同的資產往往在不同時間下有最好的績效表現，而收益高低將視投資人的風險承受度而定。不過，特別是對股票投資人來說，歷史告訴我們，只要他們能持股至少五年，尤其只要他們能辨認出泡沫與週期變化的徵象，他們就能受益於「長期好投資」（long good buy）。

註釋

前言

1 歐洲共同體指引要求法國和義大利在一九九〇年七月一日以前終止所有的外匯管制，不過法國為了展現承諾，遵循歐洲的貨物、資本與人員自由移動的原則，提早六個月廢止外匯管制。

2 Stone, M. (2015). The trillion fold increase in computing power, visualized. Gizmodo [online]。網址為 https://gizmodo.com/the-trillion-fold-increase-in-computing-powervisualiz-1706676799。

3 《未來科技的十五道難題：面對世界最關鍵的轉折，微軟總裁最前瞻的預測與洞察》(Tools and Weapons: The Promise and the Peril of the Digital Age)，中文版為商周出版。

4 Filardo, A., Lombardi, M., and Raczko, M. (2019). Measuring financial cycle time. Bank of England Staff Working Paper No. 776 [online]。網址為 https://www.bankofengland.co.uk/working- paper/2019/measuring-financial-cycle-time。

5 Bruno, V., and Shin, H. S. (2015). Cross-border banking and global liquidity. Review of Economic Studies, 82(2), 535-564.

6 Borio, C., Disyatat, P., and Rungcharoenkitkul, P. (2019). What anchors for the natural rate of interest? BIS Working Papers No 777 [online]。網址為 https://www.bis.org/publ/work777.html。

7 Borio, C. (2013). On time, stocks and flows: Understanding the global macroeconomic challenges. National Institute of Economic and Social Research, 225(1), 3-13.

8 參見 Marks, H. (2018). Mastering the cycle: Getting the odds on your side (p. 293). Boston, MA: Houghton Mifflin Harcourt.

第一章

1 Lovell, H. (2013). Battle of the quants. The Hedge Fund Journal, p. 87.

2 Cawley, L. (2015). Ozone layer hole: How its discovery changed our lives. BBC [online]。網址為https://www.bbc.co.uk/news/uk-england-cambridgeshire-31602871。

3 事實上，這不是第一個全球直播活動。「我們的世界」(Our World)在一九六七年就已經做到這件事，使用衛星對全球四十萬到七十萬名觀眾播送實況節目，人數在當時是史上最高，畢卡索、瑪麗亞・卡拉斯都在節目中亮相表演，還有代表英國的知名團體披頭四，在節目中首度演唱〈愛是唯一〉(All You Need Is Love)。

4 參見 Fukuyama, F. (1989). The end of history? The National Interest, 16, 3–18.

5 http://news.bbc.co.uk/onthisday/hi/dates/stories/september/16/newsid_2519000/2519013.stm

6 馬斯垂克條約的正式名稱為《歐洲聯盟條約》(Treaty on European Union)，標誌著「在創建歐洲各國人民間更趨緊密的聯盟的過程中，一個新階段」的開始。該條約為歐元單一貨幣以及數個區域的國家間擴大合作奠定基礎。更多細節請參見 Five things you need to know about the Maastricht Treaty. (2017). ECB [online]。網址為 https://www.ecb.europa.eu/explainers/tell-me-more/html/25_years_maastricht.en.html。

7 麥可・費許後來辯解說這些評論是在講佛羅里達，而且是跟氣象預測前的某篇新聞報導有關，不過大抵來說，這場風暴的嚴重性並沒有被預測到。

8 https://phys.org/news/2019-01-geoscientists-insist-weather-accurate.html

9 Why weather forecasts are so often wrong. (2016) 經濟學人雜誌(The Economist)曾刊文作出解釋。

10 參見BBC news website:Crash was economists' 'Michael Fish' moment, says Andy Haldane, 6 January 2017，該文章寫道：「記得嗎？麥可．費許一早醒來便說：『沒有颶風要來，不過西班牙的風勢很大。』很像央行在危機前發布的那種不具名報告：『次級房貸部門不會有颶風來襲，不過風勢很大。』」

11 https://wwwf.imperial.ac.uk/~bin06/M3A22/queen-lse.pdf

12 An, A., Jalles, J. T., and Loungani, P. (2018). How well do economists forecast recessions? IMF Working Paper No. 18/39 [online]. 請至 https://www.imf.org/en/Publications/WP/Issues/2018/03/05/How-Well-Do- Economists-Forecast-Recessions-45672。

13 確實有人對衰退的風險提出警告，這些人所撰寫的論文可對他們辨識的信號提供有用指引。魯里埃爾．魯比尼(Nouriel Roubini)曾在二〇〇六年九月對國際貨幣基金組織演講時，針對美國房市崩跌及其意涵提出警告(參見 Roubini, N. (2007). The risk of a U.S. hard landing and implications for the global economy and financial markets. New York: New York University [online]. 請至 https://www.imf.org/External/NP/EXR/Seminars/2007/091307.htm)。拉古拉姆．拉詹(Raghu Rajan) 在二〇〇五年的演說中，警告金融市場風險有過高的情況：Rajan, R. J. (2005). Financial markets, financial fragility, and central banking. The Greenspan era: Lessons for the future, sponsored by the Federal Reserve Bank of Kansas City, Jackson Hole, WY。國際清算銀行(BIS)在二〇〇七年七月的年報中警告，全球經濟存在著重大的風險。

14 Loewenstein, G., Scott, R., and Cohen J. D. (2008). Neuroeconomics. Annual Review of Psychology,59, 647–672.

15 凱因斯也認為投資人會被其他人的作為所影響，特別是在情勢不明的時候。

16 有關行為財務與市場學，有一篇很好的文獻回顧，可參見 Shiller,R. J. (2003). From efficient markets theory to behavioral finance. Journal of Economic Perspectives, 17(1), 83–104.

17 Kindleberger, C. (1996). Manias, panics, and crashes (3rd ed.). New York, NY: Basic Books.

18 一些這類文獻的詳細討論，請參見 Baddeley, M. (2010). Herding, social influence and economic decision-making: Socio-psychological and neuroscientific analyses. Philosophical Traditions of The Royal Society [online]. 請至 https://doi.org/10.1098/rstb.2009.0169。

19 參見 Sunstein, C. R., and Thaler, R. (2016). The two friends who changed how we think about how we think. The New Yorker [online]. 請至 https://www.newyorker.com/books/page-turner/the-two- friends-who-changed-how-we-think-about-how-we-think。

20 Kahneman, D., and Tversky, A. (1979). Prospect theory: An analysis of decision under risk. Econometrica, 47(2), 263-292.

21 Akerlof, G., and Shiller, R. J. (2010). Animal spirits: How human psychology drives the economy, and why it matters for global capitalism. Princeton, NJ: Princeton University Press.

22 https://ritholtz.com/2004/04/the-theory-of-reflexivity-by-george-soros/

23 Malmendier, U., and Nagel, S. (2016). Learning from inflation experiences. The Quarterly Journal of Economics, 131(1), 53-87.

24 Filardo, A., Lombardi, M., and Raczko, M. (2019). Measuring financial cycle time. Bank of England Staff Working Paper No. 776 [online]. 請至 https://www.bankofengland.co.uk/working- paper/2019/measuring-financial-cycle-time。

25 Ferguson, R. W. (2005). Recessions and recoveries associated with asset-price movements: What do we know? Stanford Institute for Economic Policy Research, Stanford, CA.

26 Aikman, D., Lehnert, A., Liang, N., and Modugno, M. (2017). Credit, financial conditions, and monetary policy transmission. Hutchins Center Working Paper #39 [online]. 請至 https://www.brookings.edu/research/credit-financial-conditions-and-monetarypolicy-Transmission。

27 Dhaoui, A., Bourouis, S., and Boyacioglu, M. A. (2013). The impact of investor psychology on stock markets: Evidence from France. Journal of Academic Research in Economics, 5(1), 35-59.

●第二章

1 Ainger, J. (2019). 100-year bond yielding just over 1% shows investors' desperation. Bloomberg[online]. 請至 https://www.bloomberg.com/news/articles/2019-06-25/austriaweighs-another-century-bond-for-yield- starved-investors

2 Mehra, R., and Prescott, E. C. (1985). The equity premium: A puzzle. Journal of Monetary Economics, 15(2), 145-161.

●第三章

1 產出缺口通常是指一個經濟體的實質產出未達到潛在產出的數量。

●第四章

1 Mueller-Glissmann, C., Wright, I., Oppenheimer, P., and Rizzi, A. (2016). Reflation, equity/bond correlation and diversification desperation. London, UK: Goldman Sachs Global InvestmentResearch.

2 Goobey, G.H.R. (1956). Speech to the Association of Superannuation and Pension Funds. The pensions archive [online]. 請至 http://www.pensionsarchive.org.uk/27/。

第五章

1 完整定義請見 https://www.msci.com/eqb/methodology/meth_docs/ MSCI_Dec07_GIMIVGMethod.pdf

2 Graham, B., and Dodd, D. L. (1934). Security analysis. New York, NY: McGraw-Hill.

3 Fama, E., and French, K. (1998). Value versus growth: The international evidence. Journal of Finance, 53(6), 1975-1999.

4 Macaulay, F. R. (1938). Some theoretical problems suggested by the movements of interest rates, bond yields, and stock prices in the United States Since 1856. Cambridge, MA: National Bureau of Economic Research.

第六章

1 http://news.bbc.co.uk/onthisday/hi/dates/stories/september/16/newsid_ 2519000/2519013.stm

2 參見 Borio, C., and Lowe, P. (2002). Asset prices, financial and monetary stability: Exploring the nexus. BIS Working Papers No 114 [online]. 請至 https://www.bis.org/publ/ work114.html。

3 Oppenheimer, P., and Bell, S. (2017). Bear necessities: Identifying signals for the next bear market. London, UK: Goldman Sachs Global Investment Research。

4 一份關於使用殖利率曲線來預測經濟衰退的有益討論，可見:Benzoni, L., Chyruk, O., and Kelley, D. (2018). Why does the yield-curve slope predict recessions?Chicago Fed Letter No. 404.

5 廣泛的衰退風險指標和民間部門失衡的討論，可參見 Struyven, D., Choi, D., and Hatzius, J. (2019). Recession risk: Still moderate. New York, NY: Gold- man Sachs Global Investment Research。

● 第七章

1 Post-war reconstruction and development in the golden age of capitalism. United Nations (2017). World Economic and Social Survey 2017.

2 Norwood, B. (1969). The Kennedy round: A try at linear trade negotiations. Journal of Law and Economics, 12(2), 297-319.

3 The end of the Bretton Woods System. IMF [online]. 請至 https://www.imf.org/external/about/histend.htm。

4 Modigliani, F., and Cohn, R. A. (1979). Inflation, rational valuation and the market. Financial Analysts Journal, 35(2), 24-44.

5 Ritter, J., and Warr, R. S. (2002). The decline of inflation and the bull market of 1982-1999. Journal of Financial and Quantitative Analysis, 37(01), 29-61.

6 Privatisation in Europe, coming home to roost. (2002). The Economist.

7 Bernanke, B. (2010, Sept. 2). Causes of the recent financial and economic crisis. Testimony before the Financial Crisis Inquiry Commission, Washington, DC.

8 Phillips, M. (2019). The bull market began 10 years ago. Why aren't more people celebrating? New York Times [online]. Available at https://www.nytimes.com/2019/03/09/business/ bull-market-anniversary.html

● 第八章

1 Gurkaynak, R. (2005). Econometric tests of asset price bubbles: Taking stock. Finance and Economics Discussion Series. Washington, DC: Board of Governors of the Federal Reserve System.

2 Ferguson, R. W. (2005). Recessions and recoveries associated with asset-price movements: What do we know? Stanford Institute for Economic Policy Research, Stanford, CA.

3 Pasotti, P., and Vercelli, A. (2015). Kindleberger and financial crises. FESSUD Working Paper Series No 104 [online]. 請至 http://fessud.eu/wp-content/uploads/2015/01/Kindleberger-and-Financial-Crises-Fessud- final_Working-Paper-104.pdf。

4 詳細的解說請參見 Chancellor, E. (2000). Devil take the hindmost: A history of financial speculation. New York, NY: Plume.

5 參見 Thompson, E. (2007). The tulipmania: Fact or artifact? Public Choice, 130(1-2), 99-114. 6 Evans, R. (2014). How (not) to invest like Sir Isaac Newton. The Telegraph [online]. 請至https://www.telegraph.co.uk/finance/personalfinance/investing/10848995/How-not-to-invest-like-Sir-Isaac- Newton.html。

7 Cutts, R. L. (1990). Power from the ground up: Japan’ s land bubble. The Harvard Business Review [online]. 請至 https://hbr.org/1990/05/power-from-the-ground-up-japans- land-bubble。

8 Johnston, E. (2009). Lessons from when the bubble burst. The Japan Times [online]. 請至 https://www.japantimes.co.jp/news/2009/01/06/reference/lessons-from-when- the-bubble-burst/。

9 Okina, K., Shirakawa, M., and Shiratsuka, S. (2001). The asset price bubble and monetary policy: Experience of Japan’ s economy in the late 1980s and its lessons. Monetary and Economic Studies, 19(S1), 395-450.

10 Turner, G. (2003). Solutions to a liquidity trap. London, UK: GFC Economics.

11 Norris, F. (2000). The year in the markets; 1999: Extraordinary winners and more losers. New York Times [online]. 請至 https://www.nytimes.com/2000/01/03/business/the-year-in-the-markets-1999- extraordinary-winners-and-more-losers.html。

12、參見 Sorescu, A., Sorescu, S. M., Armstrong, W. J., and Devoldere, B. (2018). Two centuries of innovations and stock market bubbles.

Marketing Science Journal, 37(4), 507-684.

13 參見 Frehen, R. G. P., Goetzmann, W. N., and Rouwenhorst, K. G. (2013). New evidence on the first financial bubble. Journal of Financial Economics, 108(3), 585-607.

14 Odlyzko, A. (2010). Collective hallucinations and inefficient markets: The British railway mania of the 1840s. SSRN [online]. 請至 https://ssrn.com/abstract=1537338。

15 Evans, How (not) to invest like Sir Isaac Newton.

16 Lucibello, A. (2014). Panic of 1873. In D. Leab (Ed.), Encyclopedia of American recessions and depressions (pp. 227-276). Santa Barbara, CA: ABC-CLIO.

17 Browne, E. (2001). Does Japan offer any lessons for the United States? New England Economic Review, 3, 3-18.

18 匯豐銀行(HSBC)的史蒂芬．金(Stephen King)寫了一篇名為「泡沫難題」(Bubble Trouble)的報告，在二〇〇〇科技泡沫破滅前便發現了估值過高的重大風險與潛在經濟後果。

19 參見 Masson, P. (2001). Globalization facts and figures. IMF Policy Discussion Paper No. 01/4 [online]. 請至 https://www.imf.org/en/Publications/IMF-Policy-Discussion-Papers/Issues/2016/12/30/Globalization- Facts-and-Figures-15469。

20 Johnston, Lessons from when the bubble burst.

21 Perez, C. (2009). The double bubble at the turn of the century: Technological roots and structural implications. Cambridge Journal of Economics, 33(4), 779-805.

22 擔保債權憑證(Collateralized Debt Obligation)是一種結構型金融商品，把能產生現金的資產如房貸組合起來，然後將這套資產組合打包成不同的份額賣給投資人，各自有很不一樣的風險輪廓。

23 Pezzuto, I. (2012). Miraculous financial engineering or toxic finance? The genesis of the U.S. subprime mortgage loans crisis and its consequences on the global financial markets and real economy. Journal of Governance and Regulation, 1(3), 113-124.

24 Cutts, Power from the ground up.

25 Smith, E. L. (1925). Common stocks as long-term investments. New York, NY: Macmillan.

26 Guild, S. E. (1931). Stock growth and discount tables. Boston, MA: Financial Publishing Company.

27 Dice, C. A. (1931). New levels in the stock market. Journal of Political Economy, 39(4), 551-554.

28 Graham, B. (1949). The intelligent investor. New York, NY: HarperBusiness.

29 Cooper, M., Dimitrov, O., and Rau, P. (2001). A Rose.com by any other name. The Journal of Finance, 56(6), 2371-2388.

30 Smith, A. (1848). The bubble of the age; or, The fallacies of railway investment, railway accounts, and railway dividends. London, UK: Sherwood, Gilbert and Piper.

31 Sterngold, J. (1991). Nomura gets big penalties. New York Times, October 9, Section D, p. 1.

32 Reid, T. R. (1991). Japan’ s scandalous summer of ‘91. Washington Post [online]. 請至 https://www.washingtonpost.com/archive/politics/1991/08/03/japans-scandal- ous-summer-of-91/e066bc12- 90f2-4ce1-bc05-70298b675340/

33 Ferguson, N. (2012). The ascent of money. London, UK: Penguin.

第九章

1 關於這場危機的導火線與後果和自此之後的局勢變化，坊間有很多有幫助的解說。比方說，請參見 Tooze, A. (2018). Crashed: How a decade of financial crises changed the world. London, UK: Allen Lane。

2 Romer, C., and Romer, D. (2017). New evidence on the aftermath of financial crises in advanced countries. American Economic Review, 107(10), 3072-3118.

3 Mason, P. (2011). Thinking outside the 1930s box. BBC [online].請至 https://www. bbc.co.uk/news/business-15217615。

4 TARP 是美國政府透過包括 TARP 紓困方案在內的一連串措施，授權以七千億美元來紓困銀行、美國國際集團(AIG)和汽車業者，以便穩定金融體系。它也被用來幫助信用市場與屋主。量化寬鬆政策——或稱大規模資產購買計畫(large-scale asset purchases)——指的是央行為了挹注流動性到經濟裡，而必須印製貨幣用來購買預定額度的公債或其他金融資產。

5 OMT 是歐洲央行的一項計畫，在特定的條件下，透過在次級、主權債券市場，購買歐元區成員國所發行的債券。

6 Balatti, M., Brooks, C., Clements, M. P., and Kappou, K. (2016). Did quantitative easing only inflate stock prices? Macroeconomic evidence from the US and UK. SSRN [online]. 請至 https://papers.ssrn.com/sol3/papers.cfm?abstract_id=2838128。他們在這篇論文中主張，中位數估計值顯示以二十四個月為期來看，對股票的最高影響在富時全股指數是三〇%，在標準普爾五百則是大約五〇%。

7 Jorda, O., Schularick, M., Taylor, A. M., and Ward, F. (2018). Global financial cycles and risk pre- miums. Working Paper Series 2018-5, Federal Reserve Bank of San Francisco [online]. 請至 http://www.frbsf.org/economic-research/publications/working-papers/2018/05/。

8 Terrones, M., Kose, A., and Claessens, S. (2011). Financial cycles: What? How? When? IMF Working Paper No. 11/76, [online].

Available at https://www.imf.org/en/Publications/ WP/Issues/2016/12/31/Financial-Cycles-What-How-When-24775

9 Romer and Romer, New evidence on the aftermath of financial crises in advanced countries.

10 Caballero, R. J., and Farhi, E. (2017). The safety trap. The Review of Economic Studies, 85(1), 223–274. 11 參見 Cunliffe, J. (2017). The Phillips curve: Lower, flatter or in hiding? Bank of England [online]. 請至 https://www.bankofengland.co.uk/speech/2017/jon-cunliffe-speech- at-oxford-economics-society。

12 Borio, C., Piti, D., and Juselius, M. (2013). Rethinking potential output: Embedding information about the financial cycle. BIS Working Papers No 404 [online]. 請至 https://www.bis. org/publ/work404.html，文中主張說：「貨幣政策設定了槓桿的價格，就其影響金融週期的程度而言，它對經濟長期路徑也可能產生持續性影響，從而也影響了實質利率。如果均衡的定義也排除掉暴漲暴跌循環(boom-bust cycles)這個人們會合理預期的事件的話，那恐怕就不可能單獨定義出貨幣制度的自然利率。」

13 更多有關女性勞動參與率的討論，請參見 Blau, F. D., and Kahn, L. M. (2013). Female labor supply: Why is the US falling behind? NBER Working Paper No. 18702 [online]. 請至 https:// www.nber.org/papers/w18702。

14 Across the rich world, an extraordinary jobs boom is under way. (2019, May 23). The Economist.

15 Kuhn, P., and Mansour, H. (2014). Is internet job search still ineffective? Economic Journal, 124(581),1213–1233.

16 稅前息前折舊前的獲利。

第十章

1 參見 How quantitative easing affects bond yields: Evidence from Switzerland. Christensen, J., and Krogstrup, S. (2019). Royal Economic Society [online]. 請至 https://www.res.org.uk/ resources-page/how- quantitative-easing-affects-bond-yields-evidence-from- switzerland.html。

2 參見 Gilchrist, S., and Zakrajsek, E. (2013). The impact of the Federal Reserve' s large-scale asset purchase programmes on corporate credit risk. NBER Working Paper No. 19337 [online]. 請至 https://www.nber.org/papers/w19337。

3 參見 Christensen, J. H. E., and Speigel, M. M. (2019). Negative interest rates and inflation expecta- tions in Japan. FEBSF Economic Letter, 22.

4 譬如說，可參考 http://pages.stern.nyu.edu/~adamodar/pdfiles/eqnotes/webcasts/ERP/ImpliedERP.ppt。

5 參見 Molyneux, P., Reghezza, A., Thornton, J., and Xie, R. (2019). Did negative interest rates improve bank lending? Journal of Financial Services Research, July 2019.

6 參見Gozluklu, A. (n.d.). How do demographics affect interest rates? The University of Warwick[online]. 請至https://warwick.ac.uk/newsandevents/knowledgecentre/business/finance/interestrates/。
其他人則主張，人口老化的整體效果是降低扶養比（dependency ratio）的平衡，有些估計顯示，在一九九〇年至二〇一四年間，人口統計狀況使均衡利率減少至少一點五個百分點（Carvalho, C., Ferro, A., and Nechio, F. (2016). Demographics and real interest rates: Inspecting the mechanism. Working Paper Series 2016-5. Federal Reserve Bank of San Francisco [online]. 請至 http://www.frbsf.org/economic-research/publications/working-papers/wp2016-05.pdf）。

7 參見 Antolin, P., Schich, S., and Yermi, J. (2011). The economic impact of low interest rates on pension funds and insurance companies. OECD Journal: Financial Market Trends, 2011(1). 參見第十五頁註解 (footnote) 11。

8 有關資產／負債組合與「追息」風險的討論，參見 Can pension funds and life insurance companies keep their promises? (2015). OECD Business and Finance Outlook 2015 [online]. 請至 https://www.oecd.org/finance/oecd-business-and- finance-outlook-2015-9789264234291-en.htm。

9 Gagnon, J., Raskin, M., Remache, J., and Sack, B. (2011). The financial market effects of the Federal Reserve' s large-scale asset purchases. International Journal of Central Banking, 7(1), 3-43。這些作者也發現，美國州級和市級基金發起人若資產負債表的體質不佳，隨著債券殖利率下降，其曝險度也會上升。他們估計，二〇〇二年到二〇一六年間，基金的總風險有高達三分之一與資金不足及低利率有關。也可參見 Lu, L., Pritsker, M., Zlate, A., Anadu, K., and Bohn, J. (2019). Reach for yield by U.S. public pension funds. FRB Boston Risk and Policy Analysis Unit Paper No. RPA 19-2 [online]. 請至 https://www.bostonfed.org/publications/risk-and-policy-analysis/2019/reachfor-yield-by-us-public-pension- funds.aspx。

10 Lian, C., Ma, Y., and Wang, C. (2018). Low interest rates and risk taking: Evidence from individual investment decisions. The Review of Financial Studies, 32(6), 2107-2148.

11 參見 Antolin, Schich, and Yermi, (2011). The economic impact of low interest rates on pension funds and insurance companies。

12 參見 Belke, A. H. (2013). Impact of a low interest rate environment - Global liquidity spillovers and the search-for-yield. Ruhr Economic Paper No. 429。

第十一章

1 參見 Internet World Stats: www.internetworldstats.com。

2 Buringh, E., and van Zanden, J. L. (2009). Charting the "Rise of the West": Manuscripts and printed books in Europe; A long-term perspective from the sixth through eighteenth centuries. The Journal of Economic History, 69(2), 409-445.

3 George Hudson and the 1840s railway mania. (2012). Yale School of Management Case Studies [online]. 請至 https://som.yale.edu/our-approach/teaching-method/case-research-and-development/cases- directory/george-hudson-and-1840s。

4 Brookes, M., and Wahhaj, Z. (2000). Is the internet better than electricity? Goldman Sachs Global Economics Paper No. 49。

5 相關討論參見 Odlyzko, A. (2010). Collective hallucinations and inefficient markets: The British railway mania of the 1840s. SSRN [online]. 請至 https://ssrn.com/ abstract=1537338。

6 https://www.fhs.swiss/eng/statistics.html

7 McNary, D. (2019, Jan. 2). 2018 worldwide box office hits record as Disney dominates. Vari- ety [online]. Available at https://variety.com/2019/film/news/box-office-record- disney-dominates-1203098075/

8 https://www.classicfm.com/discover-music/millennials-are-going-nuts-for- vinyl-revival/

9 參見 Antras, P., and Voth, H. (2003). Factor prices and productivity growth during the British Industrial Revolution. Explorations in Economic History, 40(1), 52-77; see also Harley, N. F. R., and Harley, C. K. (1992). Output growth and the British Industrial Revolution: A restatement of the Crafts-Harley view. Economic History Review, 45(4), 703-730.

10 Crafts, N. (2004). Productivity growth in the Industrial Revolution: A new growth accounting perspective. The Journal of Economic History, 64(2), 521-535.

11 Mühleisen, M. (2018). The long and short of the digital revolution. Finance & Development [online] 55(2). 請至 https://www.imf.org/external/pubs/ft/fandd/2018/06/impact-of-digital-technology-on- economic-growth/muhleisen.htm。

12 Roach, S. S. (2015). Why is technology not boosting productivity? World Economic Forum[online]. 請至 https://www.weforum.org/agenda/2015/06/why-is-technologynot-boosting-productivity。

13 Hatzius, J., Phillips, A., Mericle, D., Hill, S., Struyven, D., Choi, D., Taylor, B., and Walker, R. (2019). Productivity paradox v2.0: The price of free goods. New York, NY: Goldman Sachs Global Investment Research。

14 Automobile history, History.com, 21 August 2018。

15 http://www.tvhistory.tv/1960-2000-TVManufacturers.htm。

16 How to tame the tech titans. (2018). The Economist 18th June 2018, Leaders Section。

17 Hammond, R., Kostin, D. J., Snider, B., Menon, A., Hunter, C., and Mulford, N. (2019). Con- centration, competition, and regulation: 'Superstar' firms and the specter of antitrust scrutiny. New York, NY: Goldman Sachs Global Investment Research。

18 The Labour Share in G20 Economies International Labour Organisation for Economic Co- operation and Development with contributions from International Monetary Fund and World Bank Group Report prepared for the G20 Employment Working Group Antalya, Turkey, 26-27 February 2015。

● 摘要與結論

1 SINTEF. (2013). Big data, for better or worse: 90% of world' s data generated over last two years. ScienceDaily [online]. 請至 https://www.sciencedaily.com/releases/ 2013/05/130522085217.htm。

國家圖書館出版品預行編目 (CIP) 資料

高盛首席分析師教你看懂進場的訊號：洞悉市場週期，贏在長期好買賣 / 彼得 .C. 奧本海默 (Peter C. Oppenheimer) 著；曹嬿恆譯 . -- 初版 . -- 臺北市：商周出版：英屬蓋曼群島商家庭傳媒股份有限公司城邦分公司發行，2021.06
面；　公分 . -- (新商業周刊叢書；BW0774)
譯自：The long good buy : analysing cycles in markets
ISBN 978-986-0734-52-2(平裝)

1. 股票投資 2. 投資分析

563.53　　110007458

BW0774

高盛首席分析師教你看懂進場的訊號

洞悉市場週期，贏在長期好買賣

原文書名／The Long Good Buy: Analysing Cycles in Markets
作　　者／彼得・C・奧本海默（Peter C. Oppenheimer）
譯　　者／曹嬿恆
責任編輯／劉羽苓
協力編輯／李皓歆
企劃選書／黃鈺雯
版　　權／黃淑敏、吳亭儀
行銷業務／周佑潔、林秀津、賴晏汝

總 編 輯／陳美靜
總 經 理／彭之琬
事業群總經理／黃淑貞
發 行 人／何飛鵬
法律顧問／台英國際商務法律事務所　羅明通律師
出　　版／商周出版
115 台北市南港區昆陽街 16 號 4 樓
電話：(02) 2500-7008　傳真：(02) 2500-7579
E-mail: bwp.service@cite.com.tw
發　　行／英屬蓋曼群島商家庭傳媒股份有限公司　城邦分公司
115 台北市南港區昆陽街 16 號 8 樓
讀者服務專線：0800-020-299　24 小時傳真服務：(02) 2517-0999
讀者服務信箱 E-mail: cs@cite.com.tw
劃撥帳號：19833503　戶名：英屬蓋曼群島商家庭傳媒股份有限公司城邦分公司
訂購服務／書虫股份有限公司客服專線：(02) 2500-7718；2500-7719
服務時間：週一至週五上午 09:30-12:00；下午 13:30-17:00
24 小時傳真專線：(02) 2500-1990；2500-1991
劃撥帳號：19863813　戶名：書虫股份有限公司
香港發行所／城邦（香港）出版集團有限公司
香港九龍土瓜灣土瓜灣道 86 號順聯工業大廈 6 樓 A 室
E-mail: hkcite@biznetvigator.com
電話：(852) 25086231　傳真：(852) 25789337
E-mail：hkcite@biznetvigator.com
馬新發行所／Cite (M) Sdn. Bhd.
41, Jalan Radin Anum, Bandar Baru Sri Petaling, 57000 Kuala Lumpur, Malaysia.
電話：(603) 9056-3833　傳真：(603) 9057-6622　E-mail: services@cite.my

封面設計／FE Design 葉馥儀
美術編輯／簡至成
製版印刷／韋懋實業有限公司
經 銷 商／聯合發行股份有限公司　電話：(02) 2917-8022　傳真：(02) 2911-0053
地址：新北市 231 新店區寶橋路 235 巷 6 弄 6 號 2 樓

2021 年 06 月 10 日初版 1 刷
2024 年 09 月 16 日初版 8.5 刷
Printed in Taiwan

定價 400 元
ISBN: 978-986-0734-52-2
版權所有・翻印必究
ISBN: 978-986-073-449-2 (EPUB)

城邦讀書花園
www.cite.com.tw

廣　告　回　函
北區郵政管理登記證
台北廣字第 000791 號
郵資已付，免貼郵票

115 台北市南港區昆陽街 16 號 8 樓

英屬蓋曼群島商家庭傳媒股份有限公司

城邦分公司

請沿虛線對摺，謝謝！

書號：BW0774　書名：高盛首席分析師教你看懂進場的訊號　　編碼：

請於此處用膠水黏貼

商周出版

讀者回函卡

謝謝您購買我們出版的書籍！請費心填寫此回函卡，我們將不定期寄上城邦集團最新的出版訊息。

姓名：________________　性別：□男　□女

生日：西元________年________月________日

地址：________________

聯絡電話：________________　傳真：________________

E-mail：________________

學歷：□ 1. 小學　□ 2. 國中　□ 3. 高中　□ 4. 大專　□ 5. 研究所以上

職業：□ 1. 學生　□ 2. 軍公教　□ 3. 服務　□ 4. 金融　□ 5. 製造　□ 6. 資訊

□ 7. 傳播　□ 8. 自由業　□ 9. 農漁牧　□ 10. 家管　□ 11. 退休

□ 12. 其他________________

您從何種方式得知本書消息？

□ 1. 書店　□ 2. 網路　□ 3. 報紙　□ 4. 雜誌　□ 5. 廣播　□ 6. 電視

□ 7. 親友推薦　□ 8. 其他________________

您通常以何種方式購書？

□ 1. 書店　□ 2. 網路　□ 3. 傳真訂購　□ 4. 郵局劃撥　□ 5. 其他____

對我們的建議：________________

____

____

____

____

____

請於此處用膠水黏貼